江苏省教育厅高校哲学社会科学研究重大项目资助
西安外国语大学旅游管理学科团队支持建设经费资

乡村旅游

核心利益相关者关系博弈及协调机制研究

赵　静◎著

中国财经出版传媒集团

经济科学出版社

Economic Science Press

图书在版编目（CIP）数据

乡村旅游核心利益相关者关系博弈及协调机制研究/
赵静著.—北京：经济科学出版社，2021.4
ISBN 978-7-5218-2533-6

Ⅰ.①乡…　Ⅱ.①赵…　Ⅲ.①乡村旅游-研究　Ⅳ.
①F590.75

中国版本图书馆 CIP 数据核字（2021）第 080500 号

责任编辑：孙丽丽　撒晓宇
责任校对：王苗苗
责任印制：范　艳

乡村旅游核心利益相关者关系博弈及协调机制研究

赵　静　著

经济科学出版社出版、发行　新华书店经销
社址：北京市海淀区阜成路甲 28 号　邮编：100142
总编部电话：010 - 88191217　发行部电话：010 - 88191522
网址：www.esp.com.cn
电子邮箱：esp@esp.com.cn
天猫网店：经济科学出版社旗舰店
网址：http://jjkxcbs.tmall.com
北京密兴印刷有限公司印装
710×1000　16 开　16.75 印张　310000 字
2021 年 12 月第 1 版　2021 年 12 月第 1 次印刷
ISBN 978 - 7 - 5218 - 2533 - 6　定价：75.00 元
（图书出现印装问题，本社负责调换。电话：010 - 88191510）
（版权所有　侵权必究　打击盗版　举报热线：010 - 88191661
QQ：2242791300　营销中心电话：010 - 88191537
电子邮箱：dbts@esp.com.cn）

序 一

　　乡村振兴是中国实现强国之梦的必由路径，中央一号文件连续17年聚焦农业问题，充分说明农业、农村问题的重要性，同时明确指出乡村旅游是实现乡村振兴战略的重要领域。以乡村振兴战略为指导，建立协调、共享的发展理念，有序推进乡村旅游发展，因地制宜地实现城乡互动，实现农业人口就地城镇化，促进农村发展"短板"快速增长，构建城市、农村协调发展格局，解决农业、农村、农民的"三农"问题。但受到利益相关者经济、生态、文化等利益冲突的制约，亟需建立利益相关者协同发展机制解决冲突，促使乡村旅游利益相关者在更大范围、更宽领域、更深层次获取经济、生态、文化等权益，由博弈内耗转向共赢发展。

　　本书基于以上研究背景展开研究，首先，从管理维度、供给维度、需求维度整合各级政府管理机构、旅游经营者、农村社区居民、旅游者四方利益相关者。其次，建立乡村旅游核心利益相关者关系模型、利益冲突模型。再次，提出了乡村旅游利益相关者动态演化博弈模型，分析乡村旅游核心利益相关者三方同时博弈的演化稳定策略（ESS）及复制者动态（RD），均衡点分析及数值模拟。最后，构建由利益表达协调机制、利益获取协调机制、利益共享协调机制、利益确认协调机制构成的多元化乡村旅游核心利益相关者利益协调机制。解决乡村旅游核心利益相关者利益冲突，保障乡村旅游核心利益相关者的合法权益。

　　该书是基于乡村旅游发展进行的理论思考与实践探索，对乡村旅游发展具有现实指导意义，有利于稳步推进乡村高质量发展。作为青年旅游学者，要勇于思考，希望作者能够坚持不懈，在旅游研究的道路上越走越远。

是为序。

西北大学经济管理学院教授、博士生导师

2021 年 12 月

乡村振兴是新时期党和国家的重大战略部署，产业兴旺是乡村振兴的关键。乡村旅游是乡村振兴的重要引擎，也是实施乡村振兴战略的重要抓手。抓住旅游产业，可推进城乡要素双向互动，深化供给侧结构性改革，畅通国内大循环，解决我国乡村品质生活发展不平衡不充分的问题，促进乡村产业高质量发展，最终可实现乡村振兴的宏伟目标。

基于以上背景，该书根据社会交换理论、行动者网络理论和利益相关者理论等，着重分析了各级政府相关部门、基层群众自治组织、农村社区居民、旅游经营者、旅游者5类乡村旅游核心利益相关者的关系；深刻剖析了乡村旅游核心利益相关者互动关系及利益冲突，建立了利益相关者关系模型、冲突模型；深化探索了乡村旅游核心利益相关者三个维度群体同时博弈的演化稳定策略（ESS）及复制者动态（RD）；从动态演化博弈视角，更准确地反映了乡村旅游利益相关者相互博弈过程，更真实地反映了其利益诉求与矛盾冲突；从而构建了乡村旅游核心利益相关者利益协调机制。在研究结论基础上，2015～2019年在袁家村进行了跟踪调研验证，实践检验了利益相关者的协调机制，验证了其可协调乡村旅游核心利益相关者利益关系，提升了乡村旅游核心利益相关者利益协调机制的科学性。

赵静是我培养的硕士，她读研期间能善于学习，勤于思考，努力探索，不断进步。毕业后一直在高校进行乡村旅游的研究，试图从旅游角度深化乡村振兴的理论创新与实践探索。这本著作既是她近期研究成果的总结，也是她今后继续深入进行科学探索的基石。相信她能静下于初心，沉下于实践，坚持理想，不懈努力，可谓"真者，精诚之至也，不精不诚，不能动人"，会不断取得更好的成绩。

依此作序。

陕西师范大学地理科学与旅游学院教授、博士生导师

2021 年 12 月

旅游业综合性决定了其所涉及的利益相关者远多于其他行业，多方相关者群体的利益协调受到学者关注，其中生态旅游、低碳旅游领域的利益相关者协调机制研究成果较为丰富。近年来乡村旅游发展势头迅猛，时有因各方利益分配不均导致纠纷、上访、堵路等新闻见诸报端，引发笔者思考。现有乡村旅游利益相关者的研究，关注点多在社区居民权益保障等方面，关于利益协调机制的研究不足。在此基础上，本书选取乡村旅游核心利益相关者利益为研究对象，围绕核心利益相关者界定、利益分析、利益冲突、利益博弈等问题展开研究，尝试建构乡村旅游核心利益相关者利益协调机制。

通过文献研究、问卷调查与深度访谈、演化博弈分析、统计分析等定性、定量相结合的研究方法开展研究工作。首先，界定乡村旅游核心利益相关者，并从管理维度、供给维度、需求维度将其划分，在此基础上构建乡村旅游核心利益相关者关系模型、利益冲突模型，分析乡村旅游核心利益相关者利益诉求与利益冲突，为建立协调机制奠定基础。其次，提出乡村旅游核心利益相关者关系动态演化博弈模型，分析三个维度的乡村旅游核心利益相关者演化稳定策略（ESS）及复制者动态（RD），计算均衡稳定点，在此基础上进行数值模拟，分析各方策略选择过程及稳定策略。再次，结合演化博弈的结果，分析利益协调机制均衡状态的影响因素、构建机理，构建利益协调机制模型。最后，在全国优秀乡村旅游示范村、首批全国乡村旅游重点村——袁家村进行深度访谈、问卷调查，对乡村旅游核心利益相关者利益协调机制进行实证检验。

通过以上研究，本书得出四点结论：第一，建立乡村旅游核心利益相关者关系图谱，将乡村旅游核心利益相关者分为边缘层、外围层、核心层三类，从管理维度、供给维度、需求维度三个维度分析行政管理方、服务供给方、旅游消费方核心利益相关者。行政管理方即各方行政管理机构是管理者、调控者、监督者，服务供给方即农村社区居民和旅游经营者是服务提供者、文化传承者，旅游消费方即旅游者是消费者、体验者。第二，乡村旅游核心利益相关者群体彼此之间存在利益联系与利益冲突。行政管理方的各级政府管理机构，向服务供给方、旅游消费方提供行政管理、政策支持、基础设施保障，获得税收收入和服务支撑。旅游消费方的旅游者消费服务供给方提供的旅游产品与服务，并向行政管理方提供反馈。服务供给方内部，农村社区居民为旅游经营者提供劳动力，获得收入。三方相互联系的同时还存在诸如土地利益、环境利益、经济利益等利益冲突，这些冲突的解决对于实现乡村振兴具有重要意义，亟须建立利益协调机制加以解决。第三，建立了乡村旅游核心利益相关者关系动态演化博弈模型，分析乡村旅游核心利益相关者的策略选择，行政管理方选择"介入"策略是实现三方均衡状态的有力保障。行政管理方选择"介入"策略，对服务供给方是否选择"诚信"策略具有显著影响，但对旅游消费方是否选择"支持"策略影响并不突出。在行政管理方"介入"后，督促服务供给方"诚信"经营，最终形成均衡状态。旅游消费方是否选择"支持"策略，仅可能在一定程度上对演化趋势产生影响，并不能改变演化结果。第四，构建由利益表达协调机制、利益获取协调机制、利益共享协调机制和利益确认协调机制构成的乡村旅游核心利益相关者利益协调机制，在袁家村通过实证检验，验证其可协调乡村旅游核心利益相关者利益关系，具有可行性，对其他乡村旅游地核心利益相关者的利益协调加以指导。

本书关于乡村旅游核心利益相关者研究主要学术创新点，有以下三点：第一，拓展了乡村旅游核心利益相关者的研究维度。结合文献分析构建乡村旅游利益相关者图谱，从管理维度、供给维度、需求维度整合各级政府管理机构、旅游经营者、农村社区居民、旅游者四方利益相关者，可以更好地把控研究整体性。建立乡村旅游核心利益相关者关系模型、利益冲突模型，有助于增强乡村旅游核心利益相关者理论的丰度与解释力。第二，提出了乡村旅游利益相关者动态演化博弈模型。与以往研究成果两个主体博弈不同，本书分析乡村旅游核心利益相关者三方同时博弈的演化稳定策略（ESS）及复制者动态（RD），均衡点分析及数值模拟。动态演化博弈能够更准确地反映乡村旅游利益相关者相互博弈过程，更真实地反映其利益诉求与矛盾冲突，有利于利益协调机制的建立。第三，构建了乡村旅游核心利益相关者利益协调机制。依据利益相关者理论、行动者网络理论、社会交换理论、公平理论，结合统计分析结果，构建由利益表达协调机制、利益获取协调机制、利益共享协调机制、利益确认协调机制组成的多元立体化的利益协调机制，并通过实证检验。解决乡村旅游核心利益相关者利益冲突，保障核心利益相关者的合法权益，对乡村旅游发展具有现实指导意义，有利于促进乡村发展，稳步推进乡村振兴战略的实现。

目 录

第1章

绪　　论

1.1　研究背景

1.1.1　乡村旅游市场扩大及地位稳步提升

乡村旅游近年来快速发展，规模不断扩大，据农业农村部乡村产业发展司2019年12月公布的数据，2019年全国休闲农业、乡村旅游接待人次32亿，营业收入超过8500亿元[①]。根据文化和旅游部2019年7月发布的《全国乡村旅游发展监测报告（2019年上半年）》统计结果，2019年上半年全国乡村旅游总人次同比增加10.2%，已超15亿次；上半年乡村旅游总收入8600亿元，同比增加11.7%，预计2019年乡村旅游收入将顺利突破1万亿元。2021年10月9日，中国旅游研究院（文化和旅游部数据中心）自主网络平台对北京、上海、广州等10个城市进行调查，发布了《中国国民休闲发展报告（2021）》，报告指出城乡居民休闲半径以中短距离为主。87%的受访者选择在3公里范围以内进行休闲活动[②]。2021年一季度，全国乡村旅游接待总人次接近10亿，乡村旅游总收入3898亿元[③]。

国家旅游局确定2006年是"中国乡村旅游年"，2007年国家旅游局和农业部联合成立"全国乡村旅游工作领导小组"，并发布了《关于大力推进全国农村旅游发展的通知》，乡村旅游从不起眼的配角正式成为旅游业发展的中坚力量，从以往单一发展模式到多元化立体发展，从各自为战到全域发展。乡村旅游是我国旅游业的重要组成部分，呈现超出其他旅游业态的蓬勃发展之势，随着旅游消费观念的转变，越来越多的旅游者选择周末去乡村旅游地休闲、放松身心。乡村

[①]　农业农村部. 乡村休闲旅游为乡村产业拓展新空间. http://www.xccys.moa.gov.cn/gzdt/201912/t20191220_6333647.htm, 2019-12-20.

[②]　中国旅游研究院. 中国休闲发展年度报告（2021）[R]. 2021.

[③]　尹婕. 乡村旅游迸发新活力 [N]. 人民日报海外版, 2021年5月12日（12）.

旅游已经和城市居民的生活密不可分，是提高城乡居民生活质量，繁荣农村、富裕农民、实现城乡一体化和经济社会持续发展的重要推动力量，是乡村产业的新亮点，社会主义新农村建设的内生动力，是促进新农村建设的新思路，促进贫困地区脱贫攻坚，对于解决"三农"问题、实现乡村振兴战略具有重要作用。

国家加大对乡村基础设施的资金投入力度，逐步完善公路、水、电和网络等基础设施，满足旅游者基本生活需求。乡村旅游地从原来简单"吃农家饭、住农家房、赏农家景"的模式，逐步向乡村度假转换。休闲农庄、精品民宿不断兴建，并配套种植、采摘等农事活动体验项目，提升了旅游者的参与度，满足旅游者回归自然的需求，提升旅游体验质量。乡村旅游的发展增加了就业岗位，提供了创业机会，实现了产业扶贫，带动了农村产业结构调整，有效帮助农民增收致富，对决胜脱贫攻坚具有重要影响，受到各级政府的大力推进。

1.1.2 乡村旅游是实现乡村振兴重要领域

2018年中央一号文件明确指出乡村旅游是实现乡村振兴战略的重要领域，党的十九大报告指出人民日益增长的美好生活需要和不平衡不充分发展之间的矛盾，是新时代社会的主要矛盾。随着社会主要矛盾的变化，发展的重点、方式均有较大改变，中央一号文件连续17年聚焦农业问题。"美丽乡村""特色小镇""精准扶贫""中央一号文件"等政策相继出台，充分说明农业、农村问题的重要性，国家有关引导政策详见表1-1。以乡村振兴战略为指导，建立协调、共享的发展理念，有序推进以城市居民为主要客源对象的乡村旅游的发展。通过乡村旅游发展实现农业人口就地城镇化，促进农村发展"短板"快速增长，构建城市和农村协调发展格局，实现质量高、效率优、公平佳和持续好的发展状态，解决农业、农村、农民的"三农"问题。新农村建设和乡村振兴等战略的持续推进，乡村旅游不断发展，旅游企业投资完善乡村地区基础设施建设，旅游成为当地居民收益的重要来源，很大幅度地提升了当地居民的幸福指数，成为乡村地区脱贫致富的重要举措。

表1-1　　　　　国家引导乡村旅游发展政策（2014～2021年）

时间	发文机关	内容	影响
2014年1月	中央办公厅	《精准扶贫工作模式的顶层设计》	推动了精准扶贫思想落地
2014年8月	国务院	《关于促进旅游业改革发展的若干意见》	结合乡村特点及生态优势，开发形式多样、鲜明的乡村旅游产品

时间	发文机关	内容	影响
2015 年 1 月	中共中央、国务院	《关于加大改革创新力度加快农业现代化建设的若干意见》	挖掘乡村生态休闲、旅游观光价值，建设旅游村镇，打造乡村旅游休闲产品。加大乡村旅游休闲基础设施建设投入，制定乡村旅游休闲扶持政策，推进乡村旅游扶贫
2015 年 8 月	国务院办公厅	《关于进一步促进旅游投资和消费的若干意见》	推动新型城镇化及乡村旅游的有机结合，加强乡村旅游相关从业人员培训
2016 年 1 月	中共中央、国务院	《关于落实发展新理念加快农业现代化实现全面小康目标的若干意见》	大力发展休闲农业和乡村旅游，加强乡村生态环境和文化遗存保护，有规划地开发乡村休闲度假产品，实施休闲农业和乡村旅游提升工程
2016 年 8 月	国家旅游局等十二部委	《乡村旅游扶贫工程行动方案》	科学编制乡村旅游扶贫规划，加强旅游基础设施建设，大力开发旅游乡村产品，加强旅游宣传营销、乡村旅游扶贫人才培训
2016 年 11 月	国务院	《"十三五"脱贫攻坚规划》	乡村旅游坚持个性化、特色化、市场化发展方向，加大乡村旅游规划指导、市场推广、人才培训力度，促进乡村旅游健康发展
2017 年 1 月	中共中央、国务院	《关于深入推进农业供给侧结构性改革加快培育农业农村发展新动能的若干意见》	大力发展乡村休闲旅游产业，培育宜居宜业特色小镇，探索建立农业农村发展用地保障机制
2017 年 7 月	国家发展改革委同有关部门	《关于印发促进乡村旅游发展提质升级行动方案（2017 年）的通知》	进一步发挥乡村旅游在稳增长、促消费、减贫困、惠民生等方面的积极作用，巩固我国当前经济稳中向好势头
2018 年 1 月	中共中央、国务院	《关于实施乡村振兴战略的意见》	乡村旅游是实现乡村振兴战略的重要领域，农业成为有奔头的产业，让农民成为有吸引力的职业，让农村成为安居乐业的美丽家园
2018 年 3 月	国务院	《政府工作报告》	大力实施乡村振兴战略，发展农村新业态新模式，促进农村一二三产业融合发展
2018 年 9 月	中共中央、国务院	《国家乡村振兴战略规划（2018～2022 年）》	2020 年乡村振兴的制度框架和政策体系基本形成；2022 年，乡村振兴的制度框架和政策体系初步健全
2018 年 10 月	国家发展改革委同有关部门	《促进乡村旅游发展提质升级行动方案（2018～2020 年）》	促进乡村旅游发展提质扩容，发挥乡村旅游对促进消费、改善民生、推动高质量发展的重要带动作用

续表

时间	发文机关	内容	影响
2020 年 7 月	文化和旅游部	《关于统筹做好乡村旅游常态化疫情防控和加快市场复苏有关工作的通知》	在乡村旅游领域全面贯彻"外防输入、内防反弹"的总体防控策略，在此基础上，加快推进市场复苏
2021 年 2 月	中共中央、国务院	《全面推进乡村振兴加快农业农村现代化的意见》	开发休闲农业和乡村旅游精品线路，完善配套设施
2021 年 9 月	中共中央、国务院	《关于在城乡建设中加强历史文化保护传承的意见》	探索农业文化遗产、灌溉工程遗产保护与发展路径，促进生态农业、乡村旅游发展，推动乡村振兴

注：笔者根据公开资料整理。

1.1.3 乡村旅游利益相关者利益亟须协调

关于利益相关者理论在旅游领域的研究大多集中在可持续生态旅游（Tsaur et al.，2006）、社区旅游利益相关者（Matilainen et al.，2018）、旅游目的地开发规划（Komppula，2014；Zenker et al.，2017）。近年来关于乡村旅游利益相关者的研究进一步细化，如乡村旅游价值链的研究（Thomas – Francois et al.，2017），基于乡村边缘理论提出治理模型（Salvatore et al.，2018）。

乡村旅游发展过程中，存在各方利益相关者利益协调成功案例。2004 年南非人格兰特·霍斯菲尔德（Grant Horsfield）在莫干山租用了六间农舍建起"洋家乐"，生意爆红之后又建立了"裸心乡"，投资获得了丰厚回报。当地社区居民的农舍租金每年翻一番，同时当地社区居民还通过做民宿服务员，向民宿出售蔬菜水果等方式获得收入。当地政府在莫干山民宿产业发展过程中，发挥引导作用，制定旧屋改造的宽松政策。2015 年 5 月发布全国首部县级乡村民宿地方标准规范，成立莫干山民宿学院，为民宿发展提供智力支持和政策保障。经营者、当地社区居民、政府各方在乡村旅游发展过程中获益，多方的紧密配合，促使莫干山民宿成为乡村旅游发展的成功典范。陕西省咸阳市礼泉县袁家村 2007 年开始发展乡村旅游，经过 10 多年的发展，带动经营者、当地居民、周边村民发展乡村旅游致富，成为首批全国乡村旅游重点村。

乡村旅游发展过程中，既存在成功的案例，因利益协调失灵的失败案例也屡见报端。陕西省安康市平利县龙头村有村民 1037 户，2012 年在政府主导下建立秦楚农耕文化园、观光茶园发展乡村旅游，为满足龙头村 9 平方公里核心景区的土地建设需要，90%的农户将土地以每亩 750 元费用流转。之后当地社区居民表失了维持生计的土地，同时并未从乡村旅游发展中获益，青壮劳动力纷纷外出打工，龙头村逐渐成为空心村，乡村旅游发展失败①。广西壮族自治区巴马县乡村养生旅游开发，外来资本获益良多，当地居民被安置到异地居住，各方利益不能均衡，乡村失去了本真，乡村旅游开发失败。安徽省宣城市绩溪县境内徽杭古道风景区，旅游企业通过出售门票获益，导致农家乐客流减少，农村社区居民并未获得相应补偿，出现堵门事件……

在乡村旅游发展过程中，各方利益相关者具有不同的利益诉求，发展中冲突不断涌现，矛盾日益突出。乡村旅游发展失败的原因纷繁复杂，但诸多乡村旅游失败的共性问题是尚未建立合理的利益协调机制，迫切需要增加针对乡村旅游利益相关者利益协调机制的理论与实证研究。需要通过利益协调机制，了解各方利益相关者的利益诉求，及时解决乡村旅游各方利益相关者利益冲突，协调各方利益相关者的关系，推进乡村旅游发展进程。

1.2 研究问题

1.2.1 问题的提出

乡村旅游地利益分配冲突引发的思考，随着乡村旅游开发的不断深入，乡村旅游引发的各类利益冲突问题不断涌现。2014年5月1日，安徽省宣城市绩溪县境内徽杭古道风景区（国家4A级景区）入口处聚集大量本地村民，不让已购票的旅游者进入，景区无奈在5月1日~5月2日两天免费开放。村民认为景区不应对古道收费，一是影响自家农家乐生意，二是景区对古道收费并没有给村民任何补偿，村民对此十分不满②。因一棵银杏树爆红的陕西西安市长安区"古观音禅寺"，在2017年10月31日被附近部分村民锁死西门并封堵西门道路，导致旅游者滞留在禅寺内。起因是村民认为西门修好后，旅游者将从西门入、东门出，不会在东门商业街（主要由村民经营）停留，这将减少营业收入及停车费收入。当时"古观音禅寺"微信公众号甚至公告暂停接待一天，经公安部门处理后，当日17点打开西门，恢复正常接待③。陕西省安康市平利县龙头村、广西壮族自治区巴马

---

① 北京创行合一规划设计院. 乡村振兴的"失败案例". http://www.cxhyplan.net/nlzn_page.aspx?id=1475, 2021/10/20.

② 纪在学. 徽杭古道收费遭村民阻止[N]. 安徽商报. 2014-05-05（03版）.

③ 卢迪. 西安古观音禅寺现村民堵路、锁门. http://www.bjnews.com.cn/news/2017/11/01/462493.html, 2017/11/01.

县发展乡村旅游之后,利益分配不均,引发矛盾冲突,导致乡村旅游发展失败。

乡村旅游和其他旅游形态相比有其特殊性,没有景区的明确界限,整个旅游环境呈开放状态,需要面对当地居民、旅游者、政府和企业等多种利益相关群体,涉及面较广、需要处理的利益分割较多。在其发展过程中如何更好地明晰利益相关群体?这些利益相关主体在哪些方面会对乡村旅游发展产生影响?乡村旅游开发过程中的利益在利益相关主体间应如何分配?如何协调利益相关主体之间的利益关系?能否协调其关系,形成发展合力,促进乡村旅游发展?都值得思考和研究。

基于此,引出本书需要解决的四个问题:

问题一:谁是乡村旅游的利益相关者?对乡村旅游影响程度如何?有无核心利益相关者、非核心利益相关者之别?

问题二:乡村旅游核心利益相关者的利益诉求是什么?表现在哪些方面?核心利益相关者内部、各核心利益相关者之间有没有利益冲突?

问题三:乡村旅游各方核心利益相关者在旅游发展中关系和策略是否会发生变化?如果变化,有无趋势或规律可循?

问题四:乡村旅游核心利益相关者利益诉求和利益冲突是否可以协调?若可以协调,如何构建协调机制?

解答以上问题是本书选题的缘由,本书章节内容围绕这些问题而展开。

1.2.2 案例的选取

为顺利开展研究,本书选取"首批全国乡村旅游重点村""全国优秀乡村旅游示范村""第二批中国传统村落"——陕西省咸阳市礼泉县烟霞镇袁家村为实证研究案例地,调研小组分别于 2015 年 7 月 18～27 日,2017 年 7 月 9～10 日、14～17 日,2019 年 2 月 6～8 日前往袁家村,共发放 1200 份问卷、127 次深度访谈展开深入调研,动态实证分析乡村旅游发展过程中核心利益相关者关系博弈与利益协调机制。

1. 袁家村的地理位置

陕西省咸阳市礼泉县烟霞镇袁家村向上追溯大约有 1300 多年的历史,距离西安市约 90 公里,位于关中平原北部唐太宗李世民陵山下,根据陕西省礼泉县全域旅游发展规划,袁家村所在的烟霞镇是全域旅游示范镇,袁家村是全域旅游示范村。

袁家村属于西咸半小时经济圈内,距离西安咸阳国际机场 30 公里左右,西安城北客运站、西安城南客运站和咸阳汽车南站均有旅游中巴直达。

2. 袁家村发展概况

袁家村原有农户 62 户,村民 286 人,曾经被当地人称为"烂杆村"。2007

年，礼泉县委、县政府出台"大力开发大唐文化旅游战略"，袁家村建成集餐饮、观光、休闲娱乐于一体的关中印象体验地、村史博物馆和唐保宁寺，占地 160 亩。2009 年荣获陕西省"一村一品"农家乐明星村、省级生态示范村、省级绿色文明村庄；2014 年成为"中国十大美丽乡村"之一；2015 年祠堂街、回民街等新项目开始运营。袁家村是国家 AAAA 级景区、全国村镇建设先进单位、全国优秀乡村旅游示范村、中国十大最有魅力休闲乡村、中国十佳小康村和中国乡村旅游创客示范基地，有创业者 1000 多名，吸纳 3000 多人就业，间接带动周边村落就业近万人。在全省乃至全国具有较高的知名度，是最受欢迎的乡村旅游地之一，是乡村旅游的明星村（赵静，2018）。2015 年十一黄金周日均接待旅游者超过参观兵马俑的人数，达到 18 万人次。2016 年，陕西省委一号文件提出"在全省推广袁家村模式"。2017 年，袁家村共接待旅游者 500 多万人次，旅游总收入 3.8 亿元，村民人均纯收入 8.3 万元，集体经济累计达 20 多亿元；日均收入 100 多万元，年营业额达到 10 亿元，年收入 5 亿元，被评为"中国十大最美乡村""国家特色景观旅游名村"[①]，一步步实现了"农村—景点—体验地—核心品牌"的进阶，2019 年 7 月被列为"首批全国乡村旅游重点村"[②]。2015 年 8 月开始在西安开袁家村"关中印象体验店"，生意火爆，一座难求。2017 年 29 个省、市（自治区）各级部门千余批次到访。2019 年春节假期，袁家村接待旅游者 82.25 万人次，最高日接待旅游者 16.2 万人次[③]。

3. 案例地选取原因

本书选择袁家村为案例地，主要基于以下四点原因：

第一，袁家村是中国千千万万乡村中的一员，具有明显的中国时代特色。20 世纪五六十年代——点灯没油、耕地没牛、干活选不出头；七十年代——打井找水，积肥改土，甩掉贫困帽子；八十年代——发展村办企业，成为陕西著名的富裕村；九十年代后期——国家产业政策调整，村办小企业陆续破产倒闭，成为空心村；2007 年——"大干 100 天，幸福袁家人"，发展乡村旅游。

第二，袁家村从 2007 年开始从无到有的发展旅游业，发展的 12 年间取得了令人瞩目的成绩，是一个乡村旅游地发展历程的浓缩，旅游发展进程持续、完整，便于研究数据的收集整理、对比分析。

---

① 雷婷. 陕西礼泉县袁家村：穷山村成为休闲金招牌［N］. 经济日报，2018 – 12 – 15（06）.

② 第一批全国乡村旅游重点村名单. http：//www. gov. cn/fuwu/2019 – 07/30/content_5416558. htm，2021/10/20.

③ 疫中经济微观｜袁家村正月营收损失上亿元 转型探索线上销售. http：//news. hsw. cn/system/2020/0304/1162480. shtml，2021/10/20.

第三，袁家村居民在乡村旅游发展过程中参与程度深，收入增加明显。袁家村吸引了1000多名创业者参与乡村旅游发展，吸纳周边劳动力3000多名，每年吸引旅游者500多万人次，受到业界和学界的广泛关注，袁家村发展过程中涌现出林林总总利益相关者的利益交互，如村民和经营者之间、旅游者和经营者之间，村民、旅游者、旅游经营者内部的关系，袁家村案例地具有丰富的研究素材。

第四，作者本人是陕西西安人，对陕西当地社会风俗、关中方言十分熟悉，可以很好地领会受访者用陕西方言表达的思想内涵，也可利用当地的人脉，更好地开展调查研究。

1.3 研究目的与意义

1.3.1 研究目的

（1）探析乡村旅游利益相关者界定、利益诉求及利益冲突。本书在大量研读相关文献和深入实地调研基础上，探析管理维度的行政管理方即各级政府管理机构，供给维度的服务供给方即旅游经营者、农村社区居民，需求维度的旅游消费方即旅游者三个维度核心利益相关者的关系，分析其利益诉求与利益冲突，建立利益关系模型与利益冲突分析模型，回答问题一、问题二，奠定全书的研究基础。

（2）明晰乡村旅游核心利益相关者关系动态演化过程。采用演化博弈方法，构建动态演化博弈模型，分析行政管理方、服务供给方和旅游消费方三个维度的乡村旅游核心利益相关者演化稳定策略（ESS）及复制者动态（RD），计算均衡稳定点，在此基础上进行数值模拟，分析在乡村旅游发展过程中，乡村旅游核心利益相关者关系及策略选择的动态过程、稳定策略，回答问题三，分析各方动态策略变化。

（3）构建乡村旅游核心利益相关者利益协调机制。依据利益相关者理论、行动者网络理论、社会交换理论、公平理论，结合统计分析的结果，构建由利益表达协调机制（即及时高效沟通机制）、利益获取协调机制（即优势互补参与机制）、利益共享协调机制（即权责对等分配机制）、利益确认协调机制（即合理完善保障机制）构成的多元化、立体化的利益协调机制，协调核心利益相关者的利益关系，实现多方共赢发展的局面，回答问题四，实现本书的研究目标。

1.3.2 研究意义

1. 理论意义

第一，明辨了乡村旅游核心利益相关者的界定。结合文献分析，笔者明确了乡村旅游核心利益相关者的界定,在乡村旅游发展中,影响力、合法性和紧迫性三个属性同时具备的个人或组织,他们与乡村旅游发展有直接联系,在乡村旅游发展过程中直接获益,对乡村旅游发展产生重要影响,同时也受乡村旅游发展的直接影响,需要密切关注。

第二,丰富了乡村旅游核心利益相关者的研究维度。建立乡村旅游利益相关者关系图谱,并在此基础上从管理、供给、需求三个维度重新整合各级政府管理机构、农村社区居民、旅游者和旅游经营者四方核心利益相关者,即管理维度——行政管理方(即各级政府管理机构),供给维度——服务供给方(即旅游经营者、农村社区居民),需求维度——旅游消费方(即旅游者),有助于提升乡村旅游利益相关者理论解释力。

第三,扩展了乡村旅游利益相关者研究视角。乡村旅游利益相关者之间的利益关系会随政治、经济、文化等因素的影响而改变,本书用演化博弈方法,构建动态演化博弈模型,分析行政管理方、服务供给方、旅游消费方三个维度的乡村旅游核心利益相关者演化稳定策略(ESS)及复制者动态(RD),计算均衡稳定点,在此基础上进行数值模拟。在分析乡村旅游发展过程中,乡村旅游核心利益相关者关系及策略选择的动态过程与各方稳定策略,更为准确地呈现了乡村旅游利益相关者关系变化,有助于利益协调机制的构建。

第四,构建了乡村旅游核心利益相关者利益协调机制。依据利益相关者理论、行动者网络理论、社会交换理论和公平理论,结合统计分析的结果,构建由利益表达协调机制、利益获取协调机制、利益共享协调机制和利益确认协调机制构成的多元化、立体化的利益协调机制,通过协调机制的有效运行,协调核心利益相关者的利益关系,实现多方共赢发展。

2. 实践意义

第一,为乡村旅游发展利益协调机制构建提供理论依据和决策参考。乡村振兴、精准扶贫等一系列战略的推进和实施,均离不开乡村旅游的发展。解决广泛存在的乡村旅游核心利益相关者的利益冲突,需要动态考量乡村旅游核心利益相关者在经济、社会和生态等方面的利益关系变化。通过构建乡村旅游核心利益相关者利益协调机制,为协调乡村旅游核心利益相关者的利益,提供理论依据和决策参考。

第二,为乡村旅游的发展提供实践指导。乡村旅游是实现国家乡村振兴、精准扶贫的重要领域,乡村旅游发展迅猛,相关者利益冲突也不断涌现。通过博弈分析有助于把握利益相关者关系的演变趋势,科学制订发展规划,营造适合乡村旅游发展运营环境,及时协调各利益相关者的利益,追踪2015~2019年数据,验证国家惠农政策的效果，推进乡村振兴战略的实施。

1.4 研究方案

1.4.1 研究内容与章节安排

1. 研究内容

本书遵循认识论原理，首先对国内外乡村旅游利益相关者协调机制的模式、经验归纳总结，并利用利益相关者理论、社会交换理论对我国乡村旅游核心利益相关者利益诉求与利益冲突进行分析；其次，通过演化博弈分析乡村旅游核心利益相关者在乡村旅游发展过程的动态博弈过程；再次，依照利益相关者理论、行动者网络理论、社会交换理论和公平理论，结合统计分析的结果，构建乡村旅游核心利益相关者利益协调机制；最后将理论研究得到的具有普遍意义的规律性认识，用于实证检验。利益协调机制能够指导我国乡村旅游地核心利益相关者利益协调，促进乡村旅游发展。研究思路见图1-1。

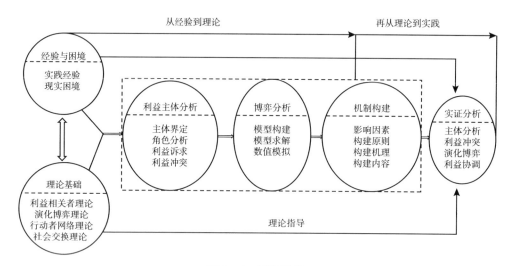

图1-1 研究思路

2. 章节安排

本书遵循"总体描述—问题分析—机制构建—问题解决"的研究思路，根据研究内容的设定，本书共分为7章，每章内容具体安排如下：

第1章绪论。首先阐述了本书的研究背景，由此引出选题缘由，进而就研究目的与意义、研究的内容与结构安排、研究的方法和研究技术路线展开阐述，最后分析了本书的创新点。

第 2 章理论基础与研究述评。梳理利益相关者理论、社会交换理论、演化博弈理论、行动者网络理论和公平理论的相关研究，并围绕乡村旅游、旅游利益相关者、旅游利益相关者协调机制和演化博弈理论在旅游领域的运用展开研究述评。在相关文献研究成果的基础上，发现相关研究的不足，找到学术切入点，为本书奠定良好的理论基础。

第 3 章乡村旅游核心利益相关者利益分析。结合文献综述对乡村旅游核心利益相关者进行界定，建立核心利益相关者图谱，并从管理维度、供给维度和需求维度三个维度对核心利益相关者进行角色定位，确定管理维度的行政管理方、供给维度的服务供给方和需求维度的旅游消费方三个维度核心利益相关者群体，分析各方的利益诉求与利益冲突。

第 4 章乡村旅游核心利益相关者关系演化博弈分析。提出乡村旅游核心利益相关者动态演化博弈关系模型，分析行政管理方、服务供给方和旅游消费方三个维度的演化稳定策略（ESS）及复制者动态（RD），计算均衡稳定点，在此基础上进行数值模拟，赋值时分别考虑了突出行政管理方介入策略、旅游消费方支持策略和服务供给方诚信策略三种不同情况，力求真实地呈现各方博弈状态。

第 5 章乡村旅游核心利益相关者利益协调机制构建。分析协调机制影响因素、构建原则、构建机理的基础上，依据利益相关者理论、行动者网络理论、社会交换理论和公平理论，结合统计分析的结果，构建由利益表达协调机制、利益获取协调机制、利益共享协调机制和利益确认协调机制构成的多元立体化的利益协调机制。根据行动者网络理论增加"桥梁"的要求，结合增强正向参与感知、公平感知的目标，从信息分享渠道、利益表达渠道和信息反馈渠道着手建立及时高效的沟通机制，解决乡村旅游核心利益相关者利益表达问题，形成正向的认同感知与参与感知。根据行动者网络理论各结点平等的要求，结合增强正向公平感知、参与感知的目标，从培养参与意识、增加就业机会和拓宽参与渠道建立优势互补的参与机制，解决乡村旅游核心利益相关者利益获取问题，形成服务供给方正向的参与感知。根据社会交换理论，结合公平理论，从满足被忽视的利益诉求、合理的分配方式和建立发展保护基金三方面建立责权对等的分配机制，解决乡村旅游核心利益相关者利益共享问题，形成正向的公平感知。根据利益相关者理论，社会交换理论，从法律、制度、监管、财政、设施、人才、宣传和教育八方面构建合理完善的保障机制，解决乡村旅游核心利益相关者利益确认问题，形成正向的认同感知、参与感知和公平感知。最终构建由及时高效的沟通机制、优势互补的参与机制、权责对等的分配机制和合理完善的保障机制构成的立体多元化的利益协调机制，促进服务供给方形成正向的旅游感知，有助于均衡状态的实现。

第6章乡村旅游核心利益相关者利益协调机制实证分析。以袁家村为案例地，对乡村旅游核心利益相关者利益协调机制进行实证分析。调查袁家村发展概况的基础上，通过发放1200份问卷调查、127次深度访谈分析袁家村乡村旅游管理维度的行政管理方、供给维度的服务供给方、需求维度的旅游消费方的利益诉求和利益冲突。通过演化博弈分析，明确行政管理方介入策略下，服务供给方诚信经营形成均衡状态，通过核心利益相关者利益协调机制解决利益冲突，协调各方利益，促进乡村旅游发展。

第7章结论与展望。总结本书研究工作，得出主要研究结论，并针对研究存在的局限，展望未来深入研究的方向。

1.4.2 研究方法

旅游学科的综合性，决定了旅游研究需要运用多个学科的研究方法，本书结合研究的不同阶段、不同目的运用不同的研究方法，主要有以下四种：

1. 文献研究

梳理前人研究成果发现其中存在的不足，有助于切入点的挖掘，获得更多的理论支撑。本书通过文献检索法，检索2000年1月~2019年9月期间发表在《旅游管理》（*Tourism Management*，TM）、《旅游研究纪事》（*Annals of Tourism Research*，ATR）和《旅游研究杂志》（*Journal of Travel Research*，JTR）这3本旅游国际权威期刊上相关论文共276篇。同时期，中国知网数据库中发表相关论文共913篇，其中CSSCI期刊151篇。通过对乡村旅游核心利益相关者、乡村旅游利益协调机制文献进行回顾梳理，为本书的研究提供理论支撑。

2. 问卷调查与深度访谈

为了保证研究结果的科学性、系统性，尽可能以客观化、定量化、标准化和规范化的形式呈现，笔者带领调研团队分别于2015年7月18~27日，2017年7月9~10日、14~17日，2019年2月6~8日多次在乡村旅游地进行问卷调查与深度访谈。首先，进行问卷调查。在阅读文献的基础上结合深度访谈，提炼相关变量，构建初始调查问卷，在小规模预调研之后，对问卷进行修订，正式开展问卷调查工作。向旅游者、旅游经营者和农村社区居民共发放问卷发放1200份，回收问卷1109份，有效问卷1029份。获得翔实的定量资料为实证研究提供数据支撑，用于乡村旅游核心利益相关者利益协调机制的构建。其次，进行深度访谈。采用半结构化深度访谈的方式，访谈之前列有提纲，访谈时会根据访谈对象、访谈环境对访谈提纲略微调整，共访谈 127 人次，其中访谈各级政府管理机构人员 20 人次、旅游经营者 59 人次、农村社区居民 48 人次；囿于旅游者游览时间，完成深度访谈所需时间较多，故对旅游者调研以问卷调查的方式展开。在访谈过程中真实了解访谈对象的想法和态度，获得大量鲜活的一手资料。

3. 演化博弈分析

乡村旅游核心利益相关者关系随着乡村旅游发展不断变化，同时各方利益相关者也会根据其他利益相关者的策略，对自身策略进行不断调整。运用演化博弈分析，建立动态演化博弈模型，能够更准确地反映出利益相关者之间动态博弈过程，三方同时博弈能够更真实地反映利益相关者的利益诉求与矛盾冲突。分析三个维度的乡村旅游核心利益相关者演化稳定策略（ESS）及复制者动态（RD），经过均衡点分析及数值模拟，力求尽可能真实地呈现各方博弈状态。赋值时分别考虑了突出行政管理方介入策略、旅游消费方支持策略和服务供给方诚信策略三种不同情况。

4. 统计分析

书中运用的统计分析法主要包括描述性统计分析、信度分析、效度分析、结构方程模型和层次回归分析等。首先通过描述性统计分析数据的基本情况，其次用信度效度检验分析数据质量，再次通过结构方程模型验证协调机制的作用机制，最后通过层析回归分析政府介入的调节效应，使用了 SPSS 23.0、AMOS 23.0 软件完成统计分析。

研究过程中，还运用了比较分析、归纳分析等多种研究方法，坚持了研究方法与研究问题性质相匹配的原则。

1.4.3　研究框架

本书按照研究思路、研究内容、研究方法三部分展开，每个章节均涉及这三部分内容。其中研究思路涵盖问题提出、理论基础、主体分析、利益分析、博弈分析、机制构建、实证分析和研究结论 8 项内容。研究方法涉及实地调研、文献分析、演化博弈、统计分析、深度访谈和问卷调查等多种。研究内容在 1.4.2 部分已经详细介绍过，此处不再赘述，研究框架见图 1-2。

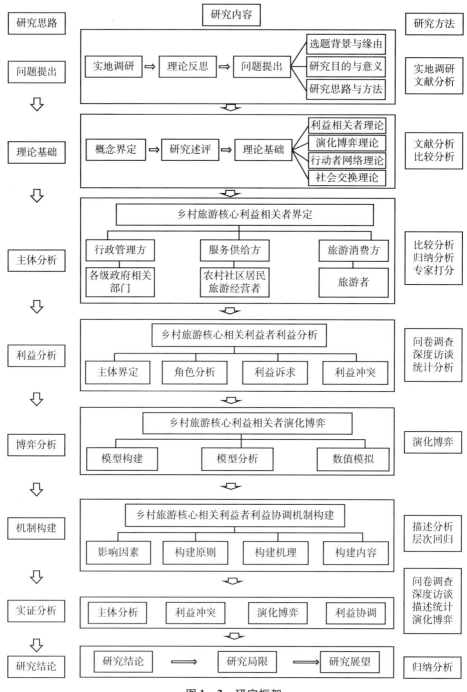

图1-2 研究框架

1.5 本书主要创新点

本书的创新之处体现在以下三个方面：

第一，拓展了乡村旅游核心利益相关者的研究维度。结合文献分析构建乡村旅游核心利益相关者关系图谱，在此基础上从管理维度、供给维度和需求维度整合各级政府管理机构、旅游经营者、农村社区居民和旅游者四方核心利益相关者。划分为管理维度的行政管理方是管理者、调控者和监督者；供给维度的服务供给方是服务提供者、文化传承者；需求维度的旅游消费方是消费者、体验者。从管理、供给和需求维度分析乡村旅游核心利益相关者，可以更好地把控研究的整体性，有助于增强乡村旅游核心利益相关者理论的丰度与解释力。

第二，提出了乡村旅游利益相关者动态演化博弈模型。与以往研究成果两个主体博弈不同，本书分析乡村旅游核心利益相关者三个群体同时博弈的演化稳定策略（ESS）及复制者动态（RD），均衡点分析及数值模拟，动态演化博弈能够更准确地反映乡村旅游利益相关者相互博弈过程，更真实地反映其利益诉求与矛盾冲突，有利于利益协调机制的建立。研究得出：行政管理方的"介入"是实现三方均衡的有力保障，同时行政管理方选择"介入"策略，对服务供给方是否选择"诚信"策略具有显著影响，但对旅游消费方是否选择"支持"策略影响并不产生直接影响。可以通过介入，督促服务供给方诚信经营，并加大对支持乡村旅游发展的旅游者奖励力度，引导旅游消费者"支持"乡村旅游发展。旅游消费方是否选择"支持"策略，仅可能在一定程度上对演化趋势产生影响，并不能改变演化结果。

第三，构建了乡村旅游核心利益相关者利益协调机制。依据利益相关者理论、行动者网络理论、社会交换理论和公平理论，结合统计分析结果，构建由利益表达协调机制、利益获取协调机制、利益共享协调机制、利益确认协调机制组成的多元立体化的利益协调机制，并通过实证检验。解决乡村旅游核心利益相关者利益冲突，保障核心利益相关者的合法权益，对乡村旅游发展具有现实指导意义，有利于促进乡村发展，稳步推进乡村振兴战略的实现。

第 2 章

理论基础与研究述评

本章围绕"乡村旅游利益相关者关系博弈及协调机制"这一研究主题，从理论基础和文献研究述评两方面展开。涉及利益相关者理论、演化博弈理论、行动者网络理论和公平理论，并围绕乡村旅游、旅游利益相关者、旅游利益相关者协调机制和演化博弈理论在旅游领域运用展开研究述评。梳理文献时注重其经典与前沿相结合，理论与应用相结合，在吸收精华养分的同时，发现相关研究的不足，找到本书学术切入点，奠定良好的理论基础。

2.1 理论基础

2.1.1 利益相关者理论

利益相关者理论是企业战略制定时需要遵循的原则，也是企业战略制定的工具。1963 年，斯坦福研究所受到了"股东"这出戏的启发，引入"利益相关者（stakeholder）"一词，即和企业有密切联系的人。企业除了为股东服务之外，还需要获得"利益相关者"的支持。

《战略管理：利益相关者方法》一书的出版正式提出利益相关者理论。个人或群体在支持、影响组织决策、政策、目标、行动的同时，组织也会通过决策、政策、目标、行动等方式支持和影响个人及群体，利益相关者与组织环境密切相关，利益相关者是"任何能够影响或受到组织目标实现影响的群体或个人"。通过利益相关者理论可以了解个人或群体与组织影响及被影响的关系，同时分析组织有效性及影响企业目标实现的相关因素（Freeman，1984）。利益相关者理论将管理关注点主要集中在内部、外部的利益相关者身上，也包括其他与组织有联系的利益相关者（Savage et al.，1991）。而传统管理理论并没有考虑到能够影响组织和受组织影响的广泛群体。

1. 利益相关者的分类

弗里曼（Freeman，1984）将利益相关者定义为能够影响或受组织目标实现影响的任何个人或群体。米切尔（Mitchell）等学者系统总结了1963～1995年间相关学者对利益相关者的定义研究，指出前人在定义利益相关者时选用了影响决策的权力（影响力）、与企业关系的合法性（合法性）和对业务的要求的紧迫性（紧迫性）三个要素，同时还从广义与狭义角度进行辨别，在此基础上提出了利益相关者的分类：（1）潜在型利益相关者，仅具备三种属性中的一种，包括：①休眠利益相关者、②裁量利益相关者、③要求利益相关者。（2）期待型利益相关者，具备三种属性中的两种，包括：④支配利益相关者、⑤危险利益相关者、⑥依存利益相关者。（3）决定型利益相关者，同时具备影响力、合法性和紧迫性三种属性，是组织首要密切关注和研究的对象（Mitchell et al.，1997），详见图2－1。这种分类考量的因素和划分类别，对于利益相关者的界定更为明晰，具有较好的可操作性，对于利益相关者理论的发展和推广具有十分良好的促进作用。

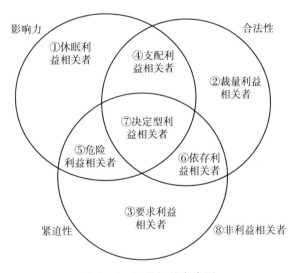

图 2 – 1　利益相关者类型

资料来源：Mitchell R. K.，Agle B. R.，Wood D. J. Toward a Theory of Stakeholder Identification and Salience：Defining the Principle of who and What Really Counts［J］. *Academy of Management Review*，1997，22（4）：853 – 886.

1985年格雷（Gray）指出任何事业的成功和可持续性在很大程度上取决于受其活动影响并有能力影响其活动的各种群体和个人的参与。利益相关者理论认识到在管理过程中有多个参与方，以利益相关者理论与社会变革理论相结合建立模型，协调政府机构、政治团体、当地社区和关联企业的关系（Friedman and Miles，2002）。西方学者从多个方面总结了利益相关者的定义，涉及众多领域与公众，包括政府、媒体、管理人员、股东、行业协会、供应商、客户、社区、环保组织、雇员等，形成了一个涉及诸多方面的研究体系，便于研究者系统研究。中国学者从狭义角度提出了利益相关者的概念（杨瑞龙、周业安，2000）。

2. 利益相关者理论研究方法

在利益相关者理论研究的过程中，"规范性方法"是利益相关者理论发展的基础，使用频率较高，主要用来研究"应该发生什么事情"。1995年唐纳森和普雷斯顿（Donaldson and Preston）采用实证性方法研究"发生了什么事情"，采用工具性方法研究"会发生什么事情"。1997年米切尔（Mitchell）等学者提出评分法（Mitchell et al.，1997），加强了对于实证性和工具性的研究，从而促使研究方法的转变。将规范分析、实证研究相结合研究企业利益相关者利益要求的实现问题及所蕴含公司治理的意义（陈宏辉、贾生华，2004）。通过博弈论分析利益相关者有限理性、多重博弈关系，拓宽利益相关者理论的研究广度（谭术魁、涂姗，2009）。

3. 利益相关者理论应用领域

利益相关者理论最初应用于企业管理领域，管理者考虑与不同利益相关者之间的关系，分析其各自独立或者相互依赖的结构，确定企业管理中值得管理层关注的关键利益相关者，以有效地管理企业（Freeman，1984）。企业属于复杂的利益相关者关系网络系统，提高组织的有效性（Heugens et al.，2002），社区项目研究（Burby and Raymond，2003），利益相关者的利益、观点和价值在决策中得到体现（Gunn，2002）。

利益相关者理论20世纪末的研究多是有关战略管理，包括企业规划、系统理论等战略职能（Mitchell et al.，1997），相关团体和个人有相应的道德责任免除股东担忧（Gibson，2000），利益相关群体都是为了获利，获利并没有顺序性；利益相关群体协调发展对于组织的可持续发展具有重要影响（Sheehan et al.，2007）。20世纪90年代开始，我国学者开始了利益相关者的研究，最早用于公司治理领域，提高公司治理效率（李维安、王世权，2007），2000年张广瑞教授翻译《全球旅游伦理规范》并在旅游学刊发表，利益相关理论在我国旅游研究中的运用拉开帷幕。

利益相关者理论对本研究的启示：利益相关者理论定义、分类等各方面不断发展完善，经历了管理学领域初步拓展，研究体系、研究方法不断发展，利益相关者理论逐步具备了理论基础与研究框架，同时在研究方法上也不断健全，在庞大的管理学理论体系中有了一席之地。虽说目前依旧存在理论体系不甚健全、研究方法有待完善等多类问题，但是"利益相关者"这一概念逐步应用于更多的企业和组织，利益相关者理论可以作为分析现实问题的切入点，以后的研究随着经济学、社会学等相关领域知识的不断渗透，利益相关者理论进一步完善。

旅游业具有很强的综合性，这也决定了其所涉及的利益相关者远多于其他行业，多个利益相关群体在乡村旅游发展过程中会出现争夺资源、权力和利益等问题，利益诉求和利益冲突较为集中，经过各方反复博弈之后形成动态平衡机制（代则光、洪名勇，2009），协调利益相关者的利益需要依据利益相关者理论的指导，明确各方利益相关者并不是完全割裂的个体，之间存在各种联系，详细分析各方利益相关者的利益诉求，解决利益相关者的利益冲突。

2.1.2　演化博弈理论

演化博弈论就是在传统博弈论的基础上，吸收生物进化论、基因论等思想，以演化思想分析经济现象，在信息不完全的前提下，有限理性个体/群体通过观察其他个体决策，感受外部环境，不断学习、试错、调整和优化自身决策，经过一系列的动态过程，最终做出最优决策。阿尔钦（Alchian）认为竞争压力会将促使个体采取最适合自身的行动。在进化选择过程中依据博弈论，因为对手策略的改变，需要及时调整自身策略取胜。演化博弈理论注重动态调整过程，即使自身最优策略已经确定，其他个体策略的调整依旧会引起决策的改变，循环推进，最终实现演化稳定均衡。

演化博弈论包含演化稳定策略（ESS）（Smith and Price，1973）、复制者动态（RD）（Taylor and Jonker，1978）两大核心理论。其中 ESS 可定义为需要满足两个条件：（1）$E(S', S') \geq E(S, S')$，$S \neq S'$；（2）$E(S', S) > E(S, S)$（E 代表收益，S'代表除 S 之外的其他策略）。复制者动态（RD）是动态微分分析方法，目前被广泛应用于研究利益相关者的战略稳定性，即一个策略在博弈过程中获得的收益大于其他策略的平均收益，并且能够通过反复博弈演变为稳定策略。

克服了传统博弈论脱离实际的问题，经济学、生物学的交叉同时促进两个学科发展，实践性更强的演化博弈理论逐步受到关注。1992 年演化博弈理论国际学术会议在康奈尔大学召开，该理论进入快速发展时期。演化博弈理论广泛应用于研究政治、战争、人类社会制度变迁等领域的问题，同时演化博弈理论研究也从对称博弈向非对称博弈演化。演化博弈相比传统博弈能够解释利益相关者在长期内如何实现均衡，利益相关者可以通过比较其他博弈群体的策略选择，对自己行为进行调整（Anastasopoulos and Anastasopoulos，2012）。数学领域、经济学领域很多专家学者将演化博弈论及其方法不断优化深入研究，其运用范围不断扩大（Li，2014）。

演化博弈理论对本书的启示：参与演化博弈的群体并不需要具备完全理性，

也不需要享有完全信息，各方会根据他方策略对自身策略进行调整。相同群体内部的博弈是同时博弈，不同群体之间的博弈是顺序博弈，群体行为会随时间变化发生改变。依据演化博弈理论，制定利益协调机制时需要充分考量各方策略的动态调整，通过演化博弈分析利益协调机制均衡状态的各方策略选择。

2.1.3 行动者网络理论

20 世纪 80 年代中期，法国巴黎学派社会学家代表人物卡龙（Callon）和拉图尔（Latour）提出行动者网络理论。1973 年法国电器公司提出开发新型的电动车计划，计划的有效实施需要 CGE 公司开发电池发动机、蓄电池，雷诺公司装配底盘、制造车身，还要考虑消费者、政府、铅蓄电池以及其他因素，法国巴黎学派社会学家代表人物卡龙于 1986 年在研究该案例的基础上提出行动者网络理论。相关因素都是"行动者"，行动者可以是任何个体或者组织，也可以是非人类通过代言人获得主体地位，行动者之间关系不确定，每一个行动者作为一个结点都是一个彼此间相互平等的主体，相互认同、承认、依存和影响，将结点连接构成网络（Latour，1986）。满足特定利益相关者的需求，会同时影响与其他利益相关者的关系（Hillebrand et al.，2015）。

以行动者网络理论（ANT）研究利益相关者在旅游文化区中的互动，为文化项目管理提供了新的研究视角，并确定路径解决争议（Arnaboldi and Spiller，2011）。在保护区建立可持续发展的旅游企业，如果行动者可以成功协调人类和非人类因素，使用共同平台追求各自不同但可互补的目标，就可以建立网络（Dedeke，2017）。旅游企业和其他组织之间存在强联系、弱联系，网络构成并不均衡。通过信息共享和合作机制，促进旅游网络结构的优化发展（March and Wilkinson，2009）。

行动者网络理论中，各个结点之间的"桥梁"十分重要，"桥梁"构建可以增强结点之间的联系，减少网络的结构洞，提升网络运行效率，这些都可以通过及时高效的沟通机制实现。如拓宽信息表达、分享和反馈的渠道，对于利益表达机制的构建具有指导作用。同时，行动者网络理论还有"各结点平等"的要求，也就是说每个行动者都是网络中的一个结点，彼此间相互平等、相互认同、承认、依存、影响（Latour，1986）。

行动者网络理论对本研究的启示：各方利益相关者就是每一个"结点"，应当建立旅游经营者、农村社区居民的参与制度，培养农村社区居民参与意识，增加农村社区居民的就业机会、拓宽农村社区居民的参与途径，改变被动接受行政命令的乡村旅游发展模式，以此提升网络中每一个结点的作用，实现行动者网络中结点平等的要求，提升各结点的公平感知、参与感知和认同感知。

2.1.4　社会交换理论

交换理论深受英国古典政治经济学、马克思经济思想的影响。亚当·斯密（1776）认为，商品间的交换是普遍存在于各个民族、各个年代的经济社会现象。因为人可以在交换过程中获得各方期待的报酬和利益，满足各方需求。马克思认为物质交往是物质生产得以实现的前提，只有通过物质交往才能实现社会交换，相互社会交换之后，获得双赢或多赢。社会交换理论是美国文化社会理论主要流派之一，是从经济学投入与产出关系的视角研究社会行为的理论。

心理学理论也逐步融入社会交换论的研究，斯金纳认为强化（即提供某种报酬）是行为形成和改变的根本规律，有机体在既定情景中会选择获取最大报酬、最小惩罚，同时有机体在相似情境下还会重复曾经在过去得到过报酬的行为。心理学理论融入之后不但可以描述个体行为，还能够做出科学解释，从而积极促进了社会交换理论发展（乐国安、管健等，2013）。

人类学理论对社会交换理论的发展也提供了较多的理论支撑。弗雷泽认为社会交换与宗教仪式、文化习俗等多方面息息相关，同时还包括职位交换。马林诺夫斯基认为礼物大多数是要求回偿的，礼物不仅限于财富的物质交换，还包括仪式等非物质层面的交换。自愿交换是社会的基本形态，通过交换可以更好地分析社会结构，它是社会整合及社会变迁的重要因素（刘永根，2015）。

行为主义交换论有效地运用了经济学、人类学、社会学和心理学等理论成果进行微观层面分析，揭示了社会交换会选择"趋利避害"，其中"利"包含物质、声望和权力等，扩宽了社会交换理论的研究视野。社会交换的最终目的是为了实现双方各自最大利益，因而社会交换行为在人类社会中普遍存在，交换具有经济性、社会性和目的性。但其忽视了人和动物的区别以及宏观社会对个体的制约，同时尚未揭示个体交换基础上宏观水平的社会交换，这一点也被布劳批判。

布劳（Blau）的结构主义交换论被很多学者认可，提出了交换应该具备的两个条件，首先，行为的最终目标只有与他人互动才能实现；其次，行为必须采取有助于实现目标的手段。同时将行动者期望的酬赏分为金钱、商品和服务等"外在酬赏"及爱、尊敬、荣誉和职务等"内在酬赏"。通过社会结构研究人与人的交往过程，分析大型复杂组织中的交换与权力。用宏观结构主义创立、发展了一个更加严密的理论体系（布劳，2008）。

1987 年有学者运用社会交换理论研究旅游问题，旅游地居民获得的旅游收益高于旅游成本则支持旅游发展，如果支付的成本高于所获收益，则对旅游发展持反对态度。随后叶占雄构建了社会交换过程模型，增强了社会交换理论在旅游研究领域的可操作性（Ap，1992）。20世纪90年代，社会交换理论被用于研究中国旅游问题，随后相关研究逐步增加，例如居民对旅游影响的感知（李有根等，1997），社区旅游支持度的研究等（王咏、陆林，2014）。农村社区居民在动态的旅游开发过程中会不断评价交换结果，进而选择下一步的交换行为，感知收益超过其所付出的成本时，总体上接纳旅游开发并持积极态度（杨兴柱等，2005）。

社会交换理论对本书的启示：乡村旅游发展过程中，农村社区居民、旅游经营者、旅游者和政府需要通过互动发生交换行为，交换过程中会根据成本与收益的比较结果，确定是否继续交换行为。如若某一利益群体，长期受到不公正待遇，势必产生嫉妒、不满的情绪，甚至出现过激行为，阻碍乡村旅游的发展。可以运用社会交换理论，同时结合乡村旅游的发展阶段，分析各群体交换行为的成本与收益，尽可能建立契合的协调机制，实现多方共赢。

2.1.5 公平理论

1962年公平理论创始人亚当斯和罗森一同撰写《工人关于工资不公平的内心冲突同其生产率的关系》，开始公平理论的研究。随后又陆续发表《工资不公平对工作质量的影响》《社会交换中的不公平》等著作，进一步深化公平理论的研究。公平理论注重研究报酬分配的公平性，分配公平直接影响其参与的积极性，公平与否取决于横向和纵向的比较。横向比较指与他人比较，纵向指与历史阶段的比较。分配公平包括物质利益、精神荣誉等多方面，公平理论对于关系的协调有重大启示意义。个体公平感不仅对个体行为有直接影响，还会影响整个组织的积极性，协调组织关系时，尽可能营造公平氛围，对于分配公平，需要坚持效率优先，兼顾公平。物质报酬分配时，引入竞争机制合理拉开分配差距体现公平，在精神上，同时采用关怀、表扬等方式，帮助个体感受成功与自我实现。

随后，学者们围绕公平理论展开大量研究，研究的深度和广度不断扩展。程序公平需要具备一致性、准确性、道德伦理、代表性、避免偏见和可修正的标准（Walker and Thibaut，1979）。互动公平（Bies and Moag，1986），还有人际公平和信息公平（Greenberg，1987）。公平感知与积极态度、情感以及积极行为都有重要影响，这种积极行为包括助人行为（Colquitt et al.，2001），信任（Elsbach and Elofson，2000）和支持（Cohen-Charash and Spector，2001）等。

个体会根据自身对公平的理解，衡量利益交换是否公平。主要涉及分配结果、分配过程、行为动机的公平（马东艳，2015），收入公平（黎洁、赵西萍，2001），以及人际沟通公平、分配公平、程序公平和互动公平（胥兴安等，

2015)，感知自身公平实现，则会支持旅游业发展（刘静艳、李玲，2016），同时改善组织关系，实现组织中各利益主体协调发展。

公平理论对本书的启示：乡村旅游发展过程中，各利益相关者群体会考量程序、分配和互动各环节是否公平，并且根据自身的公平感知确定自己的行为策略。依据公平理论建立协调机制时，注重推进程序公平、分配公平和互动公平等各环节的公平，增强利益相关者群体正向的公平感知，有利于其采用积极策略，促进协调机制均衡状态的实现。

2.2　研究述评

2.2.1　乡村旅游研究述评

乡村旅游 19 世纪末在欧美国家逐渐兴起，20 世纪 70 年代进入蓬勃发展阶段，起初相关研究主要集中在山区、农场方向，1994 年学者们将乡村旅游作为可持续旅游中的特殊旅游活动进行研究，尝试构建系统的理论框架，开始乡村旅游学术研究（Sharpley and Roberts，2004）。乡村旅游研究主要集中在概念界定、影响分析、研究角度和发展模式四个方面。

1. 概念界定

根据世界旅游组织出版的《旅游业可持续发展——地方旅游规划指南》，乡村旅游（rural tourism）是旅游者在乡村及其附近逗留、学习和体验乡村生活模式的活动。国内外诸多学者对乡村旅游的概念进行界定，乡村旅游是在乡村地区的旅游活动，具有明显的乡村性、传统性，发展规模较小，反映环境、经济等各类情况（Lane，1994）；是以乡村社区为活动场所，是以乡村独特的生产形态、生活风情、田园风光为对象的旅游类型（马波，1995）；是以具有乡村性的自然、人文景观为旅游吸引物的旅游活动（何景明、李立华，2002）；是以乡村地域及农事相关的风土、风物、风俗和风景组合而成的乡村风情为吸引物，吸引旅游者前往休息、观光、体验及学习等的旅游活动（刘德谦，2006）；是以乡村田园风情、农业生产活动、农家生活和民俗文化等自然和人文景观为旅游吸引物的休闲、观光、游览及度假活动（林刚、石培基，2006）；是以乡村为旅游目的地，以城市人群为主要客源，以"乡村性"为核心卖点，旅游动机是观赏和体验乡村景观、独特生活方式和习俗文化的旅游活动（王纯阳、黄福才，2012），农村社区是农村社区居民的居住场所和交易场所，制作、包装和销售乡村文化。

国内外学者从不同角度对乡村旅游的概念进行界定，因为乡村旅游的复杂性与综合性，概念界定尚未统一。但乡村旅游定义的共性是其中均包含"乡村性"，这是乡村旅游的核心特点，乡村性是乡村旅游生存的基础，城市性与乡村性之间的级差是乡村旅游发展的动力（邹统钎，2006），可以通过地域条件、旅游资源基础、社区参与、旅游产业本地化和可持续发展等要素测量乡村性（冯淑华、沙润，2007）。同时还有学者引入"意象"概念，乡村长期发展中在人们头脑中所形成的具有稳定性"共同心理图像"即为乡村意象，包括乡村景观意象、乡村文化意象（熊凯，1999），乡村意象和乡村性共同构成乡村旅游核心吸引力，能够产生情感共鸣，提升认同感（尤海涛等，2012）。

综上，笔者尝试提出乡村旅游的概念：乡村旅游是以乡村自然景观、乡村人文景观为旅游吸引物，以体验乡村田园风情、民俗文化和生产生活方式为目的，在乡村地区开展观光、休闲、度假和游览等多样化与生态、文化结合的具有乡村性的旅游活动。

2. 乡村旅游影响分析

乡村旅游对经济促进作用的研究成果较多，很多学者对其进行分析，发展乡村旅游是经济、社会重建战略措施，用于解决年轻人迁移、经济衰退等问题，提高边缘地区经济发展水平（Briedenhann and Wickens，2004）。增加就业机会及收入、改善农村产业结构（李德明、程久苗，2005）。也有学者持反对态度，认为乡村旅游存在明显的季节性、收入较低，对经济发展的促进作用微不足道，对于降低贫困率作用有限（Deller，2010），并不能实现乡村的经济复兴（Oppermann，1996）。

乡村旅游带来经济影响的同时，还在社会文化、环境等方面产生影响（李凡、金钟民，2002），推动乡村与外界的社会文化交流（Oppermann，1996），促进社会复兴，有利于实现地方间合作（Briedenhann and Wickens，2004），影响当地的通婚模式、婚姻年龄差距，提高职业妇女的独立性，对家庭结构、家庭收入、就业模式均产生影响，促进居民观念的更新，实现景观、文化和生态环境保护（李德明、程久苗，2005），同时也会带来负面影响，如可能会失去个人生活独立性，暴露生活隐私。

3. 研究角度分析

（1）社区参与。

社区参与是乡村旅游乡村性的本质内涵之一（冯淑华、沙润，2007），社区参与是旅游可持续发展的重要因素（孙九霞、保继刚，2004），在旅游规划、开发过程中，将社区居民当作旅游开发主体和参与主体，社区居民的参与能力可随旅游发展而提高，社区参与旅游发展在中西方具有较大差别，西方社区参与多为主动参与，关注经济利益同时关注旅游带来的其他负面影响，而中国大多为被动参与并且仅注重经济利益（保继刚、孙九霞，2006），社区参与应注意有效性、公平性，居民参与旅游发展可以实现社区居民公平分享收益，从而有效实现旅游发展中的分配公平（Murphy and Murphy，2004）。

通过参与旅游开发的"轮流制"模式主动参与旅游发展，能够实现经济增权、政治增权、心理增权和社会增权，但制度增权的实现尚有一定难度（郭文，2010），用定量研究分析农村社区居民参与旅游决策对支持乡村旅游发展产生影响（杨兴柱等，2005），社区参与有利于适应不断变化的多样化环境，社区领袖、旅游利益相关者在旅游规划发展中发挥重要作用，积极参与旅游业发展（Pongponrat，2011），通过分析政府、企业、当地居民、公益组织、高校科研机构和旅游者等利益相关者在旅游扶贫实践过程中的角色、作用，明确社区参与在旅游发展中的重要作用（张晓等，2018）。

（2）社区情感。

在研究社区参与的基础上，近年来学者们开始关注乡村旅游地社区情感与乡村旅游发展的相互关系。分析居民感知可以了解旅游业的演变和动态，通过模型分析，主客互动会影响居民对旅游的看法和游客的支付意愿（Bimonte and Punzo，2016）。当地居民对乡村旅游的感知受居民年龄的影响较为显著，景区经营管理水平对居民旅游感知有重要影响，并与经济、文化、环境和整体感知呈正相关关系（熊剑平等，2008）。利益相关者旅游感知对其行为有重要影响，参与意愿随乡村旅游正向旅游感知增加而增强，政府、旅游企业、社区居民和旅游者参与程度依次降低（Byrd et al.，2009）。

4. 发展模式分析

在乡村旅游发展的不同阶段，经营模式各不相同，引起了学者们的关注。通过乡村旅游经营主体创新，采用集体化乡村旅游发展模式，解决"三农问题"（王晨光，2018），通过多元组合模式，按照提升政府主导作用、稳固农业基础地位和确保乡村居民主体作用的模式，促进乡村旅游产业融合发展（蔡克信等，2018），通过教育、培训提高服务意识和服务水平，实现参与式乡村旅游发展模式（郑群明、钟林生，2004）。乡村旅游发展的主要模式有客源地依托模式、目的地依托模式、非典型模式和复合模式（刘德谦，2006），需求拉动型模式、供给推动型模式、中介影响型模式、支持作用型模式和混合驱动型模式（张树民等，2012）。

农家乐是最早的乡村旅游发展模式，其中村落式农家乐集群分为成熟型、潜力型、粗放型和滞后型四类，通过村落内部分工、专业化经营，结合政府和协会的力量，实现村落式农家乐集群创新，提升旅游发展利益（吴文智等，2015）。

经过发展，形成了"政府 + 旅游公司 + 农民旅游协会 + 旅行社"的"四位一体"的乡村旅游发展模式（陈志永等，2008），个体农户模式、农户联合模式、多方合作模式（刘涛、徐福英，2010），"农家乐"协会、"农家乐"专业合作社（胡敏，2009），"公司 + 农户""政府 + 公司 + 农村旅游协会 + 旅行社""股份制""农户 + 农户""个体农庄"（郑群明、钟林生，2004）多种发展模式，促进当地乡村旅游业的发展。

2.2.2 旅游利益相关者研究述评

1. 文献梳理

为了构建旅游利益相关者利益协调机制，需要尽可能地全面分析旅游利益相关者国内外的研究成果，综合多角度分析旅游利益相关者的界定、角色分析、不同旅游形态利益相关者利益异同、研究方法与视角，从而全面了解旅游利益相关者研究动态，为利益协调机制的建立奠定良好的文献基础。

（1）国际权威期刊文献梳理。

通过研究学者的努力，利益相关者理论逐步完善、发展，研究领域也从管理学向外扩展，逐步进入旅游研究领域。加拿大海伍德教授于 1988 年在《旅游管理》（*Tourism Management*）期刊上发表了名为"Responsible and responsive tourism planning in the community"的论文，文中明确当地居民是旅游业的利益相关者（stakeholder），制定旅游发展规划时需要考虑满足其需求，促进旅游业发展（Haywood，1988），揭开了旅游领域利益相关者理论研究的新篇章。随后相关研究逐步增加，"stakeholder"一词越来越多地出现在旅游权威期刊上（Sautter and Leisen，1999），旅游领域的利益相关者研究成果逐渐增多。

本书以"stakeholder"利益相关者为检索词，在篇名、摘要、关键词中检索 2000 年 1 月 ~ 2019 年 9 月发表在《旅游管理》（*Tourism Management*，TM）、《旅游研究纪事》（*Annals of Tourism Research*，ATR）和《旅游研究杂志》（*Journal of Travel Research*，JTR）这 3 本旅游国际权威期刊上有关"stakeholder"的文献，能够更为精准及高效地获得旅游利益相关者国际上的研究成果。

首先进入 Elsevier Science Direct 全文数据库，检索发表在《旅游管理》和《旅游研究纪事》两本期刊上有关"stakeholder"论文，分别为 167 篇、59 篇，共计 226 篇。再进入 Sage 期刊数据库检索发表在《旅游研究杂志》期刊上有关"stakeholder"论文，共有 50 篇。经检索 3 本旅游国际权威期刊在 2000 年 1 月 ~ 2019 年 9 月期间，发表有关"stakeholder"论文共 276 篇，其中《旅游管理》期刊发表了 167 篇相关论文，占比达 60.51%，如表 2 - 1 所示。

表 2 − 1　　TR、JTR、TM 期刊发表"stakeholder"相关论文数量（2000～2019 年）

期刊	2000～2005 年	2006～2011 年	2012～2019 年	论文总量（篇）	比重（%）
Annals of Tourism Research（ATR）	5	10	44	59	21.38
Journal of Travel Research（JTR）	2	10	38	50	18.12
Tourism Management（TM）	12	40	115	167	60.51

注：检索时间 2019 年 9 月 12 日。

2000～2005 年时间段里，有关"stakeholder"的论文在三大权威期刊发文量均较少，2006～2011 年逐步增多，2012～2019 论文数量大幅增加。*Tourism Management*（TM）期刊在三个发展阶段中，发文量占比均超过 58%，如图 2 − 2 所示。2018 年 8 月～2019 年 9 月三本权威期刊共增加有关"stakeholder"的论文 38 篇，关注热度较之前快速上升。

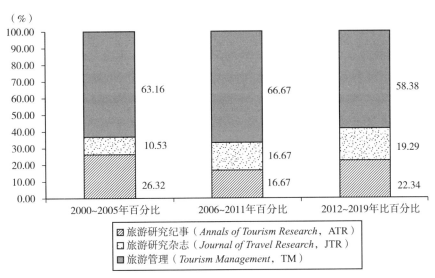

图 2 − 2　ATR、JTR、TM 期刊发表"stakeholder"相关论文分析（2000～2019 年）

（2）国内期刊文献梳理。

为了更好地研究"利益相关者"这一理论在国内旅游研究领域近年所获得的研究成就，进入中国知网以"旅游"并含"利益相关者"为检索词，在主题、题名中跨库检索 2000 年 1 月～2019 年 9 月发表在全网数据库的期刊文献，共有 913 篇期刊文献，详见图 2 −3，其中 CSSCI 数据库的期刊文章为 151 篇。

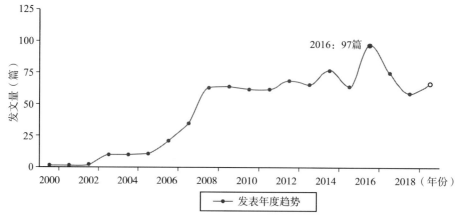

图 2 - 3　中国知网 "利益相关者" "旅游" 主题论文发文趋势（2000 ~ 2019）

注：检索时间 2019 年 9 月 12 日。

　　2000 ~ 2019 年 20 年间整体发文趋势呈稳步增长趋势，旅游利益相关者的研究分为三个阶段：①研究初始阶段（2000 ~ 2005 年），年均发文约 6 篇；②快速发展阶段（2006 ~ 2008 年），2006 年利益相关者研究发文量为 21 篇，相关研究发文量持续增加，很多学者发表研究综述推进研究进展（李正欢、郑向敏，2006；郭华，2008），年均发文量为 40 篇；③稳定增长阶段（2009 ~ 2019 年），增长速度放缓，发文量较为稳定，成果数量保持在每年 60 篇左右，2016 年发表相关文献数量最多，发文 97 篇。利用 CNKI 网页上 "计量可视化" 分析模块，对 2000 ~ 2019 年 913 篇期刊文献进行可视化分析，关键词共现网络图如图 2 - 4 所示。

　　通过关键词贡献图可以清晰看出，利益相关者、旅游者、社区居民和旅游业等是频率较高的关键词，共性较为突出。梳理 913 篇期刊文献主题，按照发文数量排名，前 30 位研究主题为：利益相关者、旅游者、关民理论、利益相关者理论、旅游利益相关者、企业管理、旅游业、生态旅游、社区居民、旅游产业、可持续性发展、乡村旅游、旅游企业、利益诉求、旅游开发、旅游景区、旅游目的地、旅行社、旅游地、核心利益相关者、旅游社、社区参与、自然保护区、利益相关者分析、旅游可持续发展、景区管理、旅游管理专业、乡村旅游开发、开发商和利益冲突，详细发文数量如图 2 - 5 所示。

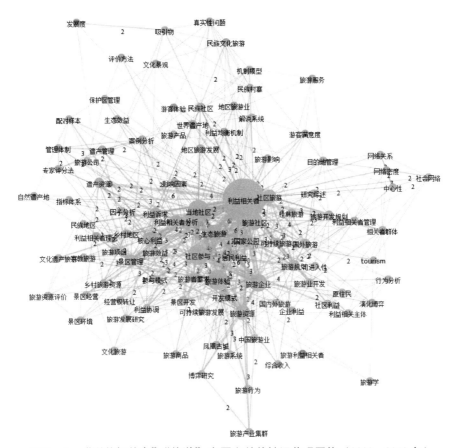

图 2-4 "利益相关者""旅游"主题文献关键词共现网络（2000~2019 年）

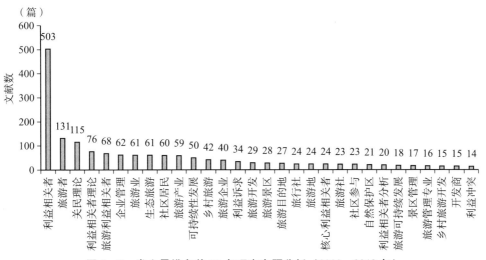

图 2-5 发文量排名前 30 名研究主题分析（2000~2019 年）

从其中筛选排名前 10 位的主题，2000～2019 年间的发文数量分析发文趋势，除"利益相关者"这一主题增长波动的趋势较为明显之外，其余 9 个主题，波动范围较小，如图 2-6 所示。

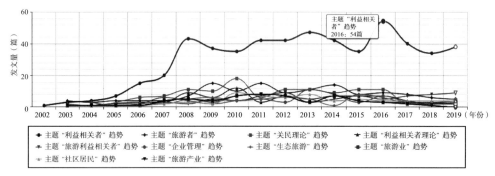

图 2-6　发文量前 10 名发文趋势分析（2000～2019 年）

2. 文献述评

利益相关者理论从 20 世纪 80 年代开始在旅游领域应用，最初大多研究聚焦于界定利益相关者的范畴，利益相关者是可持续旅游的核心组成部分，利益相关者的识别、分析是促成有效合作的前提，以利益相关者理论识别并主动考虑旅游开发、规划过程中利益相关者的管理（Sautter and Leisen，1999）。

国外 20 世纪 80 年代中后期，"利益相关者"理论被引入旅游研究领域（Freeman，1984），"利益相关者"在《全球旅游伦理规范》中提出（WTO，1999①）。后续研究包括在旅游规划中的应用（Sautter and Leisen，1999），这也是国内学者引用最多的利益相关者基本图谱；主要旅游利益相关者研究（Swarbrooke，1999）；旅游经营商 12 类利益相关者的分析（Ryan，2002）；13 类 DMO 利益主体（Sheehan and Ritchie，2005）；不同利益相关者所持态度的差异性（Byrd et al.，2009）。张广瑞教授翻译了《全球旅游伦理规范》并发表在《旅游学刊》上，揭开了利益相关者理论在中国旅游研究领域的新篇章。随后利益相关者理论被应用于旅游规划（保继刚、钟新民，2002；张伟、吴必虎，2002）、旅行社（夏赞才，2003）、目的地开发（吕宛青，2014）等方面。

在对旅游利益相关者研究文献总体分析的基础上，分类梳理文献，总体来看国内外旅游利益相关者研究成果主要集中在以下四点：（1）旅游利益相关者界定；

---

① 1999 年 10 月 1 日，世界旅游组织第十三届大会通过该规范。2000 年由张广瑞教授翻译，发表于旅游学刊：张广瑞. 全球旅游伦理规范［J］. 旅游学刊，2000，15（3）：71－74，后文同。

（2）旅游利益相关者角色分析；（3）旅游利益相关者方法、视角研究；（4）旅游利益相关者应用研究领域。

（1）旅游利益相关者的界定。

旅游利益相关者界定涉及不同旅游形态，不同旅游形态除了有共性的利益相关者之外，还存在诸多个性的利益相关者。第一，目的地发展的利益相关者。布哈里斯和弗莱彻（Buhalis and Fletcher）等学者在 1995 年英国可持续发展报告中，撰文分析旅游目的地环境影响，认为旅游企业、当地居民、旅游者、公共部门/政府和旅行社属于旅游目的地的利益相关者；公共部门/政府、旅游者和私营部门再次被布哈里斯（Buhalis，2000）用于分析目的地营销；旅游运营商、当地政府和居民都通过旅行社开发旅游产品（Ryan，2002）；政府、景区管理者、员工和旅游者作为目的地旅游开发研究，会受到不同文化背景的影响（Yang，2011）；旅游目的地有酒店、州政府、市政府、区域政府、景点、州/省旅游部门、成员、董事会、会议中心和社区（居民）等 30 余种的利益相关者（Sheehan and Ritchie，2005）；目的地利益相关者包括目的地营销组织、政府机构、旅游企业、土地所有者、俱乐部、住宿和早餐企业（B&B）等（Strobl and Peters，2013）。第二，野生动物旅游的利益相关者。彭斯和霍华德（Burns and Howard，2003）结合瑞安（Ryan）的双向定义，确定了动物权利组织、目的地组织、土著居民、旅游者、员工、旅行社和城市委员会等是野生动物旅游的利益相关者，其中当地居民和旅游者是对野生动物影响较大的利益相关者（丛丽等，2012）。第三，酒店利益相关者包括酒店所有者、经营者和员工多个层面（Higgins-Desbiolles，2012）。第四，旅游景区/景点的利益相关界定。国家公园的利益相关者包括经营开发过程中的政府、私营企业（Randle and Hoye，2016），土著居民和国家公园管理者之间存在利益相关者边界（Lai et al.，2013）；旅游风景区的核心利益相关者包括员工、居民/经营户、游客、僧尼和管委会（姚国荣、陆林，2007）。第五，商务旅游利益相关者。管理方、旅行者、旅游供应商和旅行管理公司是旅行社的利益相关者，他们有较强的凝聚力追求共同目标，通过"软价值管理模式"处理利益相关（Douglas and Lubbe，2006）。第六，民族旅游利益相关者。民族旅游时的当地居民具有少数民族的特殊性，需要处理好政府、旅游企业、少数民族和旅游者四个核心利益相关者群体的关系（Yang and Wall，2009），少数民族社区是民族旅游非常重要的利益相关者（张补宏、徐施，2008）。第七，城市旅游核心利益相关者是城市、酒店和目的地营销组织（Sheehan et al.，2007），或者是旅游者、旅游企业和居民三个利益群体（Paskaleva-Shapira，2007）。第八，社区旅游利益相关者包括当地政策制定者、外部专家、当地发展代理机构、旅游发展机构和当地社区成员 5 方面 12 个组成部分（Matilainen et al.，2018）。第九，邮轮旅游利益相关者包括内部利益者（管理者、雇员和所有者）和外部利益者（供应商、消费者、政府、非政府组织和居民、股东、知识社群和顾问）（Fonta，2016）。第十，生态旅游利益相关者包括政府、保护地、当地社区、旅游企业、非政府组织、学术界及相关机构、媒体、其他国际组织及其在华机构、社会公众（宋瑞，2005）。

旅游利益相关者界定时还可以从广义界定，包含政府组织、国际组织和机构、住宿经营方、餐厅经营方、旅行社、工艺及娱乐提供商、当地合作方及非政府组织、建筑公司、私立大学和乡村社区居民等惯常界定的利益相关者，从广度来说，共和国总统也属于利益相关者（Novelli et al.，2012）。国内外旅游利益相关者的界定结合目的地发展、野生动物旅游、酒店、旅游景区、商务旅游、民族旅游、城市旅游和生态旅游等不同旅游形态的特点，从广义或者狭义的角度进行界定，并且根据各利益相关者与旅游形态关系密切与否，划分出核心和非核心、内部和外部等分类，有利于更好地了解不同利益相关者的角色。

（2）旅游利益相关者角色分析。

核心利益相关者在实践中扮演多重角色，通过识别分析概括为组织、参与、提供和支持几类利益相关者（Todd et al.，2017），并注意到利益相关群体对旅游的影响力，因其社会政治地位的不同呈现出多样性和复杂性（Domínguez – Gómez and González – Gómez，2017），根据战略利益相关者模型和内在利益相关者承诺模型进一步分析（Theodoulidis et al.，2017）。利益相关者在实践中扮演的角色不同，政府是调控者，当地社区是参与和受益者，旅游企业是执行者，保护地是执行监督者，旅游者是实践者，非政府组织和多边援助机构是协助者，学术界及相关机构是研究指导者，媒体是宣传监督者（宋瑞，2005）。

旅游利益相关者角色分析对于建立协调机制十分重要，了解各利益相关者群体角色特点，才能更好地分析其利益诉求，从而进一步明确各利益相关者群体产生矛盾冲突的原因，针对矛盾冲突建立契合的协调机制。利益相关者群体在不同旅游发展阶段承担的角色会发生改变，更加需要进行动态的、纵向的历时研究，建立旅游利益相关者利益协调机制。

（3）研究方法与视角。

旅游利益相关者理论运用不同研究方法进行分析，结合其他理论以不同的研究视角，拓展理论丰度。

①研究方法集中化。

案例研究和大样本的结构化访谈是使用较为频繁的研究方法，案例研究中又分为单案例研究和多案例研究；通过大样本的结构化访谈分析不同利益相关者主体的感知差异，有利于建立协调机制协调各利益相关者群体的利益。

案例研究。理论需要实践的检验，将理论放置于实践中分析，可以检验理论并不断完善理论。选择斯特拉罕游客中心对 252 名旅游者、8 名员工进行了结构化访谈，并从中发现仅考量旅游者、员工两方远远不够，还需要考虑经营者、当地文化社区的需求，重视社区、文化和社会资本，以便更好地建设新设施（Fallon and Kriwoken，2003）。通过案例研究进一步拓展理论应用，并采用单案例分析（Healy et al.，2016），对比案例分析（Ying and Zhou，2007；Poudel et al.，2015），多案例比较分析（Stokes，2008；Komppula，2014）等多种案例研究方式，尽可能拓展研究的广度与丰度。

大样本的结构化访谈。有学者对 432 个旅游者和 12 个公司、政府机构、娱乐和环境利益集团的 21 名代表进行调查（Needham and Rollins，2005），通过大样本访谈获悉各利益相关者重要性不同，规范度、密度越高其重要性越强。访谈 25 个加拿大旅游目的地的 84 位旅游经理人和利益相关者，用访谈结果提炼支持旅游目的地、社区发展的营销模式（Bornhorst et al.，2010）。通过访谈 219 个管理人员和 598 名旅游者，分析利益相关者群体之间的影响，评估葡萄酒旅游目的地品牌（Gómez，2015）。分析马来西亚阿曼岛可持续发展时，访谈了 39 名政府官员、104 个当地社区和 105 名旅游者，分析他们与其他两个利益相关者的关系及看法，基于可持续生态旅游指标体系（SEIS）框架，将其扩展到海岛目的地（Ng et al.，2017）。基于 385 名居民、765 位旅游者问卷调查，分析利益相关者对品牌感知的异同（Zenker et al.，2017）。326 名露营旅游者的定量研究，分析旅游者对天气感知，提出温带旅游发展建议（Jeuring，2017）。对西班牙加泰罗尼亚地区 408 家旅游企业问卷调查，分析得出实现可持续性发展旅游企业需要和其他利益相关者通过正式和非正式渠道沟通，以更好地选择合适的行为（Garay et al.，2017）。对 481 名居民访谈，并进行探索性和验证性因素分析，从外观、社区服务、社会环境和娱乐机会分析居住场所形象概念，有助于开发、推广旅游景点（Stylidis et al.，2014）。对 319 个居民进行问卷调查后，通过结构方程建模分析社区依恋对旅游支持行为具有正向影响，环境态度感知间接影响旅游支持行为（Nicholas et al.，2009）。通过调查旅游者、当地居民和旅游部门三个利益相关者群体 608 个样本，发现不同利益群体感知存在显著差异（Stylidis et al.，2015）。分析对比安纳普尔纳保护区的 230 名居民和 205 名旅游者，奇特旺国家公园的 220 名居民和 210 名旅游者，不同案例地的居民、旅游者具有不同的感知影响，旅游开发形式会影响保护区的可持续发展成果（Poudel et al.，2015）。访谈是旅游利益相关者研究运用的主要方法（Stokes，2008；Yang et al.，2013），康普拉（Komppula，2014）通过9个半结构化访谈芬兰乡村旅游目的地的旅游企业家、管理者，呼吁确认小型旅游企业增强农村目的地之间的合作。

②研究视角新颖化。

社会冲突理论、社会资本、社会网络和演化博弈均是近年较为新颖的利益相关者研究视角，特别是社会资本和演化博弈是利益相关者研究的未来发展方向。

社会冲突理论。以科塞社会冲突理论，分析少数民族群体及成员、各级政府官员、旅游业中介机构和私营企业家关系，提出了中国旅游环境中不同形式的社会冲突、波动联盟的模型（Yang et al.，2013）。

社会资本。居住时间与旅游相关社会资本存在关系，旅游相关社会资本与文化资本、政治资本、人力资本、私人资本和金融资本之间都存在一定关系，但与公共资本或自然资本之间关系不大（Mcgehee et al.，2010）。社会资本对旅游利益相关者中"社区"影响较大（Kline et al.，2018）。旅游发展中旅游投资者获益最大，社会资本的投入和获益均较大（卢小丽等，2017）。

社会网络。通过社会网络分析遗产地利益相关者集团，由于其集团内部存在高互惠性，增强社区参与权，可以促进利益流动，改变核心边缘的利益格局（时少华、孙业红，2016）。当地政府在乡村旅游中影响力最大，内向中心性最高，但其他利益相关者内向中心性较低，同时大量的结构洞限制了决策的有效性和公平性（王素洁、李想，2011）。当地居民在利益关系网络中被边缘化，需要提高其中心性，实现资源共享（吴志才等，2016）。

演化博弈。不同旅游产品形式通过博弈分析，确立最佳组合方式（Zyl，2012），同行业中博弈是同时博弈，而行业采用顺序博弈，时间会影响参与者的行为（Huang et al.，2010），政府、企业和居民之间的关系网络复杂，博弈论可以很好地分析政府发挥的作用（Encarnação，2016），政府实施绿色监管分析旅游企业、旅游者之间的绿色创新关系，在较小的区域实施绿色激励（He et al.，2018）。演化博弈被广泛应用于低碳旅游（赵黎明等，2015）、酒店和合作方的关系（Guo et al.，2013）和旅游目的地（Li，2011）等领域。

（4）研究领域全面化。

在利益相关者界定明晰的基础上，多元化的研究视角将其运用于不同的旅游领域，分析存在的问题，从利益相关者角度针对性给出解决办法。

可持续生态旅游。发展时需要处理好资源、社区和旅游者之间的关系，通过对当地居民、旅游者和资源管理者访谈，分析一个利益相关者对其余两组关系的感知，结合经济、社会和环境因素采用不同的发展方式。此外，所识别的评估变量可以被重新应用到其他目的地（Tsaur et al.，2006）。

目的地开发与管理。目的地营销涉及方面众多、较为复杂，简单的一刀切方案不能满足各方面需要，利用利益相关者理论，针对不同利益相关者采取不同营销方案（Dickinson and Robbins，2008），优化旅游区住宿、旅游景点和交通等旅游产业集群，有效提升组织之间效率（March and Wilkinson，2009），有助于更好地实现旅游目的地营销（D'Angella and Go，2009）。通过分析私营部门（葡萄酒旅游、娱乐业、住宿、旅行社、展览中心和运输）、公共部门（航空运输、DMO、政府）、协会、当地居民和国际旅游者这些利益相关者，揭示目的地竞争力（Abreu et al.，2018）。通过政府、企业、社区居民和旅游者四类利益相关者的协作，提升旅游目的地旅游开发战略（周丽洁，2009）。

遗产旅游。处理好文物、旅游者和当地社区在旅游过程中的关系，有利于遗产地旅游开发，促进遗产保护（Aas et al.，2005）。不同的遗产地有不同的历史、文化背景，所在地政府政策也不相同，开发和保护遗产旅游更应当注重处理好利益相关者的关系（时少华、孙业红，2016），当地政府、旅游企业和居民需要合作促进遗产旅游的发展（Xie P. F.，2006）。企业家、遗产管理局、当地居民及商业部门协同保护和发展遗产（Suntikul and Jachna，2013），旅游者在参与遗产旅游时他们的价值取向是实现遗产旅游可持续性的关键概念，分析和引导旅游者积极参与，有助于遗产旅游可持续发展的实现（Alazaizeh et al.，2016）。古镇旅游是文化遗产保护与农村社区发展结合的典型形式，古镇旅游采用封闭式收费还是开放式收费方式和社会、经济及政治因素有关，同时也是旅游者、外来商户、社区居民和旅游管理公司四方利益相关者竞争权利与利益平衡的最终选择（Wu et al.，2017）。遗产旅游利益相关者包括考古学家、当地社区、政府机构和旅游开发者，促进多方对话是实现管理利益多样性的最佳方式，排除其中任何一个参与者，都可能对该遗址、社区居民和旅游业的发展造成灾难性后果（Pacifico and Vogel，2012）。同时应当从地方、国家和国际三个层面分析遗产、旅游和政治等重叠领域之间的相互作用（Casey，2013）。遗产旅游涉及的利益相关者众多，利益相关者的利益分配需要围绕遗产责任展开（张朝枝，2014）。

旅游规划。政府公共部门可以协调各种职能政府、组织的利益，促进区域旅游规划顺利发展（Araujo and Bramwell，2002）。地方利益相关者在旅游发展规划中影响较大，特别是社会影响评估呈现多样性、复杂性，因而在旅游规划时应当合理维护利益，推进可持续发展（Domínguez - Gómez and González - Gómez，2017）。郊野型风景名胜区可持续发展评价也深受利益相关者理论的影响（王芳、姚崇怀，2014）。在互惠合作背景下随着社会资本的增加，利益相关者对目的地规划的支持会增强，旅游规划时应注重社会资本的作用（Joelle et al.，2018）。建立保护区生物多样性规划，实现可持续发展涉及当地社区、家庭旅馆主人、国家林业部门、旅游部门、生态发展委员会、非政府组织、旅行社、酒店及宾馆所有人、从事旅游活动的人（如司机、导游、搬运工和店主等）、宗教团体和旅游者等利益相关者，同当地社区分享利益时，也需要承担相应的责任（Badola et al.，2018）。区域旅游规划中应充分分析旅游利益相关者旅游意识和利益表达（张伟、吴必虎，2002）。利益相关者理论还被用于研究社会科学、社区、旅游系统、利益相关者、旅游集群和旅游网络等方面的研究（Merinero - Rodríguez and Pulido - Fernández，2016）。利益相关者理论用于指导多个利益相关主体以及利益协调机制的实践。

综上所述，旅游利益相关者的研究大多围绕利益相关者的界定展开，在旅游目的地、旅行社、社区旅游和民族旅游等旅游类型的研究中，均涉及利益相关者界定的研究及对旅游利益相关者扮演角色的分析，从而更好地了解利益相关者的利益诉求。这些研究多采用案例研究、大样本结构化访谈等方式获得珍贵的一手数据。社会冲突、演化博弈成为研究旅游利益相关者的新视角，对于目的地发展而言，利益相关者的分析非常必要。

2.2.3 旅游利益相关者利益协调机制研究述评

1. 内涵分析

"机制"本义包含两方面的内容：一是机器的组成部分，即机器构造；二是机器如何工作，即工作原理，源于希腊文。机制的本义与不同领域结合，产生了不同的机制，表示各构成要素之间相互联系、作用的关系与功能，如社会领域中的社会机制，经济领域中的经济机制。首先需要各构成要素客观存在，其次协调各部分之间的关系，机制需要联系事务的各部分，以一定的运作方式使其协调运行而发挥作用。体制和制度是机制协调运行和发挥作用的保障，通过体制和制度的建立，机制在实践中才能得到体现。

"协调"是指和谐、一致、配合和得当。各要素通过和谐行动，达到最佳效果。管理学认为协调可以实现资源优化配置，在各不同领域均可建立协调机制，使用范围较广。协调机制是为提高系统整体效率而设计的各种解决方法（陈长彬、杨忠，2009），机制的发展对系统具有促进作用。主要涉及沟通、分配、保障和执行等方面的制度建立与运行，包括协调目标、协调系统和协调模式（刘永胜，2003），协调目标最终是通过合理的机制设计，实现各要素协调发挥作用大于各自单独发挥功能之和，保障整个系统利益最大化。可以通过沟通协调模式、参与协调模式、分配协调模式和保障协调模式实现，建立协调系统。

协调机制尽可能解决好各元素能力不同与利益冲突的问题，通过发掘各要素的利益共同点，促成其主动相互协作。因为系统内外部的各种条件是不断变化的，协调机制是一个动态发展过程，其协调侧重点、方式和目标都应根据具体情况及时修正，动态调整，以实现效果最优（何笑，2009）。

2. 理论依托

利益相关者根据演化博弈的结果，不断调整自己的策略，逐步形成一套机制，通过机制的建立，可以提高运行效率，促进产业发展。利益相关者之间协调发展对于实现可持续发展，拟订发展规划颇有裨益（Markwick，2000）。乡村旅游核心利益相关者群体在乡村旅游发展过程中争夺资源、权力和利益等，是权力和利益反复博弈的动态平衡过程，需要核心利益相关者通过交易、协调和利益让渡等完成利益协调（代则光、洪名勇，2009）。

最初引入协作理论，将利益相关者理论与实践结合制定规范模型，促进旅游规划中核心利益相关者之间的协作（Sautter and Leisen，1999）。在制定目的地"旅游发展规划"时需要利益相关者的共同参与及合作，通过"利益相关者系统分析框架"，判断目的地旅游发展规划是否合理，确定利益相关者参与的机制与决策流程问题（Bramwell and Sharman，1999）。构建区域旅游利益相关者参与合作框架（Araujo and Branwell，2002）；通过多方利益相关者参与管理框架（Multi-stakeholder Involvement Management，MSIM）有效管理，管理委员会、商业、教育、雇员、政府、居民、特殊利益团体和旅游者 8 类利益相关者群体（Waligo et al.，2013）；利用多利益相关者运营架构协调解决诸多利益相关者利益纠葛（Line and Wang，2015）。

引入共生理论，建立各利益主体的利益协调机制。生态旅游发展中，当地社区、旅游者、旅游企业和旅游保护区都有着获取利益和受到约束的双重性，以共生理论分析各利益主体参与生态旅游的方式和行为（宋瑞，2003）。从利益表达、分配、补偿和保障四方面建立协调机制，处理居民、外来企业、当地政府和旅游者之间的冲突，建立良好的和谐发展关系（纪金雄，2011）。古村落在发展过程中起主导作用的动力是会发生变化的，自然演化力、市场经济推动力和政府调控力会逐步发挥作用（冯淑华，2013），要根据不同阶段的不同作用力建立合理的利益协调机制，涵盖表达、分配、补偿、激励和监督等方面（陈炜等，2015）。

与系统论、协同规划理论和供应链思想结合，协调各方利益。在建立协调机制的过程中，需要运用社会学、管理学的相关理论，如组织理论、社会伦理理论（周玲，2004）、利益相关者、社区增权和文化整合（王兆峰、腾飞，2012）等相关理论进行分析。系统动力学建模选择所有利益相关者都能接受的解决方案，针对旅游目的地旅游产业内部网络稀疏、旅游利益相关者网络行为差异化，利用超链接网络分析其利益协调模式（Pforr et al.，2014；Ying et al.，2016）。应用协同规划理论的研究框架，处理旅游企业与地方政府之间公私合作的关系，可以对目的地灾害风险管理发挥关键作用（Nguyen et al.，2017）；建立社区旅游可持续发展的 125 项指标体系，协调东道主社区的居民、行业专家、政府规划专家、非政府组织和决策者利益（Choi and Sirakaya，2006）；对各利益主体定位的基础上（刘涛、徐福英，2010），通过补偿机制协调乡村旅游利益相关者的关系，以供应链管理思想分析研究各主体间的竞争与合作关系（陈喆芝等，2016）。

3. 构建方法

协调机制建立过程较为复杂不能一蹴而就，但是通过规划可以建立合理的协调机制，提升利益相关者的认知水平，提高运作能力，降低冲突成本，以利益均衡机制、文化整合机制建立旅游利益相关者冲突协调机制模型（王兆峰、腾飞，2012）。通过多个利益相关者共同参与谈判和决策，解决发展中利益相关者利益协调问题，这种方式虽会延长决策过程、降低决策效率，但因为涉及所有的利益相关者，各方容易做出合理决策。结合博弈分析的结果，根据建立政府主导的旅游利益协调机制，协调政府、旅游企业和游客等利益相关者的利益（曹文等，2014）。在建立协调机制时需要明确利益相关者所处的政治、经济和社会因素，并且借助"权力—利益矩阵"分析其相互之间的关系（Markwick，2000），同时所有的利益相关者都需要双向沟通，整个分析过程是多向交叉的多边磋商，注意处理利益者关系时应注意顺序（Ryan，2002）。结合相关理论，从利益表达机制、利益保障机制、利益协调机制、利益补偿机制（李乐京，2013）、公共投资机制、补偿机制、增权机制和公平利益分配机制（柴寿升等，2013）等方面构建协调机制，协调利益相关者的关系。

旅游利益相关者利益协调机制的构建，需要综合分析旅游利益相关者的界定、角色、不同旅游形态利益相关者利益异同、研究方法与视角，从而全面了解旅游利益相关者研究动态，借助协同规划理论、系统论等理论，以生态补偿、系统动力学建模、供应链研究管理等建立协调机制。协调机制的构建需要多方沟通，并同时应考虑顺序和时间因素，建立合理协调机制。

4. 乡村旅游利益相关者协调机制述评

乡村旅游利益相关者的研究从 2006 年开始逐步增加，乡村旅游的研究与其他旅游形态研究相同之处是都对利益相关者进行了界定，甚至可以用相同理论指导，实现不同旅游形态的转型升级。不同之处在于，较之其他旅游形态乡村旅游更具复杂性，农村社区居民享有对土地的使用权，而其他旅游形式的当地居民并无这一属性，这就决定了乡村旅游发展过程中会围绕土地产生利益纠葛。

随着乡村旅游快速发展，利益相关者在乡村旅游领域的研究逐年增加，合理的区域规划、良好的度假设施与游览计划对乡村旅游发展有较大影响，社区是乡村旅游重要利益相关者，旅游规划机构、旅游业的利益也需要考量，农村社区参与时需要处理文化和民族差异性，提升参与度（Liu，2006）。随着乡村旅游的快速发展外来资本迅速介入，就旅游开发的经营权、所有权与当地社区和政府产生竞争与合作关系，所有权问题颇具复杂性（Leask，2010），从法律角度明确发展权是乡村旅游利益相关者之间形成良好互动关系的前提（Ying and Zhou，2007）。在乡村旅游地，与居民深入访谈后确定旅游者是当地乡村旅游的主要贡献者（Dickinson and Robbins，2008）。居民和旅游者受所处环境的影响对乡村旅游发展所持观点不同，协调分析后可支持乡村旅游地的开发和管理。居民、企业家、政府官员和旅游者四个利益相关者群体，对乡村旅游影响的感知存在差异（Byrd et al.，2009），旅游资本的投资可以改变乡村旅游目的地建设和消费（Healy et al.，2016）。

由于资源有限，农业和旅游业一定程度上存在竞争关系，协调处理好旅游业（餐厅、水世界主题公园、酒店）、社区、灌溉农业系统、其他主要水资源用户、非政府组织和社会团体、村民、政府部门、开发方和旅游者等利益相关者的关系，结束水资源恶性竞争循环，解决社会冲突与环境问题（Cole，2012）。旅游者和农场主是农业旅游两个重要的利益相关者，分析并协调他们之间的关系可以促进农业旅游良好发展（Flanigan，2014），同时还有提供乡村旅游体验的农民、乡村旅游推广机构、参与乡村旅游的旅游者和不参与乡村旅游的旅游者（Duboisa et al.，2017）。乡村旅游目的地小型旅游公司受到产业关联、外部变化的挑战，访谈其所有者和管理者有利于建立乡村旅游发展合作规划（Lai et al.，2017）。同时乡村旅游微型企业在社会交换理论的支撑下可与其他利益相关者在信任基础上进行利益交换（Kelliher et al.，2018）。

在乡村旅游发展过程中，农民、集体、资本和政府之间的利益博弈始终困扰着乡村旅游的发展和壮大，诸多学者尝试建立各类机制解决矛盾冲突，通过提供公共服务、行业管理、财政支持和转移支付等措施构建乡村旅游的利益分享机制（古红梅，2012），通过旅游产权制度解决利益相关者的分配（鲁明勇，2011），通过"轮流制"模式协调村民参与旅游开发利益分配的不均衡（郭文，2010），通过政府支持，利益相关者协调合作实现利益分配与可持续发展（Li，2006），通过培训机制、保障机制协调利益相关者的利益（陈志永等，2008）。

乡村旅游价值链的服务导向方式加强了利益相关者之间的联系，并使其受益促进旅游目的地经济快速发展（Thomas – Francois et al.，2017）。基于乡村边缘理论提出治理模型研究乡村旅游转型，处理好市政府、乡村社区、旅游者的关系，实现发展乡村旅游促进乡村转型（Salvatore and Chiodo，2018）。结合利益相关者理论，协调乡村旅游发展中政府、社区居民、旅游企业、旅游者的利益诉求与冲突（胡文海，2008），乡村旅游利益相关者关系的协调可以为乡村旅游地带来有形的经济收益、无形的文化收益，有利于乡村旅游地旅游竞争力的提升和乡村振兴战略的稳步推进，但是如何形成协调机制在现有研究中并没有统一的答案。

综上所述，本书尝试提出乡村旅游核心利益相关者利益协调机制的概念。乡村旅游核心利益相关者利益协调机制是协调处理乡村旅游核心利益相关者群体在乡村旅游发展过程中资源、权力、利益、责任博弈的机制，可以通过沟通机制、参与机制、分配机制和保障机制，解决利益表达、利益获取、利益共享和利益确认问题，实现乡村旅游核心利益相关者各方利益均衡。

2.2.4　演化博弈理论在旅游领域应用研究述评

国外演化博弈理论于20世纪70年代，根据生物学演变理论与传统博弈理论相结合发展起来，并不要求参与人具备完全理性、完全信息等条件，包括演化稳定策略（ESS）和复制者动态（RD）两大核心理论。

国内外以利益相关者理论、演化博弈论研究旅游领域问题成果较多，近年关于乡村旅游的研究也逐步增加，目前的研究主要以三个核心利益相关者为研究对象，少数研究分析两个、四个利益相关者对象，为了更好地涵盖乡村旅游核心利益相关者群体，尽可能丰富研究的广度与深度，有学者建议从政府、基层群众自治组织、农村社区居民、旅游者和旅游企业经营者五个层面分析乡村旅游利益相关者群体（赵静，2018），并用演化博弈论分析关系变化和策略选择。演化博弈理论研究主要涉及以下三个方面：

1. 不同旅游形态博弈

低碳旅游研究包括低碳旅游利益相关者（肖岚、赵黎明，2014）、低碳旅游中地方政府和旅游企业博弈（赵黎明等，2015）和旅游供应链低碳合作（陈喆芝等，2016）；生态旅游研究包括生态旅游成本和效益研究（吴静，2015）、生态旅游开发时利益相关者的博弈（费巍，2015；黄晓杏等，2015）；乡村旅游研究包括乡村旅游利益主体研究（朱华，2006），利益博弈与制度安排（闫喜琴，2016）；酒店研究通过垂直差异化博弈模型确定酒店质量、价格竞争时的最优策略（García and Tugores，2006），酒店需要与第三方合作时，通过博弈确定多赢的策略（Guo et al.，2013），动态规划酒店定价、增加收益，有利于酒店可持续发展（Zhang and Weatherford，2017）。

2. 不同利益主体博弈

从地方政府与中央政府之间（王靖宇、史安娜，2011），政府与旅游企业之间（谢雨，2013；张洪等，2017），旅游者、旅游地居民、政府部门和旅游企业之间（肖岚、赵黎明，2014），分析政府、企业和旅游者三个核心利益相关者关系，建立动态演化博弈模型，考量政府绿色监管分析旅游企业、旅游者之间绿色创新关系，在较小的区域实施绿色激励（He et al.，2018），将所有旅游企业视为一个旅游产业集群分析同政府之间的博弈（王兆峰，2008），政府、企业和居民之间的关系网络复杂，博弈论可以很好地分析政府发挥的作用（Encarnação，2016）。各类社会组织在旅游发展中的参与过程，涉及多个主体，农村合作组织（王果、周煜川，2016），社会组织（易轩宇，2015），旅游社区（韦复生，2007；张海燕，2013；左冰，2016）、家庭农场（肖化柱、周清明，2018），旅游管理制度变迁（郭华，2007；杨春宇等，2009），乡村旅游品牌建设（张光生、力莎等，2018）。

3. 不同时序博弈

还有学者研究时关注演化博弈的时间因素、顺序、不同的博弈信息状态。同行业中经营者是同时博弈，而行业之间是顺序博弈，参与者的行为会随着时间改变而发生变化（Huang et al.，2010），参与者决策受到竞争对手的影响。静态寡头垄断问题和动态寡头垄断问题存在区别，通过动态博弈模型确定最优战略，信息不完全静态博弈（陈实等，2011）。采用序贯博弈模型探讨旅游目的地之间竞争与互补的关系（Li，2011），并且还会从单次博弈再到重复博弈（张海燕，2013）。不同旅游产品形式通过博弈论分析，确立最佳组合方式（Zyl，2012）。

演化博弈理论在旅游领域运用较多，涉及不同旅游类型的博弈、不同旅游主体的博弈和不同信息状态下的博弈，博弈因时间、顺序的不同会产生不同结果。通过博弈分析可以确定最佳组合方式。相对于国外，国内关于演化博弈理论的研究增加了制度、社会组织等不同视角。

2.3　本章小结

本章围绕着研究问题展开文献综述，梳理了利益相关者理论、演化博弈理论、行动者网络理论、社会交换理论研究进展，以"stakeholder"为检索词，在篇名、摘要、关键词中检索 2000 年 1 月～2019 年 9 月发表在 TM、ATR、JTR 国际旅游权威期刊上有关"stakeholder"的文献，共有 276 篇。同时期，以"旅游"并含"利益相关者"为检索词，在中国知网数据库以"主题""题名"中跨库检索期刊文章，共有 913 篇期刊文章，其中 CSSCI 数据库的期刊文章为 151 篇。对相关文献进行数据对比分析、发文趋势分析和共现网络分析之后，得出以下三点主要结论：

第一，关于旅游利益相关者的研究成果较多。从研究内容来看，界定利益相关者，旅游目的地、旅行社、社区旅游和民族旅游等旅游类型均有利益相关者的界定研究；旅游利益相关者角色分析，有助于更好地辨析关系。从研究方法来看，多采用案例研究、大样本结构化访谈等，获得珍贵的一手数据，更加真实地反映现实问题。从研究视角来看，社会冲突、社会网络、演化博弈都可为研究旅游利益相关者利益协调机制打开新视野。

第二，乡村旅游利益相关者的研究从 2006 年开始逐步增加，相对于生态旅游、低碳旅游利益协调机制的研究，乡村旅游利益相关者研究相对薄弱。对比乡村旅游利益相关者的研究与其他旅游形态利益相关者的研究，相同之处在于，均对利益相关者进行界定，并可用相同理论指导，实现不同旅游利益相关者利益协调。不同之处在于，较之其他旅游类型，乡村旅游更具复杂性，农村社区居民享有对土地的使用权，而其他旅游形式的当地居民并无这一属性，这就决定了乡村旅游发展过程中会围绕土地产生利益纠葛，需要更加契合的协调机制解决利益冲突。

第三，乡村旅游利益相关者利益协调机制研究成果较少。相关协调机制的研究成果依据共生理论、协作理论和系统规划理论，涉及生态旅游、旅游供应链等研究方向，针对乡村旅游利益相关者利益协调机制的研究成果较少。研究方法也较为局限，演化博弈可成为旅游利益相关者利益协调机制研究的新视角（吕宛青，2018）。乡村旅游发展过程中，因基础设施不够完善，需要大量资金开发建设，社会资本大量涌入。当社会资本参与当地乡村旅游发展时，会出现与当地农村社区居民争利的局面，引发利益冲突，需要依赖良好的利益协调机制分析与解决。乡村旅游利益相关者关系围绕经济、社会和生态效益的博弈将愈加激烈，这是一个动态的研究过程，引入演化博弈分析，对于构建乡村旅游利益相关者利益协调机制尤为必要。

第3章

乡村旅游核心利益相关者利益分析

旅游业具有明显的综合性，其利益相关者涉及群体多、分布广泛。根据与旅游业结合的密切程度，利益相关者可划分为不同层次。在实践中，对利益相关群体协调，建立沟通、合作关系存在诸多困难。各利益相关者需要通过博弈，在权利和义务之间做出选择，最终建立合理的利益协调机制。在此过程中任何一方利益得不到保障，都会导致协调机制失灵，甚至导致完全瘫痪（唐纳森、邓菲，2001）。乡村被描绘成"简朴""归真""自然"等状态，可以使城市居民从繁杂的大城市中短暂脱离，沉浸于简单朴素的环境之中，乡村旅游近年发展势头迅猛，正是因为在一定程度上迎合了这种趋势。乡村旅游快速发展的同时各种矛盾冲突也不断显现，需要通过利益协调机制加以协调。因而，首先要界定不同层次利益相关者，分析其利益诉求与利益冲突，便于建立契合的协调机制。

3.1 乡村旅游核心利益相关者的界定

利益相关者的界定及有效管理对于旅游发展具有十分重要的意义。乡村旅游核心利益相关者分析首先需要对乡村旅游核心利益相关者进行界定和分析，这是确立利益协调机制、优化利益协调机制的基本前提。弗里曼（Freeman，1984）将利益相关者定义为能够影响或受组织目标实现影响的任何个人或群体。结合上述分析，本书中乡村旅游利益相关者是指能通过各种途径影响乡村旅游发展和产业目标实现的任何个人或群体，或者受到乡村旅游发展影响的个人或群体。影响力、合法性、紧迫性三种属性用以识别利益相关者，同时具备影响力、合法性、紧迫性三种属性的利益相关者更是首要密切关注和研究的对象（Mitchell et al.，1997），详见图 2 - 1，准确识别有利于提出合理建议（Currie et al.，2009）。利用系统思维、因果图分析旅游活动对环境产生重要影响界定乡村旅游的核心利益相关者（高元衡，2004），利用治理理论来识别利益相关者关系，如政府、商业机构、非营利机构等，并通过不同的治理方式来创造旅游场所（Hultman and Hall, 2012）。

综合上述分析及第 2 章研究述评，笔者尝试提出乡村旅游核心利益相关者的概念，即在乡村旅游中同时具备影响力、合法性、紧迫性三个属性的个人和组织，他们与乡村旅游发展直接联系，在乡村旅游发展过程中直接获益，对乡村旅游发展产生重要影响，同时也受乡村旅游发展的直接影响，需要密切关注。非核心利益相关者是指影响力、合法性、紧迫性三个属性仅具备一个或者两个属性的个人或组织，他们与乡村旅游发展有直接或间接联系，在乡村旅游发展过程中直接或间接获益，对乡村旅游发展产生影响，同时也受乡村旅游发展的影响，包括边缘层利益相关者和外围层利益相关者两类。

利益相关者的分类有不同的划分方式，根据影响力、合法性、紧迫性三种属性将利益相关者划分为 8 类（Mitchell et al., 1997）；也可根据紧密程度，划分为松散层、紧密层、核心层，公众处于松散层；学术界和专家、媒体等、国际企业处于紧密层；旅游企业、旅游者、当地社区、政府、保护区处于核心层（Swarbrooke, 1999）；还可根据利益性质、关系程度、影响力分为核心层、战略层和外围层三个基本层次（夏赞才，2003）；或者分为密切型、中间型和疏远型（李凡、蔡桢燕，2007），按照主动性、重要性、紧急性划分核心利益相关者、蛰伏利益相关者、边缘利益相关者（王纯阳、黄福才，2012）。

乡村旅游产业的综合性确定了其利益相关者类别较多，结合文献梳理，列出各级政府相关管理部门、旅游企业、旅游者、农村社区居民、旅游教学科研机构、新闻媒体、非政府组织、周边旅游景区、行业协会九类主要乡村旅游利益相关者，以匿名的方式请中国旅游研究院、中山大学、北京第二外国语学院、西北大学、上海财经大学、陕西师范大学等研究机构共 15 位专家评分。请专家从影响力、合法性、紧迫性三个属性对九类乡村旅游利益相关者，按照"不重要""重要""非常重要"三个尺度，在分值 1 ~ 5 分范围内评分。得分为 1 ~ 2 分为"不重要"、得分为 3 ~ 4 分为"重要"、得分为 5 分为"非常重要"。个别专家列出"酒店"这一利益相关者，经与专家讨论，为方便表述，将乡村旅游目的地范围内的酒店列入旅游经营者范畴，乡村旅游目的地之外的酒店列入其他（同时还将目的地之外的旅行社、目的地营销组织等均列入其他）。通过多轮征询专家意见，对专家反馈意见整理、归纳后，得出乡村旅游利益相关者评分表，具体评分结果见表 3 - 1。

表 3 - 1　　　　　　　　　　乡村旅游利益相关者专家评分

维度	不重要 1~2 分	重要 3~4 分	非常重要 5 分
影响力	非政府组织、其他	旅游教学科研机构、行业协会、新闻媒体	各级政府管理机构、农村社区居民、旅游经营者、旅游者
合法性	非政府组织、新闻媒体	旅游教学科研机构、行业协会	各级政府管理机构、农村社区居民、旅游者、旅游经营者
紧迫性	非政府组织、行业协会、新闻媒体	旅游教学科研机构	各级政府管理机构、农村社区居民、旅游者、旅游经营者

判定依据为：影响力、合法性、紧迫性三个属性中有三项得分为 5 分，即"非常重要"的利益相关者，确定为核心层利益相关者；有两项得分为 3~4 分，即"重要"的利益相关者，确定为外围层利益相关者；有两项得分为 1~2 分，属于"不重要"的利益相关者，确定为边缘层利益相关者。最终确定非政府组织、新闻媒体、其他为边缘层利益相关者；旅游教学科研机构、行业协会属于外围层利益相关者；各级政府管理机构、农村社区居民、旅游者、旅游经营者为核心层利益相关者。

为了更好地分析，从管理维度、供给维度、需求维度将各级政府管理机构、农村社区居民、旅游者、旅游经营者四方利益群体划分为——行政管理方、服务供给方、旅游消费方，详见图 3 - 1。这里需要说明，核心层利益相关者、外围层利益相关者、边缘层利益相关者的角色会随着旅游发展阶段、经济态势而动态变化，乃至发生角色转换，需要结合实际具体分析。

3.1.1　行政管理方

随着乡村旅游发展，乡村旅游带动地方经济增长效果明显，作为行政管理方的各级政府管理机构对其重视程度越来越高，介入程度也不断加深，是乡村旅游核心利益相关者中非常重要的一环（Strobl and Peters, 2013）。各级政府管理机构可以通过制定政策、确立规划、设立激励措施、树立旅游形象等多种途径影响乡村旅游其他核心利益相关者的决策方向，对乡村旅游发展影响深远。各级政府管理机构政治资本优势突出，是乡村旅游发展方向的把控人和主导者。

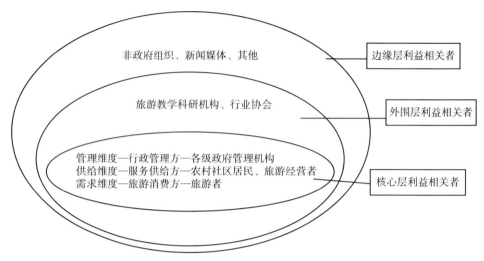

图 3 - 1 乡村旅游利益相关者图谱

政府及其机构、地方社区、民间社会组织三者合作在国家保护区治理中发挥重要作用 (Lockwood，2010)。政府公共部门可以协调各种职能政府、组织的利益，促进区域旅游规划顺利发展 (Araujo and Bramwell，2002)，是旅游开发的关键组成部分 (Simpson，2008)，政府管理机构具有很强的决策影响力，而旅游协会、旅游企业等利益相关者影响力较弱 (王素洁、李想，2011)。政府在目的地竞争力评估方面发挥重要作用 (Armenski et al.，2018；Abreu et al.，2018)，景区治理也离不开政府的支持 (周大庆，2013)，通过有效的监管体系，可以增加政府监管公信力 (Randle and Hoye，2016)。

政府可以细分为州政府、市政府、区域政府，不同层级政府利益不同 (Sheehan and Ritchie，2005)，中央政府和地方政府发挥的作用也不尽相同 (杨春宇等，2009；王靖宇、史安娜，2011)，市政府是发展乡村旅游，促进乡村转型重要力量 (Salvatore and Chiodo，2018)，地方政府和旅游企业在生态等领域产生博弈 (谢雨，2013；Wang and Xu，2014；张洪等，2017)，地方政府与私营企业在旅游发展中也存在利益纠葛，地方政府和社区居民是乡村旅游发展的重要影响因素 (李凡、金钟民，2002)，政府会同当地居民一同抵制外来旅游者、经营者带来的不良影响 (Cornet，2015)，扮演调控者的角色 (宋瑞，2005)，很多学者特别突出了政府部门的管理特质，将其称为管理者 (Burns and Howard，2003；Fuller et al.，2005)。考虑官员个人对旅游发展的影响，部分学者特意将政府官员单独列出 (Byrd et al.，2009；Ng et al.，2017)。

村委会严格意义上属于基层群众自治组织，是居民和政府之间不可或缺的联系纽带，起到非常关键的上传下达作用，依据政府法规、经济态势、发展规划等引导农村社区居民快速发展，具有很强的管理特点，也有学者将农村集体和政府合并列为一类（高元衡，2004；Ying and Zhou，2007）。2018 年中央一号文件指出建立实施乡村振兴战略领导责任制，实行中央统筹、省负总责、市县抓落实的工作机制。党政一把手是第一责任人，"五级书记抓乡村振兴"，也就是省、市、县、乡镇、村五级政府管理机构联合紧抓乡村振兴工作①，在此特将村委会列入各级政府管理机构。

3.1.2　服务供给方

服务供给方包括纯粹的旅游经营者和当地农村社区居民（Nicholas et al.，2009）。旅游经营者直接从事经营，提供旅游供给，也在旅游地居住，一定程度上属于旅游地居民。农村社区居民可以通过打工等形式提供旅游服务，还可以自己开办农家乐提供旅游服务，甚至农村社区居民本身就是旅游产品与服务。旅游经营者和当地农村社区居民之间联系紧密，或许提供的服务有所区别，但目标都是为了满足旅游者消费需求。

1. 农村社区居民

农村社区居民是乡村旅游的重要组成部分，是乡村旅游服务供给方，是乡村文化的载体，是乡村旅游环境的核心要素，是乡村旅游资源的重要组成部分。无论农村社区居民是否直接参与经营活动，其生活状态、思想形态、民风民俗、语言风貌、饮食习惯等都是重要的人文景观，是乡村旅游文化的重要旅游资源。其对外来的旅游者具有很大吸引力，是乡村旅游发展中不可或缺的元素，是乡村文化的建设者和承载者，是乡村旅游发展原真性的体现。永久性居民是乡村旅游发展的必要条件，他们的态度、行为会对旅游者的旅游目的地形象感知、旅游体验质量等有重要影响。农村社区居民在乡村旅游发展中受益，居民参与旅游发展可以改善农村社区居民生计，解决文化水平低、资金缺乏等方面的问题（Tolkach and King，2015）。如果农村社区居民没有在乡村旅游发展中获益，还导致其生活方式、价值观念甚至道德体系发生改变，乡村旅游的发展就分外难以维持（李乐京，2013）。

农村社区居民如果直接参与旅游经营活动，则直接为旅游者提供服务，其服务质量、服务态度都是旅游者旅游体验的重要感知要素。居民在乡村旅游发展中还具有多重角色（Trawöger，2014），参与过程具有被动性、临时性（Garrod et

---

① 出自《2018 年中央一号文件：中共中央国务院关于实施乡村振兴战略的意见》。

al.，2012），在发展过程中以适当方式平衡各利益相关者的关系同时，兼顾社区居民这类重要利益相关者（Cawley and Gillmor，2008）。如果农村社区居民不直接参与旅游经营活动，其民居、民俗、服饰、语言等都是旅游环境的构成部分，依旧为旅游者提供服务。

居民在旅游利益相关者分析中占据重要地位，研究中以不同的方式表述。采用"当地居民"这一表述的研究成果较多（郭华，2007；Chien et al.，2012；Abreu et al.，2018）。"土著居民"是国家公园旅游的重要旅游利益主体（Lai et al.，2013）、野生动物旅游（Burns and Howard，2003），生态旅游（Fuller et al.，2005）等旅游形态的利益相关者研究中，均有这类表述。"农村社区居民"是农村旅游发展重要的利益相关者（Ying and Zhou，2007；Novelli et al.，2012），"居民"在研究中也较为常见（Ryan，2002；Zenker et al.，2017）。

总之，当地居民是旅游的重要利益相关者（Zenker et al.，2017），肩负着乡村旅游目的地自然资源、文化资源的传承，当地居民的参与促进了旅游业的发展（Haywood，1988），居民对旅游发展有自己的态度（Chien et al.，2012），根据居民的态度做出合理规划，开发合适的旅游产品（Mekawy，2012），促使居民采用友善的经营行为，提高旅游者的旅游感知。居住在旅游景区内部和外部的居民，在乡村旅游发展过程中获益不同（Li et al.，2016）。

2. 旅游经营者

旅游经营者是乡村旅游服务供给方，利用乡村旅游资源，直接参与乡村旅游活动，为乡村旅游发展注入财力、信息、物力等，是乡村旅游发展的主要力量之一。同时受客观条件的限制，旅游经营者需要在旅游地居住，在一定程度上也属于居民。资本逐利的本性决定旅游经营者追求经济最大化原则，在经营过程中更多地注重经济利益、当下利益，对于生态利益、长远利益考虑较少，对文化资源更是不予重视，缺乏保护的强制性约束和有效激励（宋瑞，2005），旅游经营者也是乡村旅游发展的主要获益群体。旅游经营者经济资本优势突出，利用其商业经验将经济资本与乡村旅游地文化资本相结合，完成产品的开发与升级，为乡村旅游资源增加附加值。

旅游经营者在旅游规划、设计及营运环节均发挥重要作用，兴建新设施时投入大量社会资本（Fallon and Kriwoken，2003），承担当地居民无力承担的资金压力，为旅游业的发展提供资金保障（Fuller et al.，2005），甚至在旅游开发时起主导作用（刘静艳等，2008），处理好当地政府、旅游企业、居民的关系，才能够推进旅游业发展（Xie P. F.，2006）。

旅游经营者考虑成本和收益的同时（王德刚、邢鹤龄，2011），还需要在其获得经营效益时承担相应的社会责任（李武武、王晶，2013），可以通过自律、他律途径促进其承担社会责任（沈中印、王军，2011）。旅游企业通过与地方政府合作，在目的地灾害风险管理时发挥关键作用（Nguyen et al.，2017）。鉴于旅游企业的重要作用，需要从合同履行、经济守规等方面落实诚信（姚延波等，2014），没有创新、诚信的旅游经营者，就没有繁荣的旅游目的地（Komppula，2014）。

旅游经营者因为地位、身份的不同和居民之间存在博弈（张海燕，2013），旅游经营者内部感知也不尽相同，需要通过博弈分析（Huang et al.，2010）。地方政府与旅游企业之间因为利益不同，存在利益博弈（赵黎明等，2015；张洪等，2017），政府、旅游经营者、旅游者三方同时处于博弈关系（刘小兰、李洁云，2017），可以通过期望理论分析，管理旅游经营者（Andereck et al.，2012），还可以通过转变其内部经营环境及其同外部的关系，为其他利益相关者提供重要的支撑和帮助（Higgins-Desbiolles，2012）。同时旅游经营者在旅游开发过程中还应当考量旅游者的需求，而不是一味考量经济利益（Healy et al.，2016），通过行动者网络协调相关者之间的利益关系（Dedeke，2017），与其他利益相关者一同协作，推进对旅游及文化价值的共同发展（Altinay et al.，2016），实现旅游目的地的可持续发展（Poudel et al.，2015）。

3.1.3　旅游消费方

通过分析乡村旅游目的地旅游者行为，确定旅游者是乡村旅游的主要贡献者（Dickinson and Robbins，2008）。旅游者是乡村旅游市场的主要消费群体，注重乡村旅游体验，是乡村旅游的消费方，也是乡村旅游发展中数量最多的利益相关者群体，是乡村旅游活动的主体，是给乡村旅游过程中带来信息流、物流、人流的重要要素，是其他利益主体共同服务的对象。

乡村旅游者追求乡村旅游品质、服务质量，乡村旅游者旅游体验质量的高低，对于乡村旅游能否实现可持续发展具有重要影响。旅游者在乡村旅游地游览时，会给当地带去自身的价值观、文化、习俗，农村社区居民被动接受。但不能因为旅游者可能带来的负面影响因噎废食，可以从着装、肢体语言、拍照、礼物赠送方式、购买旅游产品的价格、参加宗教仪式、舞蹈等方面，设计旅游者行为准则，尽可能减少对当地居民的负面影响，同时根据旅游者的反馈，当地政府、村民、导游等利益相关者的反馈，不断调整准则（Cole，2007）。

世界经济具有划时代意义的变化是权利由卖方转移到买方手中，消费者对于产业发展意义重大。旅游者满意度的提升对于乡村旅游发展影响明显，如正面口碑宣传，知名度提升、收益增加等。旅游者最为注重旅游体验（Amaro et al.，2018），需要行政管理方的引导（Schliephack and Dickinson，2017），通过完善旅游供给服务，提升旅游者的旅游体验。旅游者属于重要的利益相关者（Fallon and Kriwoken，2003），根据其是否参与乡村旅游活动，还可以划分为参与乡村旅游的旅游者、不参与乡村旅游的旅游者（Duboisa et al.，2017），政府有义务保护旅游者人身财产不受伤害（WTO，1999），通过旅游者管理框架分析旅游者想法，对旅游规划、景点管理影响重大（Schliephack and Dickinson，2017）。

旅游开发形式会影响保护区的可持续发展成果（Poudel et al.，2015），旅游者对于目的地环境依赖性较弱（Zenker et al.，2017）。通过政府、旅游经营者的诱导，增强旅游者环保意识，加强对环境和生态的保护（Chiu et al.，2014），旅游者对环境影响最大（Needham and Rollins，2005），旅游者积极参与是实现旅游可持续发展重要助力（Alazaizeh et al.，2016），旅游者、政府、当地社区共同协作实现可持续生态发展（Flanigan，2014；Ng et al.，2017），最终实现旅游者、外来商户、社区居民、旅游管理公司各方平衡（Wu et al.，2017）。

旅游者感知较为复杂，政府、旅游经营者和当地社区居民均会影响旅游者感知（Fan et al.，2017），甚至天气情况的好坏也会成为影响其旅游感知的重要因素（Jeuring，2017），旅游者、当地居民、旅游部门旅游感知存在显著差异（Stylidis et al.，2015）。不同旅游目的地旅游者旅游感知不同，旅游者希望在旅游过程中获得良好的旅游感知与利益诉求（Douglas and Lubbe，2006；Tsaur et al.，2006），旅游开发过程中考量旅游者的需求（Healy et al.，2016），通过有竞争力的旅游目的地营销方案，满足旅游者诉求，从而吸引旅游者（Pike，2012），旅游可以使旅游者放松心情，并且获得知识（Scarinci and Pearce，2012）以及获得认知利益、社会利益和情感利益等（Lee et al.，2012），旅游者体验对于目的地品牌建设具有重要意义（Juan et al.，2012）。

管理维度的行政管理方即各级政府管理机构，供给维度的服务供给方即旅游经营者、农村社区居民，需求维度的旅游消费方即旅游者三个维度之间彼此相互联系、互相作用，构成乡村旅游核心利益相关者群体。各级政府管理机构作为行政管理方，向服务供给方提供行政管理、政策支持和基础设施的保障，同时获得税收收入。旅游者消费服务供给方提供的服务及产品，支付费用。服务供给方内部，农村社区居民为旅游经营者提供劳动力，获得收入，详见图 3 - 2。

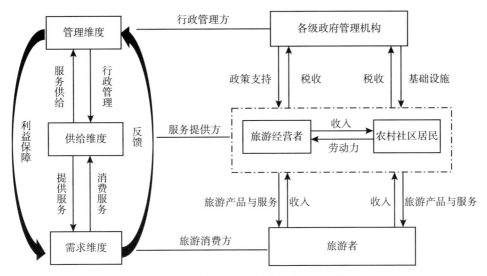

图 3 – 2　乡村旅游核心利益相关者关系模型

3.2　乡村旅游核心利益相关者的角色分析与利益诉求

乡村旅游发展中核心利益相关者的利益诉求相互制约，影响乡村旅游发展。结合前文分析，从管理维度、供给维度、消费维度分析乡村旅游核心利益相关者群体，即管理维度的行政管理方（各级政府管理机构），供给维度的服务供给方（旅游经营者、农村社区居民），需求维度的旅游消费方（旅游者）三个维度，从而更加清晰地呈现核心利益相关者的诉求，并可从制度分析的视角分析利益相关者格局问题（金准，2017），分析乡村旅游发展中政府、社区居民、旅游企业、旅游者的利益诉求与冲突（胡文海，2008），建立利益协调机制。

3.2.1　行政管理方角色分析与利益诉求

1. 各级政府管理机构角色分析

乡村旅游发展过程中目标的设定、价值观碰撞、权力的制衡、利益的分配、机制的建立、政策的制定、规划的确立等环节，这些都需要各级政府管理机构介入。旅游者、农村社区居民、旅游经营者各方关系也需要政府的协调和处理，处理好各方关系，有利于促进旅游发展（Merinero - Rodríguez and Pulido - Fernández，2016）。各级政府管理机构对乡村旅游资源整合并加以调配，是总体利益把控方；制定规则、行政审批、实施监督，同时从中受益；各级政府管理机构扮演着协调者、管理者、监督者、授权者等多重角色，意图监管服务市场秩序、授权国有资产运营、协调市场主体之间及市场与政府之间的利益关系（伍先福，2013），政府介入乡村旅游发展时需要考虑经济效益、社会效益、生态效益等多重效益，推进乡村旅游地的可持续发展。

各级政府管理机构对于乡村旅游发展规划、体制规范制定等都具有深刻影响，同时乡村旅游的发展也会影响各级政府管理机构责任、权利、利益格局。纵向来看，依据 2018 年中央一号文件指出的"五级书记抓乡村振兴"，涉及省、市、县、乡镇、村五个层级。横向来看，乡村旅游发展涉及旅游、农业、文化、国土、建设、环保、林业、工商、水利等多个部门，具有多样性并呈动态变化。政府管理机构因为层级不同、职能不同，对乡村旅游的发展产生不同影响，同时也受乡村旅游发展的影响。2021 年中央一号文件特别指出 2021 年基本完成县级国土空间规划编制，村庄规划要立足现有基础，加强村庄风貌引导，保留乡村特色风貌，保护传统村落、传统民居和历史文化名村名镇，加大农村地区文化遗产遗迹保护力度，明确村庄布局分类，积极有序推进"多规合一"实用性①。实现这些发展目标离不开各级政府管理机构的通力合作，但目前普遍存在多头管理、多层管理的管理方式，甚至在其发展过程中出现互相矛盾的指令，存在人际性、应付性等特点，利益关系是各级政府间关系的重要基础（谢庆奎，2000），需要通过利益协调机制协调各方利益，共同促进乡村旅游顺利发展。

各级政府管理机构是公共利益的代表，乡村旅游开发过程中，提升知名度、美誉度，增加当地的财政收入，保护当地生态环境是各级政府管理机构的诉求。但是在乡村旅游发展过程中不同层级、不同职能部门之间获益不同，有的管理机构直接参与旅游资源的开发和管理，面对经济利益，会忽视自身应当承担的职责，损害其他利益相关者的利益，甚至造成不可逆的损失。管理机构因为管辖重点不同，其角色也会不同，工商管理机构主要负责对企业资质进行监督，旅游管理机构工作重点在于发展乡村旅游业，营造旅游发展氛围。应当理顺各级政府管理机构的关系，通过利益协调机制推进各级政府管理机构的通力合作（汪伟全，2010），形成良好的社会舆论，以合作促进协调发展。

2. 各级政府管理机构利益诉求

各级政府管理机构适当给予乡村旅游地一定的政策倾斜，同时制定合理的旅游发展规划，提供必要的资金和人才支持，合理配置、整合公共资源，最大限度地产生效能，促进乡村旅游发展。各级政府管理机构因为其身份的特殊性，在核心利益相关者群体中占据重要地位，甚至可以左右其他核心利益相关

---

① 2021 年中央一号文件《中共中央、国务院关于全面推进乡村振兴加快农业农村现代化的意见》。

者的决策。

各级政府管理机构利益诉求较多，主要概括为以下七点：（1）提高乡村旅游目的地知名度，打造乡村旅游目的地品牌；（2）增加当地财政收入，推动当地经济增长；（3）解决农村社区居民就业，提高农村社区居民生活水平；（4）旅游企业文明经营，承担企业社会责任；（5）建立公平的利益分配机制，确保各利益相关者公平受益；（6）保护当地物质、自然、非物质文化遗产资源，实现当地可持续性发展；（7）经济、生态、文化多方面整体提升，实现乡村振兴。

3.2.2　服务供给方角色分析与利益诉求

1. 角色分析

（1）农村社区居民角色分析。

按照建设社会主义新农村的要求，目前"农民"的称呼使用频次逐步降低，取而代之的是"农村社区居民"。农村社区是由居住在农村一定数量、质量的人口所组成相对完整的区域社会共同体，其发展经历了原始农村社区、传统农村社区和现代农村社区三个发展阶段①。在乡村旅游发展过程中，农村社区居民通常又是经营户，为乡村旅游发展提供农家乐、住宿、餐饮等服务。即使部分农村社区居民没有作为经营户直接参与乡村旅游发展，但是因为乡村旅游不同于其他景点，没有专门设置的围墙及界限，农村社区居民实际上时刻参与其中。旅游者会向农村社区居民问路，会向农村社区居民借厕所，甚至没有提供任何咨询或服务的农村社区居民，他们的衣着、精神面貌、生活习俗、生产方式等都是乡村旅游发展必不可少的组成部分，甚至是旅游者追求的旅游资源。居民能够反映当地文化的原真性，促进当地经济的发展（孙九霞，2011）。农村社区居民是乡村旅游开发经营重要参与者和主要的受益者，是当地各类文化的传承人，当地经济、文化、生活的符号化代言人。旅游开发时若获得正向的经济影响感知，便会支持乡村旅游发展，实现文化传承（崔峰等，2013）。农村社区居民直接影响乡村旅游者的旅游体验质量，对乡村旅游发展产生影响。

乡村旅游开发过程中外来文化不断冲击，农村社区居民身处其中，需要承担被文化侵蚀的风险。有的农村社区居民为了获取更多的经济利益，会放弃原有淳朴的道德观念，认为经济利益至上，为日后冲突的发生埋下隐患（柴寿升，2013）。乡村旅游生态资源被破坏、环境恶化，旅游者过多出现垃圾污染、噪声污染、过度拥挤等问题，甚至需要在一定程度上改变自身的生活方式。受资源条

---

① 吴忠观. 人口科学辞典［M］. 成都：西南财经大学出版社，1997.

件限制，农村社区居民接纳一个旅游经营者的同时放弃其他可能获得收益的途径，支付了机会成本。如若不能从旅游开发中获得更多的经济收益和权利补偿，可能会产生不满的情绪。

（2）旅游经营者角色分析。

乡村旅游经营者依托乡村旅游资源，直接参与乡村旅游开发并从中获益，同时其生产、经营活动又对乡村旅游地环境、经济等产生重要的影响，是乡村旅游的经营主体，旅游经营者因为经营需要及客观条件的限制，会在旅游目的地居住，在一定程度上也属于居民。部分旅游经营者将追求经济利益作为自己的重要目标，可能会通过增加过多的商业元素以获得更多利润。随着文化程度的提高、眼界的拓宽，环保意识被逐步唤醒，经营者会从保护当地自然资源的角度看待问题，同时注重社会文化资源的传承，在环境不被破坏、可持续发展的前提下获取正当经济利益，向农村社区居民提供岗位，解决农村闲散劳动力就业问题，同时与农村社区居民一起合作，为旅游者提供服务。旅游经营者在经营过程中需要各级政府管理机构的支持，如税收减免、房租优惠、服务培训、贷款政策等，当然也受到各级政府管理机构的约束。因此，应当在旅游经营过程中诚信经营，维护员工和股东的合法权益，为旅游者提供高品质的旅游产品与服务。

2. 利益诉求

（1）农村社区居民利益诉求。

农村社区居民是乡村旅游发展核心利益相关者，其他利益相关者的活动都需要围绕其开展，农村社区居民的参与对于乡村旅游发展可持续性具有决定性作用，是重要的参与者，在乡村旅游发展的各阶段均发挥重要作用，也是乡村旅游发展最终的受益人，需要认真考量其政治、经济、社会等多方面的诉求。

发展乡村旅游给当地带来经济收益的同时，还可能会给当地带来各类负面影响，比如破坏自然环境的固体废物污染、水污染等问题。旅游者在为乡村旅游地带来经济收益的同时，还带来了自身的文化及行为，造成外来文化对当地民俗侵蚀，交通拥堵、物价上涨等外部不经济的问题，最终导致自然资源、人文环境受损。农村社区居民在乡村旅游发展过程中无法自主选择，需要被动承担乡村旅游发展带来的负面效应。居民感觉到"旅游侵略"，同时会产生敌对情绪（利克里什、詹金斯，2002；Ying and Zhou，2007；Novelli et al.，2012）。在乡村旅游发展中已经获益的农村社区居民（如解决就业、经济收入增加等），会积极支持乡村旅游发展，并且会成为乡村旅游发展重要的宣传员、协调员。另一部分没有获得利益，甚至因为乡村旅游发展自身利益受损的农村社区居民（如补偿款不及心理预期、遭受噪声污染等）可能会抵制乡村旅游的发展，阻挠旅游活动的顺利进行，致使旅游者的旅游满意度下降，从而影响乡村旅游的发展。

农村社区居民利益诉求为以下七点：第一，吸收闲散劳动力，增加就业机会；第二，享有优先参与乡村旅游业发展机会，并获得相应收益；第二，加大基础设施建设投入力度，完善医疗、教育、社保等公共服务体系；第三，乡村旅游开发时，土地流转、搬迁拆迁等过程中获得公平补偿；第四，制定合理的收入分配制度，改善生活状况，提高社会福利；第五，保护自然资源不受破坏，民俗文化得到传承，优化生活环境；第六，参与乡村旅游决策，行使管理权和监督权，受到理解与尊重，提高社会地位；第七，增加各类培训，提升自身职业技术与文化水平，丰富精神文化生活。

（2）旅游经营者利益诉求。

旅游经营者在乡村旅游发展中享有运营权和管理权，是整个乡村旅游发展的支柱，为乡村旅游地带来显著经济效益，也是政府财政税收的来源之一。乡村旅游中旅游经营者主要由外来投资经营者、农村社区居民集体经营者、居民家庭式旅游小企业构成。旅游经营者为乡村旅游发展带来了丰富的管理经验和大量资金投入，资本的逐利性决定了旅游经营者希望获得尽可能多的利润，这是旅游经营者追求的核心利益，需要最大可能吸引旅游者前来旅游，获得大规模的人流、物流、资金流，满足食、住、行、游、购、娱六方面的需求，实现投资快速回收。与此同时旅游经营者还需考量当地乡村旅游发展的可持续性，这将直接影响旅游经营者获得利润时限的长短，因此旅游经营者在考虑经济利益的同时，还需要注重对乡村旅游地生态环境的保护，确保生态环境不被破坏，以在最大程度上延长获利期，获得丰厚的投资回报。农村社区居民的态度也直接影响乡村旅游经营活动是否能够顺利开展，经营者需要获得农村社区居民的理解与支持，与居民建立良好的合作关系，如若与农村社区居民关系紧张，经营活动势必无法顺利开展，甚至遭到农村社区居民的阻挠、破坏。

旅游经营者利益诉求为以下七点：第一，迅速回笼资金，获取高额利润；第二，获得扶持政策和宽松的贷款政策，有较多的学习和行业培训机会；第三，具备自主经营权，参与旅游决策，建立公平的旅游收益分配规则；第四，获得农村社区居民的理解和支持，为其提供就业岗位，协同合作发展乡村旅游；第五，树立良好的旅游企业形象，与各方利益相关者处好关系；第六，提升乡村旅游地知名度，吸引更多的旅游者；第七，促进乡村旅游地资源保护，建立良好的旅游发展环境，实现可持续性发展。

3.2.3 旅游消费方角色分析与利益诉求

1. 角色分析

在乡村旅游发展过程中，旅游者是旅游活动主体，是整个旅游活动的核心，其他各利益相关者的行为围绕满足旅游者需求展开，满足旅游者的诉求影响乡村旅游发展方向。旅游者在旅游活动中注重旅游质量，"经历""服务"是旅游者最为注重的内容，政府、旅游经营者和当地社区居民均会影响旅游者旅游感知（Fan et al.，2017）。旅游者通过支付时间、精力、金钱，完成对乡村旅游产品的消费，以期获得"求异""满足好奇心"的旅游体验，乡村文化、乡村饮食、乡村民俗、乡村艺术等对旅游消费方均产生吸引力，旅游过程中满足审美、体验等多方位需求，同时注重旅游产品的多样性、价格的合理性、体验的丰富性。消费者对企业价值维度的独特感知，会影响消费者对企业形象的认知与评价（Bhattacharya and Sen，2003）。旅游目的地的宏观环境、服务基础设施、旅游质量、旅游价值均会影响旅游者体验，良好的旅游过程有助于旅游者获得高质量的旅游体验，成为乡村旅游自发的宣传员，有利于乡村旅游地正面形象的快速传播（Murphy and Pritchard，2000）。如若乡村旅游产品缺乏特色、产品质量没有保证，旅游者的旅游体验较差，旅游者会选择用脚投票。在如今自媒体时代，传播速度和范围都是传统媒体时代不可比拟的，消除负面口碑造成的影响需要耗费大量的时间与精力，旅游者对于乡村旅游活动是否可以顺利开展，发挥着重要的影响作用。

2. 利益诉求

旅游者在乡村旅游活动中，会产生食、住、行、游、购、娱等系列行为，在这些旅游环节中，旅游消费与旅游服务同时进行，旅游者对获得的旅游服务即刻做出评价，直接影响其旅游体验。除了旅游六要素之外，环境、卫生等要素均对旅游者体验产生影响。乡村旅游产品的开发只有得到旅游者的认同并通过市场检验，才能获得长远发展。因而满足旅游者诉求，提升旅游者体验，对于乡村旅游发展意义重大。

旅游者利益诉求表现为以下六点：第一，寻求高质量的旅游经历，凸显乡村人文风情和真实性，获得优质的旅游体验；第二，旅游资源得到合理的开发与保护，尽可能保持原生态，促进文化的传承与保护，实现乡村旅游地可持续性发展；第三，旅游产品物美价廉，感受物超所值的旅游服务；第四，人身财产安全得到保障，可以自主选择消费，无强买强卖现象；第五，交通、医疗、卫生等基础设施条件完善，能够较好地满足旅游过程中的基本需求；第六，得到农村社区居民、旅游经营者、旅游目的地政府的理解和尊重。

3.3　乡村旅游核心利益相关者利益冲突

3.3.1　乡村旅游核心利益相关者内部的利益冲突

1. 行政管理方内部利益冲突

（1）各级政府管理机构权责冲突。乡村旅游发展涉及农业、工业、旅游业多个行业，同时存在土地问题、产业结构升级、生态环境等多种问题，处理这些问题时需要在各级政府管理机构之间做出协调，从而做出最优决策。工商部门、旅游部门、农林部门因为职责不同、权限不同，考虑问题的着眼点不同，做决策时均从自身利益出发，由于存在利益分割、职能交叉的问题，各机构给出的解决方案存在明显差异，有时甚至互相矛盾。对于公益性活动、保护性开发等不能直接获得经济利益的事宜，各级政府管理机构互相扯皮、推诿，在分割利益时，又表现为你争我夺。

（2）各级政府管理机构目标利益冲突。各级政府部门都有绩效考核的要求，月考核、季度考核、年考核等成绩，决定了政府管理机构政绩，考核通常都和经济效益挂钩（柴寿升，2013）。为了能够达标，某些管理机构会在考核时间节点之前，简单粗暴解决问题，以求迅速做出"成绩"，往往会忽略甚至牺牲生态利益、文化利益。

（3）各级政府管理机构道德风险冲突。各级政府管理机构的政府官员通过寻租行为获取个人利益最大化，无法很好地完成角色扮演，甚至无故中断或退出，导致区域资源低配、错配，降低资源使用效率。同时过分注重经济效益，对社会效益和生态效益关注较少，为未来可持续发展埋下隐患。

2. 服务供给方内部利益冲突

旅游经营者、农村社区居民是乡村旅游的服务供给方，共同为旅游者提供服务，但因其立场不同、出发点不同，两者之间依赖、作用、竞争关系并存（郭华，2007），旅游经营者与农村社区居民之间以及旅游经营者内部均存在矛盾。

首先，旅游经营者与农村社区居民之间的利益冲突。

（1）空间利益冲突。旅游经营者在旅游经营活动过程中，需要一定的经营场地满足经营需要。相关旅游经营活动配套设施的建立，也需要大量的土地空间。需要农村社区居民转让/出租自家房屋，或通过转包/租赁的方式出让土地经营权，总之会压缩农村社区居民的生产生活空间。陕西省安康市平利县龙头村为满足 9 平方公里核心景区的土地建设需要，90% 的农户将土地以每亩 750 元费用流转，之后并未从乡村旅游发展中获益，最终乡村旅游开发失败。如若赔偿机制不够完善，补偿标准不能弥补农村社区居民的心理落差，就会形成矛盾，影响乡村旅游地的可持续性发展。

（2）目标利益冲突。获得经济利益是旅游经营者参与乡村旅游的根本目的。居民参与乡村旅游期待获得就业机会，增加收入等经济利益，同时还期待交通、卫生等基础设施不断完善，原生态自然环境得以保护，文化民俗得以传承。因为根本目的不同，在决策时双方会依据各自目标，采用不同策略。

（3）权利利益冲突。旅游经营者因为资本优势，对于旅游项目的开发与经营具有绝对话语权。农村社区居民原本是乡村的主人，却因为土地流转丧失了话语权、参与权，心理落差较大。农村社区居民的民宅是乡村旅游中的重要旅游资源，却较少地参与经营分配。没有获得利益分配的农村社区居民感觉到自己的隐私受到了侵犯，日常生活颇为不便，对于游客参观房屋持反对态度，甚至发生冲突。利益分配机制不利于农村社区居民，旅游经营者获得了更多的经济利益，但旅游经营开发造成了乡村生态环境受损、民俗文化被侵蚀，容易形成二者对立的局面。

（4）声誉利益冲突。旅游经营者在获得经营权之前会承诺提供工作岗位，优先雇用农村社区居民，但农村社区居民文化程度有限，只能从事低层次的工作，工资待遇普遍不高。部分农村社区居民为了在最短时间内获取最大的利益回报，会通过引导旅游者逃票[①]、倒卖黄牛票[②]等途径赚取利润，给旅游经营者造成直接损失，也带来了安全隐患；或者在摆摊销售旅游商品时宰客，影响旅游地声誉，间接对旅游经营者产生冲击。

（5）竞争利益冲突。旅游经营者、农村社区居民均为旅游者提供旅游服务，在一定程度上存在竞争关系，农村社区居民会依据当地熟悉的地理环境，到停车场或者景区大门外揽客，影响正常的旅游秩序。旅游经营者也会利用其资本优势降低旅游产品价格，削减农村社区居民的利润空间。旅游经营者资本优势明显，可以开发新产品、新技术，而农村社区居民受到文化程度和技术的限制，仅能提供低水平服务，旅游经营者容易形成垄断把控市场。

其次，旅游经营者内部的利益冲突。

（1）同质化现象突出。旅游经营者以追求经济利益为最终目的，因而将资本

---

① 旅游者向农村社区居民支付门票价格 5～8 折的金额，农村社区居民带领旅游者进入景区。

② 倒卖黄牛票赚钱途径：第一，一次性购买大量门票，享受优惠价格，赚取中间差价；第二，旅游旺季购买景点门票排队时间较长，旅游者愿意支付比门票本身更高的价格以节省时间，赚取利润。秦始皇帝陵博物院于 2017 年十一黄金周实施实名购票制度，在此之前每年黄金周都有很多村民一大早排队囤积门票（100～200 张），每张门票加价 30～50 元不等出售给不愿排队的旅游者，以节省 1～2 小时的排队购票时间，每天获利 3000～5000 元。

向能够快速获得利润的项目聚集，相邻区域同时经营一系列相似甚至相同的项目，造成旅游经营同质化。大量低水平的重复建设，导致旅游者旅游感知认可度下降。

（2）诚信经营受到挑战。旅游经营者之间存在诸多的合作关系，一旦一方出现诚信问题，势必会影响各方决策，加剧旅游竞争。为了争抢客源打价格战、以次充好等问题凸显，乡村旅游目的地长期利益受损。

3. 旅游消费方内部利益冲突

旅游者是旅游活动的核心，旅游活动围绕其多重诉求展开，旅游者具有多重身份。旅游者由于文化程度、生活习惯、爱好等不同，在乡村旅游活动中，会选择不同的乡村旅游项目。期待体验民风民俗的旅游者，希望增加人文体验项目；期待感受农村自然风光的旅游者，希望增加自然资源的开发力度。在总体开发资源有限的前提下，配套开发会有先后顺序，继而产生矛盾。旅游者在体验同一类旅游项目时，会对每个环节停留时间、体验感受给出不同评价，不同旅游消费方对于不文明游览行为的容忍程度不同，对乡村旅游支持态度不同，这些都需要协调解决。

3.3.2 乡村旅游核心利益相关者之间的利益冲突

乡村旅游发展离不开利益相关群体的参与，涉及参与主体的利益分配与满足，各利益相关者均有自己的利益诉求，发展过程中各方都只关注自身利益诉求，如若不能同时满足所有利益相关者的诉求，期望和现实之间的落差便会引发各方利益冲突，同时也存在此消彼长的利益制约关系。部分村民中的"精英"可能会组织其他村民和政府抗衡，旅游地开发时需要处理好利益相关者中的"精英"与"政府"之间关系（Strobl and Peters，2013）。各方利益相关者之间由于资源、经济、文化、立法和政治等因素形成利益冲突（Buckley and Guitart，2017），同时，冲突是动态变化发展的（Wang and Yotsumoto，2019）。

1. 行政管理方与服务供给方之间的利益冲突

（1）各级政府管理机构和农村社区居民之间的利益冲突。

第一，经济利益冲突。起初发展旅游业时，居民对经济收益持有较高的预期，但开发过程中获得的收益远低于预期。某些管理部门为了完成招商引资任务，向旅游经营者给予政策倾斜和经济补贴，忽略了农村社区居民的利益。另外，政府如果同时担任旅游开发角色，还会存在自利性，出现转嫁开发成本等行为，这都会进一步挤占农村社区居民的利润空间。农村社区居民的生活环境、经济条件并没有因为乡村旅游业发展得到改善，不能满足其期望，从而会影响农村社区居民的行为（Andereck et al.，2012），使其产生抵触情绪，消极待客，甚至做出阻挠旅游业发展的行为，其中地方政府与农村社区居民的冲突较为突出，村委会在维护农村社区居民利益时受到诸多限制，能够实现的较为有限（Wang and Yotsumoto，2019）。

第二，土地利益冲突。政府、农民、投资商、旅游者在乡村旅游发展过程中，需要不断调整策略保障自身权利。土地是农村社区居民赖以生存的根本，也是旅游开发环节中必不可少的要素，乡村旅游发展过程就是土地利益关系重组的过程，各方利益相关者需要不断调整策略完成利益重组。中共十六届三中全会要求"按照保障农民权益、控制征地规模的原则，改革征地制度，完善征地程序"。政府需要大量的土地，配套旅游基础设施建设，招徕旅游经营者。按照国家的土地政策，通过转包、租赁的方式实现土地流转。政府在实行土地流转的过程中，对农村社区居民的补偿不能达到农村社区居民的期望值，时常出现多占少补、安置方法单一等情况。农村社区居民不愿意签字时，便动用行政力量加以干涉。凡家中成员有公务员、教师等"铁饭碗"职业的人，一律需要做出表率——"带头签字"，否则就有可能"回家休息"。家中成员没有"铁饭碗"职业的，则会利用"弱者的武器"等"踩线不越界"的方式，拖延谈判时间以图获得更多赔偿（孙九霞，2009）。农村社区居民在土地流转环节中没有得到足够的利益补偿，又丧失了日后维持生计的根基，为日后矛盾埋下隐患。

第三，主体利益冲突。农村社区居民在乡村旅游发展过程中，占据主要地位，属于乡村旅游发展的主体。但在旅游开发的实践中，该主体只是被动接受各项行政命令，与政府的沟通渠道较少，并且几乎从未参与过乡村旅游发展规划、发展决策。部分村民有改善居住条件的诉求，但政府单方面一刀切不允许在原有住宅上改建、扩建，同时并未对年久失修的住房进行任何规划，造成村民不满。在当地政府与投资方商讨资源转让环节，农村社区居民根本无从参与，没有得到基本的尊重。当地政府与投资方根据自身利益达成交易（陈志永等，2008），根据行动者网络理论，每一个主体都应该具有平等地位，农村社区居民在旅游规划决策中被边缘化，主体地位形同虚设，农村社区居民容易对政府产生不满情绪。

（2）各级政府管理机构和旅游经营者之间的利益冲突。

第一，目标利益冲突。旅游经营者以追求经济利益最大化为根本出发点，旅游发展决策中更多考虑能否给自己带来经济收益，需要在眼前利益与长远利益之间抉择时，往往会因为获利周期短，选择眼前利益牺牲长远利益。各级政府管理机构以追求社会公共利益最大化为根本出发点，提升社会的整体福利，需要增加农村社区居民就业，增加经济收入、促进社会利益、生态利益、文化利益全面增长，实现乡村旅游地的可持续发展，不能以牺牲生态环境等短视行为换取眼前的经济利益。

第二，管理利益冲突。旅游经营者安排经营活动首要考虑获利最大，比如在人流量最大的区域选址，各级政府管理机构在审批时则需要首先安全性，如果在人流较大区域增加旅游经营用地，必将减少公共区域用地；通过该区域客流密度过大，则极易发生踩踏事件，埋下安全隐患。旅游经营者为了获利可能会偷工减料、以次充好，各级政府管理机构需要严格把关，履行监督职责，确保乡村旅游产品、服务的质量。

2. 服务供给方与旅游消费方之间的利益冲突

（1）旅游经营者和旅游者之间的利益冲突。

第一，经济利益冲突。旅游者期望得到物美价廉的旅游服务，其中低价门票是指标之一。门票是旅游经营者获取收益的重要途径，因此旅游经营者会千方百计提高门票价格，门票定价问题是诸多旅游经营者和旅游者争执的焦点。旅游者还希望获得更多价低质优的服务，但是旅游经营者在降价的同时，也降低了产品质量和服务水平。

第二，目标利益冲突。旅游者以获得高质量的旅游体验为根本出发点，不希望旅游者数量过多，"人山人海"的旅游盛况势必会影响旅游体验。旅游经营者期待尽可能多地获得利润，希望人越多越好，甚至很多旅游经营者在还没有启动预警机制或强制限流机制的情况下就放任旅游者购票进入，不考量旅游目的地承载力，影响其可持续性发展。

（2）农村社区居民和旅游者之间的利益冲突。

第一，资源利益冲突。乡村旅游地是原本农村社区居民世代生产、生活的场所，因为乡村旅游的发展，农村社区居民的生产、生活空间被压缩。乡村旅游地发展同时受到居民、旅游者的影响，居民对乡村旅游地具有很强的依赖性，具有更强的正相关关系（Zenker et al.，2017）。农村社区居民需要改变原有的生产、生活方式以满足旅游者的需求。

第二，文化利益冲突。旅游者参观乡村旅游地时，带来了大量的外来文化和生活方式，对乡村旅游地传统文化造成影响，大量外来旅游者的涌入改变了当地生活的原有秩序，对古朴的民风民俗造成了影响，造成了文化入侵，居民会具有"相对剥夺感"，居民会根据自身判断采取不同措施（李平、吕宛青，2014；张大钊、曾丽，2019）。部分年轻的农村社区居民摒弃原有的生活习惯，模仿外来的生活方式与生活习俗，影响传统文化的传承与发展，甚至造成当地文化体系的崩溃。

第三，目标利益冲突。旅游者希望获得高质量的旅游体验，尽可能享受乡村原始风貌的景致，满足"原乡"欲望。农村社区居民为了增加收入，将现有民宅修建为农家乐，在户外摆摊出售饮料、零食等，各种商业化元素与周边乡村旅游地环境不甚相符，丧失了乡村旅游的原真性。部分农村社区居民为了获取更多的经济利益，对自家住宅私自改造，甚至对当地的生态、人文资源进行破坏性开发，以各种商业活动吸引旅游者，降低旅游者体验质量。

第四，认知利益冲突。旅游者获得高质量旅游体验的途径就是多层次、多样化的旅游活动，农村社区居民文化程度有限，加之缺乏专业的培训，产品开发没有专业规划，食品安全不能保障，不能提供多样性的旅游产品供给，无法满足旅游者多样性的旅游需求，导致旅游者旅游体验较差。

3. 行政管理方与旅游消费方之间的利益冲突

各级政府管理机构代表社会公共利益，需要对环境进行保护，实现当地可持续性发展。旅游者大量涌入带来大量的生活污水、垃圾、废气、噪声污染，不利于当地生态资源的保护和发展。旅游者的各种不文明行为，会对环境造成破坏。外来旅游者人数过多对当地治安也是一个严峻挑战，不安全因素增多，安全隐患增加。

管理维度的行政管理方即各级政府管理机构，供给维度的服务供给方即旅游经营者、农村社区居民，需求维度的旅游消费方即旅游者三个维度的核心利益相关者，每个维度内部存在利益冲突，两两维度之间也存在利益冲突，各种冲突汇聚，详见图3-3，亟须建立利益协调机制解决。

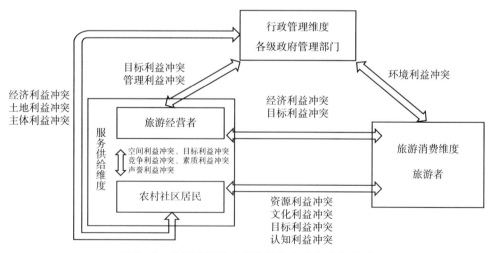

图3-3 乡村旅游核心利益相关者利益冲突模型

3.4　本章小结

本章主要分析了乡村旅游核心利益相关者，得出以下三点结论：

第一，乡村旅游核心利益相关者界定。乡村旅游利益相关者包括核心层利益相关者、外围层利益相关者、边缘层利益相关者三个层次。他们的角色会随着旅游发展阶段、经济态势改变而动态变化，乃至发生角色转换。本书重点分析核心层利益相关者，即管理维度的行政管理方（各级政府管理机构）、供给维度的服务供给方（旅游经营者、农村社区居民）、需求维度的旅游消费方（旅游者）三个维度的核心利益相关者。

第二，乡村旅游核心利益相关者角色与利益诉求分析。各级政府管理机构是乡村旅游资源整合的调配者，扮演协调者、管理者、监督者等多重角色，需要考虑经济利益、社会利益、生态利益等多重利益，推进乡村旅游地可持续发展。农村社区居民是乡村旅游开发经营重要参与者和主要受益者，是当地各类文化的传承人，当地经济、文化、生活的符号化代言人。旅游经营者在乡村旅游发展中享有运营权和管理权，是整个乡村旅游发展的支柱。旅游者是旅游活动主体，是整个旅游活动的核心流动要素，注重获得高质量的旅游经历。

第三，乡村旅游核心利益相关者利益冲突分析。乡村旅游核心利益相关者各方都有自身目的和考量，会对同一件事产生不同看法，继而做出不同决策，从而引发利益冲突。在乡村旅游发展过程中各利益相关者群体为了能够获得更多的利益，都尽可能使自己的利益最大化，挤压他方利益空间。各方之间存在土地利益、环境利益、经济利益、文化利益等各种利益冲突，这些冲突随时间变化，发生动态改变，需要通过演化博弈分析其策略的动态变化过程，建立契合的利益协调机制以解决矛盾冲突，实现乡村旅游的可持续发展。

第4章

乡村旅游核心利益相关者
关系演化博弈分析

结合第3章的分析，乡村旅游发展的核心利益相关者是管理维度行政管理方的各级政府管理机构（以下简称行政管理方），供给维度服务供给方的旅游经营者、农村社区居民（以下简称服务供给方），需求维度旅游消费方的旅游者（以下简称旅游消费方）。行政管理方作为外部参与者主要是通过政策干预、教育引导、资金扶持等措施介入乡村旅游发展。服务供给方在乡村旅游发展过程中发挥中介作用，实现了资金、产品、信息的交换，推进乡村旅游的发展。旅游消费方是乡村旅游产品的最终消费者，只有旅游消费方消费了乡村旅游的产品，服务供给方才能获取收益，乡村旅游才能实现发展，否则乡村旅游发展根本无从谈及。

行政管理方、服务供给方、旅游消费方作为核心利益相关者在乡村旅游发展过程中均发挥着不可替代的作用，同时乡村旅游核心利益相关者三个主要群体，有各自的角色定位与利益诉求，在各群体内部和各群体之间均存在利益冲突。乡村旅游持续、健康发展需要三方共同努力、积极参与、有效合作。这三方彼此对自身策略需进行不断调整，通过演化博弈找到有限理性条件下最优策略，解决各项利益冲突，有利于实现乡村旅游的健康发展。各方最优策略的选择，需要通过构建动态演化博弈模型进行分析。

4.1 乡村旅游核心利益相关者关系动态演化博弈模型构建

演化博弈论认为主体在进行决策时是有限理性，行政管理方、服务供给方、旅游消费方因为信息不对称等原因，没有能力对不断变化的现实情况做出最佳反应，需要在决策过程中，通过观察、模仿、试错等一系列措施不断调整自身策略，提高自身收益，这个过程不断循环往复，最终实现均衡。本章构建行政管理方、服务供给方、旅游消费方三方关系动态演化博弈模型，分析各决策主体的演化均衡策略，并对其结果的稳定性进行讨论。

4.1.1　基本假设及相关参数

乡村旅游核心利益相关者选择策略时，会根据其他利益主体的策略，对自身策略不断调整，是一个随着时间推移不断优化的动态博弈过程，为了使模型简化，做出以下假设：

假设 H1：在前面对乡村旅游核心利益相关者分析的基础上，本书涉及的乡村旅游核心利益相关者特指行政管理方、服务供给方、旅游消费方。

假设 H2：假定乡村旅游核心利益相关者，即行政管理方、服务供给方、旅游消费方具有"有限理性"，也就是说在演化博弈过程中各方遵循惯例行为策略，仅对其他利益主体现有策略进行分析；选择策略时依赖惯性，不对未来进行预测，并受到外部环境等因素的影响，同时各方信息不完全。各方不会在选择初始就找到最佳策略，在博弈中各方经过复杂而漫长的学习、模仿、试错来调整自身策略，逐步确定最优策略。

假设 H3：行政管理方在提供基础公共服务的同时，会通过各项政策和管理法规实现资源配置，开展公共治理。行政管理方作为管理者，希望在不破坏现有生态环境的基础上，鼓励发展乡村旅游，以尽快实现精准扶贫和乡村地区经济的快速增长。在经济整体形势发展态势较好的地区，行政管理方可能不会对乡村旅游业的发展给予资金支持，也没有相应的政策倾斜或者招商引资的优惠条件。在乡村旅游发展时，行政管理方对于乡村旅游发展有两种策略，第一种策略是介入乡村旅游发展，简称介入，记为 G_1；第二种策略不介入乡村旅游发展，简称不介入，记为 G_2。行政管理方会根据效益最大化原则比较收益与风险，在两种策略中进行选择，以一定的概率介入乡村旅游业发展，行政管理方选择介入的概率为 α，行政管理方选择不介入的概率为 $1-\alpha$，$\alpha \in [0, 1]$，行政管理方对于乡村旅游发展的策略集合为 $\{G_1, G_2\}$。

行政管理方采用介入策略 G_1 时，会对诚信经营的服务供给方给予物质补贴及精神嘉奖，记为 A_1；对于不诚信经营的服务供给方进行经济处罚和停业整顿，记为 F_1；对于支持乡村旅游发展的旅游消费方给予价格打折或者积分奖励，记为 A_2；对于不支持当地乡村旅游的旅游消费方无任何优惠措施。行政管理方选择介入策略付出的成本，记为 C_1；介入后乡村旅游发展态势好，行政管理方获得的效益，记为 R_1。如果行政管理方采用不介入策略 G_2 时，其不作为导致乡村旅游发展出现问题的机会成本记为 C_2。行政管理方受其有限理性的限制，在制定管理制度、选择发展模式时仅是根据行政管理方的收益与成本，并不是根据社会收益与成本做出策略选择。

假设 H4：服务供给方身处乡村旅游发展的紧密环境中，随着乡村旅游的发展会主动或被动地参与其中。在选择发展策略时，经济利益是其考虑的重要因素，同时也需综合考量其他因素做出选择。服务供给方对于乡村旅游发展有两种策略，第一种策略诚信经营，简称诚信，记为 B_1；第二种策略不诚信经营，简称不诚信，记为 B_2。服务供给方在选择时需要综合考虑，首先，服务供给方结合自身长远经营目标与规划、眼前的成本、收益以及对乡村旅游发展态势的估计等，进行策略选择；其次，行政管理方对诚信经营的服务供给方给予物质补贴及精神嘉奖，对其产生较强的激励刺激。

如果服务供给方出售质价相符的旅游产品、服务，维护员工股东的合法权益，就认为其选择了诚信经营策略 B_1，反之称其选择了不诚信经营策略 B_2。服务供给方选择诚信的概率为 γ，服务供给方选择不诚信的概率为 $1-\gamma$，$\gamma \in [0, 1]$，服务供给方对于乡村旅游发展的策略集为 $\{B_1, B_2\}$。服务供给方选择诚信经营所需支付的成本，记为 C_3；获得的收益，记为 R_2；在行政管理方介入的背景下获得行政管理方对于诚信经营服务供给方的物质及精神嘉奖，记为 A_1；不诚信经营受到的处罚，记为 F_1；服务供给方选择不诚信经营，获得的收益，记为 R_3；当旅游消费方支持乡村旅游发展，但服务供给方不诚信经营时口碑名誉损失，记为 C_4。

假设 H5：旅游消费方注重获得高质量的旅游体验，对于乡村旅游发展有两种策略，第一种策略支持乡村旅游发展，简称支持，记为 T_1；第二种策略不支持乡村旅游发展，简称不支持，记为 T_2。旅游消费方以一定的概率支持乡村旅游业发展，支持乡村旅游发展的概率为 δ，不支持乡村旅游发展的概率为 $1-\delta$，$\delta \in [0, 1]$，旅游消费方对于乡村旅游发展的策略集为 $\{T_1, T_2\}$。

旅游消费方采用支持乡村旅游发展策略 T_1 时获得的收益，记为 R_4；在行政管理方介入背景下获得的行政管理方的相应奖励，记为 A_2；支持乡村旅游发展支付的成本，记为 C_5；旅游消费方采用支持策略时服务供给方诚信经营，旅游消费方获得情感等额外收益，记为 R_5。旅游消费方采用不支持乡村旅游发展策略 T_2 时获得的收益，记为 R_6。

4.1.2　损益变量设定与模型构建

行政管理方、服务供给方、旅游消费方博弈时，每方都会根据其他各方的策略做出选择，由于信息的不完全性，各方无法在初始阶段找到最佳策略，只能不断试错、调整自己的策略。

结合4.1.1中的假设，梳理博弈各方各自可选择策略、选择概率与损益变量，可以得出各方损益变量表，详见表4-1。

表4-1　　　　　　　　　　乡村旅游核心利益相关者损益变量

博弈方	策略（概率）	损益变量及解释
行政管理方	介入 $G_1(\alpha)$	A_1，对诚信经营服务供给方的物质、精神嘉奖
		A_2，对支持乡村旅游发展旅游者的奖励
		F_1，对不诚信的服务供给方的经济处罚
		R_1，介入后获得的经济效益
		C_1，介入时需要支付的成本
	不介入 $G_2(1-\alpha)$	C_2，不作为导致发展受损，产生的机会成本
服务供给方	诚信 $B_1(\gamma)$	A_1，政府介入时，对诚信经营的嘉奖
		R_2，诚信经营获得的收益
		C_3，诚信经营所需支付的成本
	不诚信 $B_2(1-\gamma)$	R_3，不诚信经营获得的收益
		F_1，对不诚信经营的处罚
		C_4，旅游消费方支持乡村旅游发展，但服务供给方不诚信经营的口碑损失
旅游消费方	支持 $T_1(\delta)$	A_2，政府介入时，对支持乡村旅游发展的奖励
		R_4，支持乡村旅游发展获得的收益
		R_5，支持乡村旅游发展，服务供给方诚信经营，情感的额外收益
		C_5，支持乡村旅游发展支付的成本
	不支持 $T_2(1-\delta)$	R_6，不支持乡村旅游发展获得的收益

注：所有损益变量均大于0（下同）。

行政管理方介入乡村旅游发展需要支付一定成本，同时对于诚信经营的服务供给方需要给予一定物质奖励、精神嘉奖，对支持乡村旅游发展的旅游消费方给予奖励和优惠，也会获得乡村旅游发展的经济利益；不介入乡村旅游发展，产生不作为的机会成本。服务供给方在诚信经营时会获得经济利益和行政管理方的嘉奖，同时也因为诚信经营支付一定的成本；在不诚信经营时，获得不诚信经营的利益，受到行政管理方的处罚，在旅游消费方支持乡村旅游发展的条件下还会损失口碑收益。旅游消费方支持乡村旅游发展时会获得行政管理方给予的奖励及收益，在服务供给方诚信经营时还还能够获得额外的情感收益，也需要支付支持乡村旅游发展成本；不支持乡村旅游发展会获得不支持的收益。行政管理方、服务供给方、旅游消费方需要根据其他两方选择做出决策，结合前文的假设和损益变量表，可以得出三方的博弈树模型，详见图4-1。

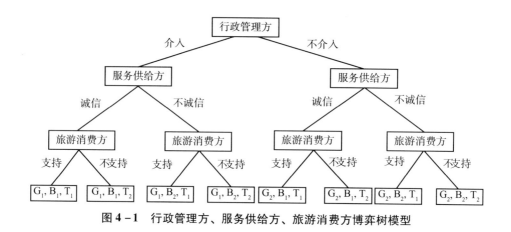

图 4-1　行政管理方、服务供给方、旅游消费方博弈树模型

4.1.3　支付函数分析

根据4.1.1中的假设可知，行政管理方在乡村旅游发展中可选择的策略集为 {介入，不介入}（{G_1，G_2}），服务供给方在乡村旅游发展中可选择的策略集为 {诚信，不诚信}（{B_1，B_2}），旅游消费方在乡村旅游发展中可选择的策略集为 {支持，不支持}（{T_1，T_2}），也就是说乡村旅游核心利益相关者每方都可从自身策略集的两个策略中进行选择，共有八种策略组合，即 {介入，诚信，支持}（{G_1，B_1，T_1}），{介入，不诚信，支持}（{G_1，B_2，T_1}），{介入，诚信，不支持}（{G_1，B_1，T_2}），{介入，不诚信，不支持}（{G_1，B_2，T_2}），{不介入，诚信，支持}（{G_2，B_1，T_1}），{不介入，不诚信，支持}（{G_2，B_2，T_1}），{不介入，诚信，不支持}（{G_2，B_1，T_2}），{不介入，不诚信，不支持}（{G_2，B_2，T_2}）。再者行政管理方、服务供给方、旅游消费方在博弈时，选择不同策略将会获得不同的收益值。根据其策略选择、各种策略组合的相关收益值，构建三方的博弈支付矩阵，详见表4-2。

表 4 - 2　　　　　　乡村旅游核心利益相关者博弈支付矩阵

策略组合	行政管理方收益	服务供给方收益	旅游消费方收益
G_1，B_1，T_1	$-A_1 - A_2 - C_1 + R_1$	$R_2 + A_1 - C_3$	$A_2 + R_4 - C_5 + R_5$
G_1，B_2，T_1	$-A_2 - C_1 + R_1 + F_1$	$R_3 - F_1 - C_4$	$A_2 + R_4 - C_5$
G_1，B_1，T_2	$-A_1 - C_1 + R_1$	$R_2 + A_1 - C_3$	R_6
G_1，B_2，T_2	$-C_1 + R_1 + F_1$	$R_3 - F_1$	R_6
G_2，B_1，T_1	$-C_2$	$R_2 - C_3$	$R_4 - C_5 + R_5$
G_2，B_2，T_1	$-C_2$	$R_3 - C_4$	$R_4 - C_5$
G_2，B_1，T_2	$-C_2$	$R_2 - C_3$	R_6
G_2，B_2，T_2	$-C_2$	R_3	R_6

　　行政管理方、服务供给方、旅游消费方三方在博弈时存在八种不同策略组合，每种策略组合中，每方都会因为其他两方策略的不同，获得不同收益。根据前文假设部分，每方核心利益相关者均为有限理性，所以各方会根据其他两方的策略，选择适合自己的策略方案。

4.2　乡村旅游核心利益相关者关系动态演化博弈模型分析

4.2.1　期望收益及平均收益分析

　　行政管理方选择介入乡村旅游发展的概率为 α，行政管理方不介入乡村旅游发展的概率为 $1-\alpha$；服务供给方选择诚信经营的概率为 γ，服务供给方选择不诚信经营的概率为 $1-\gamma$；旅游消费方支持乡村旅游业发展的概率为 δ，不支持乡村旅游发展的概率为 $1-\delta(\alpha，\gamma，\delta \in [0，1])$。

　　结合行政管理方、服务供给方、旅游消费方三方选择不同发展策略的概率，以及表 4 - 2 所列出的乡村旅游利益相关者博弈支付矩阵，可以计算出行政管理方、服务供给方、旅游消费方各自的期望收益 U 及平均收益 $\overline{U}$。

　　（1）行政管理方在选择介入策略时，期望收益为 U_G^{α}；选择不介入策略时，期望收益为 $U_G^{1-\alpha}$，平均期望收益为 $\overline{U}_G$。

$$U_G^{\alpha} = \delta\gamma(-A_1 - A_2 - C_1 + R_1) + (1-\gamma)\delta(-A_2 - C_1 + R_1 + F_1) + \gamma(1-\delta)$$
$$(-A_1 - C_1 + R_1) + (1-\delta)(1-\gamma)(-C_1 + R_1 + F_1) \qquad (4.1)$$

$$U_G^{1-\alpha} = -C_2 \qquad (4.2)$$

$$\overline{U}_G = \alpha U_G^{\alpha} + (1-\alpha)U_G^{1-\alpha} = \alpha\delta\gamma(-A_1 - A_2 - C_1 + R_1) + \alpha(1-\gamma)\delta$$

$$(-A_2 - C_1 + R_1 + F_1) + \alpha\gamma(1 - \delta)(-A_1 - C_1 + R_1) + \alpha(1 - \delta)(1 - \gamma)$$
$$(-C_1 + R_1 + F_1) - (1 - \alpha)C_2 \tag{4.3}$$

（2）服务供给方选择诚信经营，期望收益为 U_R^γ；选择不诚信经营，期望收益为 $U_B^{1-\gamma}$；平均收益为 $\overline{U}_B$。

$$U_B^\gamma = \alpha\delta(R_2 + A_1 - C_3) + \alpha(1 - \delta)(R_2 + A_1 - C_3) + (1 - \alpha)\delta$$
$$(R_2 - C_3) + (1 - \alpha)(1 - \delta)(R_2 - C_3) \tag{4.4}$$

$$U_B^{1-\gamma} = \alpha\delta(R_3 - C_4 - F_1) + \alpha(1 - \delta)(R_3 - F_1) + (1 - \alpha)\delta(R_3 - C_4)$$
$$+ (1 - \alpha)(1 - \delta)R_3 \tag{4.5}$$

$$\overline{U}_B = \gamma U_B^\gamma + (1 - \gamma)U_B^{1-\gamma} = \gamma\alpha\delta(R_2 + A_1 - C_3) + \gamma\alpha(1 - \delta)(R_2 + A_1 - C_3)$$
$$+ \gamma(1 - \alpha)\delta(R_2 - C_3) + \gamma(1 - \alpha)(1 - \delta)(R_2 - C_3)$$
$$+ (1 - \gamma)\alpha\delta(R_3 - C_4 - F_1) + (1 - \gamma)\alpha(1 - \delta)(R_3 - F_1)$$
$$+ (1 - \gamma)(1 - \alpha)\delta(R_3 - C_4) + (1 - \gamma)(1 - \alpha)(1 - \delta)R_3 \tag{4.6}$$

（3）旅游消费方支持乡村旅游业发展，期望收益为 U_T^δ；不支持乡村旅游业发展，期望收益为 $U_T^{1-\delta}$；平均期望收益 $\overline{U}_T$。

$$U_T^\delta = \alpha\gamma(A_2 + R_4 - C_5 + R_5) + \alpha(1 - \gamma)(A_2 + R_4 - C_5)$$
$$+ (1 - \alpha)\gamma(R_4 - C_5 + R_5) + (1 - \alpha)(1 - \gamma)(R_4 - C_5)$$
$$= R_5\gamma + R_4 + A_2\alpha - C_5 \tag{4.7}$$

$$U_T^{1-\delta} = R_6 \tag{4.8}$$

$$\overline{U}_T = \delta U_T^\delta + (1 - \delta)U_T^{1-\delta} = \delta\alpha\gamma(A_2 + R_4 - C_5 + R_5)$$
$$+ \delta\alpha(1 - \gamma)(A_2 + R_4 - C_5) + \delta(1 - \alpha)\gamma(R_4 - C_5 + R_5)$$
$$+ \delta(1 - \alpha)(1 - \gamma)(R_4 - C_5) + (1 - \delta)R_6$$
$$= \delta(R_5\gamma + R_4 + A_2\alpha - C_5) + (1 - \delta)R_6 \tag{4.9}$$

4.2.2 基于复制动态方程的演化稳定策略分析

行政管理方、服务供给方、旅游消费方之间的利益关系及策略选择并不是一成不变的，每方策略会随着其他两方策略变化进行调整，是一个不断演化逐步稳定的过程。通过复制动态方程的分析，确定一个大于其他平均收益的策略，演化博弈形成稳定策略，并且能够保持一定的稳定性。

（1）行政管理方选择策略的复制动态方程为：

$$F(\alpha) = \frac{d\alpha}{dA_2} = \alpha(U_G^\alpha - \overline{U}_G)$$
$$= \alpha(1 - \alpha)(R_1 + F_1 - C_1 - \gamma A_1 - F_1\gamma - A_2\delta + C_2) \tag{4.10}$$

观察式（4.10）可知

①若 $\delta = \dfrac{R_1 + F_1(1-\gamma) - C_1 - \gamma A_1 + C_2}{A_2}$ 时，无论 α 取值多少，均可得到 $F(\alpha)=0$，也就是说 α 在 $[0,1]$ 上取任何值，都是稳定状态，见图 4-2（1）。

②若 $\delta \neq \dfrac{R_1 + F_1(1-\gamma) - C_1 - \gamma A_1 + C_2}{A_2}$ 时，令 $F(\alpha)=0$，求得 $\alpha_1 = 0$、$\alpha_2 = 1$ 是 α 的两个稳定点。

根据微分方程的稳定性定理，在 α^* 满足 $F(\alpha)<0$ 时，α^* 即为演化稳定策略，对 $F(\alpha)$ 求导得：

$$F'(\alpha) = \frac{dF(\alpha)}{d\alpha} = (1-2\alpha)(R_1 + F_1 - C_1 - \gamma A_1 - F_1\gamma - A_2\delta + C_2) \quad (4.11)$$

Ⅰ 若 $R_1 + F_1(1-\gamma) - C_1 - \gamma A_1 - A_2\delta < -C_2$，即 $\dfrac{R_1 + F_1(1-\gamma) - C_1 - \gamma A_1 + C_2}{A_2} <$ 0，恒有 $\delta > \dfrac{R_1 + F_1(1-\gamma) - C_1 - \gamma A_1 + C_2}{A_2}$，此时要满足 $F'(\alpha)<0$，则 $\alpha_1 = 0$ 是稳定点，行政管理方会选择不介入乡村旅游发展的策略。因为介入乡村旅游发展时，实施介入所获得的利益 R_1，加上对不诚信经营服务供给方的处罚收入 $F_1(1-\gamma)$，减去介入乡村旅游发展时支付成本 C_1、对诚信经营的服务供给方奖励 γA_1、及对支持乡村旅游发展旅游消费方奖励 δA_2，小于不介入的机会成本 $-C_2$。有限理性的行政管理方将会选择不介入乡村旅游发展策略，以获得更好的收益，见图 4-2（2）。

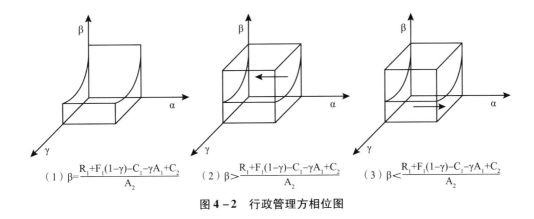

（1）$\beta = \dfrac{R_1 + F_1(1-\gamma) - C_1 - \gamma A_1 + C_2}{A_2}$　　（2）$\beta > \dfrac{R_1 + F_1(1-\gamma) - C_1 - \gamma A_1 + C_2}{A_2}$　　（3）$\beta < \dfrac{R_1 + F_1(1-\gamma) - C_1 - \gamma A_1 + C_2}{A_2}$

图 4-2　行政管理方相位图

Ⅱ 若 $R_1 + F_1(1-\gamma) - C_1 - \gamma A_1 - A_2\delta > -C_2$，即 $\dfrac{R_1 - F_1(1-\gamma) - C_1 - \gamma A_1 + C_2}{A_2} > 0$，则有两种情况需要考虑：

ⅰ 若 $\delta > \dfrac{R_1 + F_1(1 - \gamma) - C_1 - \gamma A_1 + C_2}{A_2}$ 时，$F(\alpha) = \dfrac{dF(\alpha)}{d\alpha}\bigg|_{\alpha = 0} < 0$，$F(\alpha) =$ $\dfrac{dF(\alpha)}{d\alpha}\bigg|_{\alpha = 1} > 0$，此时 $\alpha_1 = 0$ 是稳定点，经过长期的演化博弈，有限理性的行政管理方会选择不介入乡村旅游发展的策略，原因与前文分析相同，见图 4 – 2（2）。

ⅱ 若 $\delta < \dfrac{R_1 + F_1(1 - \gamma) - C_1 - \gamma A_1 + C_2}{A_2}$ 时，$F(\alpha) = \dfrac{dF(\alpha)}{d\alpha}\bigg|_{\alpha = 1} < 0$，$F(\alpha) =$ $\dfrac{dF(\alpha)}{d\alpha}\bigg|_{\alpha = 0} > 0$，此时 $\alpha_2 = 1$ 是稳定点，经过长期的演化博弈，有限理性的行政管理方会选择介入乡村旅游发展的策略。因为介入乡村旅游发展时，实施介入所获得的利益 R_1，加上对不诚信经营服务供给方的处罚收入 $F_1(1 - \gamma)$，减去介入乡村旅游发展时支付成本 C_1、对诚信经营的服务供给方奖励 γA_1、对支持乡村旅游发展旅游消费方奖励 δA_2，大于不介入的机会成本 $-C_2$。有限理性的行政管理方将会选择介入乡村旅游发展策略，以获得更好的收益，见图 4 – 2（3）。

综上，当实施介入所获得的利益 R_1，加上对不诚信经营服务供给方的处罚收入 $F_1(1 - \gamma)$，减去介入乡村旅游发展支付成本 C_1、对诚信经营的服务供给方奖励 γA_1、及对支持乡村旅游发展旅游消费方的奖励 δA_2，大于不介入的机会成本 $-C_2$，有限理性的行政管理方将会选择介入乡村旅游发展策略，通过各种途径引导乡村旅游健康发展，促进乡村旅游的良性健康发展，以获得更好的收益。反之，有限理性的行政管理方将会选择不介入乡村旅游发展策略。

（2）服务供给方选择策略的复制动态方程。

$$F(\gamma) = \frac{d\gamma}{dA_2} = \gamma(U_B^\gamma \overline{U}_B) = \gamma(1 - \gamma)(A_1\alpha + R_2 - C_3 - R_3 + F_1\alpha + C_4\delta) \quad (4.12)$$

观察式（4.12）可知

① 若 $\alpha = \dfrac{R_3 + C_3 - R_2 - C_4 F_1}{A_1 + F_1}$ 时，无论 γ 取值多少，均可得到 $F(\gamma) = 0$，也就是说 γ 在 $[0, 1]$ 上取任何值，都是稳定状态，详见图 4 – 3（1）。

② 若 $\alpha \neq \dfrac{R_3 + C_3 - R_2 - C_4 F_1}{A_1 + F_1}$ 时，令 $F(\gamma) = 0$，求得 $\gamma_1 = 0$、$\gamma_2 = 1$ 是 γ 的两个稳定点。

根据微分方程稳定性定理，在 γ^* 满足 $F(\gamma) < 0$ 时，γ^* 即为演化稳定策略，对 $F(\gamma)$ 求导得：

$$F'(\gamma) = \frac{dF(\gamma)}{d\gamma} = (1 - 2\gamma)(A_1\alpha + R_2 - C_3 + F_1\alpha - R_3 + C_4\delta) \quad (4.13)$$

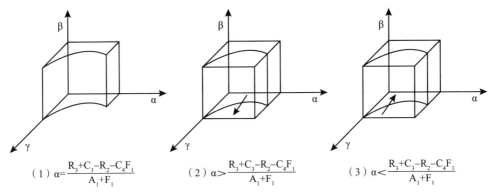

$$（1）\ \alpha = \frac{R_3 + C_3 - R_2 - C_4 F_1}{A_1 + F_1} \qquad （2）\ \alpha > \frac{R_3 + C_3 - R_2 - C_4 F_1}{A_1 + F_1} \qquad （3）\ \alpha < \frac{R_3 + C_3 - R_2 - C_4 F_1}{A_1 + F_1}$$

图 4-3　服务供给方相位图

Ⅰ 若 $R_3 - C_4 \delta - F_1 \alpha < R_2 - C_3 + A_1 \alpha$，即 $\dfrac{R_3 + C_3 - R_2 - C_4 F_1}{A_1 + F_1}$ 恒有 $\alpha >$ $\dfrac{R_3 + C_3 - R_2 - C_4 F_1}{A_1 + F_1}$，此时要满足 $F'(\gamma) < 0$，则 $\gamma_2 = 1$ 是稳定点，服务供给方会选择诚信经营策略。因为不诚信获益 R_3，减去消费服务方支持但不诚信经营口碑损失 $C_4 \delta$，减去不诚信经营受到政府罚款 $F_1 \alpha$ 的值，小于诚信经营获益 R_2，加上获得政府奖励 $A_1 \alpha$，减去付出成本 C_3 的值，有限理性的服务供给方将会选择诚信经营策略，获得更好的收益，见图 4-3（2）。

Ⅱ 若 $R_3 - C_4 \delta - F_1 \alpha > R_2 - C_3 + A_1 \alpha$ 时，即 $\dfrac{R_3 + C_3 - R_2 - C_4 F_1}{A_1 + F_1} > 0$，则有两种情况需要考虑：

ⅰ 若 $\alpha > \dfrac{R_3 + C_3 - R_2 - C_4 F_1}{A_1 + F_1}$ 时，$F(\gamma) = \left. \dfrac{dF(\gamma)}{d\gamma} \right|_{\gamma = 1} < 0$，$F(\gamma) = \left. \dfrac{dF(\gamma)}{d\gamma} \right|_{\gamma = 0} >$ 0，此时 $\gamma_2 = 1$ 是稳定点，经过长期的演化博弈，有限理性的服务供给方会选择诚信经营的策略，原因与前文分析相同，见图 4-3（2）。

ⅱ 若 $\alpha < \dfrac{R_3 + C_3 - R_2 - C_4 F_1}{A_1 + F_1}$ 时，$F(\gamma) = \left. \dfrac{dF(\gamma)}{d\gamma} \right|_{\gamma = 0} < 0$，$F(\gamma) = \left. \dfrac{dF(\gamma)}{d\gamma} \right|_{\gamma = 1} > 0$，此时 $\gamma_1 = 0$ 是稳定点，经过长期的演化博弈，有限理性的服务供给方会选择不诚信经营的策略。因为不诚信获益 R_3，减去消费服务方支持但不诚信经营口碑损失 $C_4 \delta$，减去不诚信经营受到政府罚款 $F_1 \alpha$ 的值，大于诚信经营获益 R_2，加上获得政府奖励 $A_1 \alpha$，减去付出成本 C_3 的值，有限理性的服务供给方将会选择不诚信经营策略，见图 4-3（3）。

综上，当不诚信获益 R_3，减去消费服务方支持但不诚信经营口碑损失 $C_4 \delta$，减去不诚信经营受到政府罚款 $F_1\alpha$ 的值；小于诚信经营获益 R_2，加上获得政府奖励 $A_1\alpha$，减去付出成本 C_3 的值，有限理性的服务供给方将会选择诚信经营策略。反之，有限理性的服务供给方将会选择不诚信经营策略。行政管理方的不诚信经营行为的处罚，对服务供给方的策略选择影响较大。

（3）旅游消费方选择策略的复制动态方程。

$$F(\delta) = \frac{d\delta}{dA_2} = \delta(U_T^\delta \overline{UT}) = \delta(1 - \delta)(R_5\gamma + R_4 + A_2\alpha - C_5 - R_6) \quad (4.14)$$

观察 4 - 14 可知

①若 $\alpha = \dfrac{C_5 + R_6 - \gamma R_5 - R_2}{A_2}$ 时，无论 δ 取值多少，均可得到 $F(\delta) = 0$、$F'(\delta) = 0$，也就是说 δ 在 $[0, 1]$ 上取任何值，都是稳定状态，见图 4 - 4（1）。

②若 $\alpha \neq \dfrac{C_5 + R_6 - \gamma R_5 - R_2}{A_2}$ 时，令 $F(\delta) = 0$，求得 $\delta_1 = 0$、$\delta_2 = 1$ 是 δ 的两个稳定点。

根据微分方程的稳定性定理，在 δ^* 满足 $F(\delta) < 0$ 时，δ^* 即为演化稳定策略，对 $F(\delta)$ 求导得：

$$F'(\delta) = \frac{dF(\delta)}{d\delta} = (1 - 2\delta)(R_5\gamma + R_4 + A_2\alpha - C_5 - R_6) \quad (4.15)$$

Ⅰ 若 $R_5\gamma + R_4 + A_2\alpha - C_5 > R_6$，即有 $\alpha > \dfrac{C_5 + R_6 - \gamma R_5 - R_2}{A_2}$，此时要满足 $F'(\delta) < 0$，则 $\delta_2 = 1$ 是稳定点，旅游者会选择支持乡村旅游发展策略。获得支持乡村旅游发展的收益 R_4，在行政管理方介入时可以获得奖励 $A_2\alpha$，服务供给方诚信经营时可以获得额外收益 γR_5，减去支持乡村旅游发展成本 C_5 的值，大于不支持乡村旅游发展的收益 R_6。有限理性的旅游者将会选择支持乡村旅游发展策略，获得更好的收益，见图 4 - 4（2）。

Ⅱ 若 $R_5\gamma + R_4 + A_2\alpha - C_5 < R_6$ 则有两种情况需要考虑：

ⅰ 若 $\alpha > \dfrac{C_5 + R_6 - \gamma R_5 - R_2}{A_2}$ 时，$F(\delta) = \left.\dfrac{dF(\delta)}{d\delta}\right|_{\delta=1} < 0$，$F(\delta) = \left.\dfrac{dF(\delta)}{d\delta}\right|_{\delta=0} > 0$，此时 $\delta_2 = 1$ 是稳定点，经过长期的演化博弈，有限理性的旅游消费方会选择支持乡村旅游发展策略的策略，原因与前文分析相同，见图 4 - 4（2）。

ⅱ 若 $\alpha < \dfrac{C_5 + R_6 - \gamma R_5 - R_2}{A_2}$ 时，$F(\delta) = \left.\dfrac{dF(\delta)}{d\delta}\right|_{\delta=0} < 0$，$F(\delta) = \left.\dfrac{dF(\delta)}{d\delta}\right|_{\delta=1} > 0$，此时 $\delta_1 = 0$ 是稳定点，经过长期的演化博弈，有限理性的旅游消费方会选择不支持乡村旅游发展的策略。因为支持乡村旅游发展获得收益 R_4，行政管

理方介入时可以获得奖励 $A_2\alpha$，服务供给方诚信经营时可以获得额外收益 γR_5，减去支持乡村旅游发展成本 C_5 的值，小于不支持乡村旅游发展的收益 R_6，有限理性的旅游者将会选择不支持乡村旅游发展策略，获得更好的收益，见图 4-4 (3)。

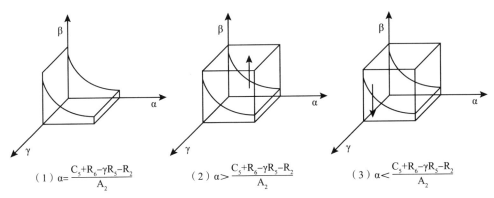

$$(1)\ \alpha=\frac{C_5+R_6-\gamma R_5-R_2}{A_2} \qquad (2)\ \alpha>\frac{C_5+R_6-\gamma R_5-R_2}{A_2} \qquad (3)\ \alpha<\frac{C_5+R_6-\gamma R_5-R_2}{A_2}$$

图 4-4　旅游消费方相位图

综上，旅游者选择支持乡村旅游发展策略时，支持乡村旅游发展获得收益 R_4，在行政管理方介入时可以获得奖励 $A_2\alpha$，当服务供给方诚信经营时还能获得额外收益 γR_5，减去支持乡村旅游发展成本 C_5 的值，大于不支持乡村旅游发展的收益 R_6。有限理性的旅游者将会选择支持乡村旅游发展策略，获得更好的收益。反之，有限理性的旅游消费方，将会选择不支持乡村旅游发展策略。

4.2.3　均衡点分析

根据 4.2 中求得的行政管理方、服务供给方、旅游消费方的复制动态方程，求演化博弈均衡解。为寻求演化博弈均衡解，首先联立式 (4.10)、式 (4.12)、式 (4.14)，建立方程组 (4.16)。

$$\left.\begin{array}{l} F(\alpha)=\dfrac{d\alpha}{dA_2}=\alpha(U_G^\alpha\overline{U}G)=\alpha(1-\alpha)(R_1+F_1-C_1-\gamma A_1-F_1\gamma-A_2\delta+C_2) \\[4mm] F(\gamma)=\dfrac{d\gamma}{dA_2}=\gamma(U_B^\gamma\overline{U}_B)=\gamma(1-\gamma)(A_1\alpha+R_2-C_3-R_3+F_1\alpha+C_4\delta) \\[4mm] F(\delta)=\dfrac{d\delta}{dA_2}=\delta(U_T^\delta\overline{U}_T)=\delta(1-\delta)(R_5\gamma+R_4+A_2\alpha-C_5-R_6) \end{array}\right\} (4.16)$$

显然，上式存在 8 个特殊均衡点 $E_1=(0,0,0)$，$E_2=(0,1,0)$，$E_3=(0,0,1)$，$E_4=(1,0,0)$，$E_5=(0,1,1)$，$E_6=(1,1,0)$，$E_7=(1,0,1)$，

$E_8 = (1, 1, 1)$，这 8 个点构成演化博弈解域的边界 $\{\alpha, \delta, \gamma \mid \alpha = 0, 1; \gamma = 0, 1; \delta = 0, 1\}$，它们围成的区域是三方演化博弈的均衡解域，同时还会存在满足下列式子的均衡解 $E = (\alpha, \gamma, \delta)$。

$$\left.\begin{array}{l} R_1 + F_1 - C_1 - \gamma A_1 - F_1\gamma - A_2\delta + C_2 = 0 \\ A_1\alpha + R_2 - C_3 - R_3 + F_1\alpha + C_4\delta = 0 \\ R_5\gamma + R_4 + A_2\alpha - C_5 - R_6 = 0 \end{array}\right\} \tag{4.17}$$

经计算，分别是：

$$E_9 = \left(0, \frac{C_5 + R_6 - R_4}{R_5}, \frac{C_3 + R_3 - R_2}{C_4}\right),$$

$$E_{10} = \left(1, \frac{C_5 + R_6 - R_4 - A_2}{R_5}, \frac{C_3 + R_3 - A_1 - R_4 - F_1}{C_4}\right),$$

$$E_{11} = \left(\frac{C_3 + R_3 - R_2}{A_1 + F_1}, \frac{C_1 - R_1 - F_1 - C_2}{A_1 + F_1}, 0\right),$$

$$E_{12} = \left(\frac{C_3 + R_3 - R_2 - C_4}{A_1 + F_1}, \frac{R_1 + F_1 + C_2 - C_1 - A_2}{A_1 + F_1}, 1\right),$$

$$E_{13} = \left(\frac{C_5 + R_6 - R_4}{A_2}, 0, \frac{R_1 + F_1 + C_2 - C_1}{A_2}\right),$$

$$E_{14} = \left(\frac{C_5 + R_6 - R_4 - R_5}{A_2}, 1, \frac{R_1 + C_2 - C_1 - A_1}{A_2}\right),$$

$$E_{15} = \left(1, \frac{\begin{array}{c} C_5 A_1 C_4 + C_5 C_4 F_1 + R_6 A_1 C_4 + R_6 C_4 F_1 - R_4 A_1 C_4 - R_4 C_4 F_1 \\ - R_5 C_4 F_1 + R_5 C_4 C_5 - R_5 C_4 C_2 - R_5 A_2 R_4 + R_5 A_2 C_3 + R_5 A_2 R_3 \end{array}}{A_1 A_2 R_5 + A_1 A_2 C_4 + A_2 F_1 R_5 + A_2 C_4 F_1},\right.$$

$$\frac{\begin{array}{c} A_1 C_5 + A_1 R_6 - A_1 R_4 + F_1 C_5 + F_1 R_6 - F_1 R_4 + C_4 R_1 \\ + C_4 F_1 - C_4 C_5 + C_4 C_2 + A_2 R_2 - A_2 C_3 - A_2 R_3 \end{array}}{A_1 R_5 + A_1 C_4 + F_1 R_5 + C_4 F_1},$$

$$\left.\frac{\begin{array}{c} R_1 R_5 + F_1 R_5 - C_1 R_5 - C_1 C_4 + C_2 R_5 - A_1 C_5 - A_1 R_6 \\ + A_1 R_4 - F_1 C_5 - F_1 R_6 + F_1 R_4 + C_4 C_5 + A_2 C_3 \end{array}}{A_2 R_5 + A_2 C_4}\right)$$

行政管理方、服务供给方、旅游消费方在博弈过程中，三个有限理性的利益主体都会结合自身获得的收益与成本选择发展策略，相关成本与收益影响三个利益相关者的策略选择，对行政管理方、服务供给方、旅游消费方的复制动态方程求导，即联立式（4.11）、式（4.13）、式（4.15），建立方程组（4.18）。

$$
\left.
\begin{aligned}
F'(\alpha) &= \frac{dF(\alpha)}{d\alpha} = (1 - 2\alpha)(R_1 + F_1 - C_1 - \gamma A_1 - F_1\gamma - A_2\delta + C_2) \\
F'(\gamma) &= \frac{dF(\gamma)}{d\gamma} = (1 - 2\gamma)(A_1\alpha + R_2 - C_3 + F_1\alpha - R_3 + C_4\delta) \\
F'(\delta) &= \frac{dF(\delta)}{d\delta} = (1 - 2\delta)(R_5\gamma + R_4 + A_2\alpha - C_5 - R_6)
\end{aligned}
\right\} \quad (4.18)
$$

根据演化博弈的性质可知，将各均衡点代入式（4.18）。当 $F'(\alpha) < 0$，$F'(\gamma) < 0$，$F'(\delta) < 0$ 时，该均衡点 α，γ，δ 分别表示演化博弈过程中行政管理方、服务供给方、旅游消费方所采取的稳定策略，其雅可比矩阵（4.19）为：

$$
J = \begin{bmatrix}
(1 - 2\alpha)(R_1 + F_1 - C_1 \\ - \gamma A_1 - F_1\gamma - A_2\delta + C_2) & \gamma(1 - \gamma)(F_1 + A_1) & \delta(1 - \delta)(R_5) \\
\delta(1 - \delta)A_2 & (1 - 2\gamma)(A_1\alpha + R_2 - \\ C_3 + F_1\alpha - R_3 + C_4\delta) & \alpha(1 - \alpha)(-A_1 - F_1) \\
\alpha(1 - \alpha)(-A_2) & \gamma(1 - \gamma)C_4 & (1 - 2\delta)(R_5\gamma + R_4 \\ + A_2\alpha - C_5 - R_6)
\end{bmatrix} \quad (4.19)
$$

按照李雅谱诺夫第一方法，通过求矩阵特征值判断稳定性。即如果矩阵 J 所有特征值均具有负实部，则该均衡点为演化稳定状态；如果矩阵 J 的特征值有一个或者更多具有正实部，同时还具有非正实部则为鞍点；如果矩阵 J 的特征值全部具有正实部，则该均衡点为不稳定点。如果矩阵 J 的特征值有实部为零的特征之外，其余特征值都具有负实部，则该均衡点处于临界状态其稳定性取决于高阶导数，不能由雅可比矩阵的特征值符号确定（翁钢民、李凌雁，2017）。通过对参数的赋值模拟，可以分析三方均衡动态演化的稳定性，从而做出策略选择。

4.3　数值模拟

均衡点的分析即可得出行政管理方、服务供给方、旅游消费方三群体的动态演化系统的稳定性，为了更为直观地说明行政管理方、服务供给方、旅游消费方策略演化稳定性，通过参数赋值模拟其策略的动态演化过程。

参数赋值需要结合实际情况考量，比如服务供给方选择诚信经营时，采购的原材料成本较高，并且公平出售给旅游消费方，而不是恶意加价，获得的收益会比不诚信经营少，因而假设 $R_2 < R_3$。同时考量行政管理方介入、旅游消费方支持、服务供给方诚信经营三种背景进行模拟，共取 3 组数值进行模拟，每组在

1~10 之间考虑各种实际情况，予以赋值。通过 Matlab 2016a 软件，仿真模拟三方策略动态演化过程。

4.3.1 突出行政管理方介入策略的演化稳定分析

考虑行政管理方介入后监管较严，处罚力度较大，因而 F_1 值取 7，各参数赋值：$A_1 = 4$，$A_2 = 4$，$F_1 = 7$，$C_1 = 2$，$C_2 = 3$，$C_3 = 3$，$C_4 = 3$，$C_5 = 2$，$R_1 = 9$，$R_2 = 6$，$R_3 = 7$，$R_4 = 2$，$R_5 = 2$，$R_6 = 3$ 经过计算可知 (0，0，0)、(0，1，0)、(0，0，1)，(1，0，0)，(1，1，0)、(1，0，1) 为鞍点，(0，1，1) 为不稳定点，(1，1，1) 为 ESS 点，结果如表 4-3 所示。经计算 (0，1.5，1.3333)、(1，-0.5，-2.3333)、(0.3636，-1.5455，0)、(0.0909，1.1818，1)、(0.75，0，4.25)、(0.25，1，1.5)、(0.1045，1.2364，0.65) 没有特殊性，故未在表 4-3 中列出。

表 4-3 突出行政管理方介入策略的稳定性结果分析

均衡点	结果	特征值
$\alpha = 0$，$\gamma = 0$，$\delta = 0$	鞍点	17，-4，-3
$\alpha = 0$，$\gamma = 1$，$\delta = 0$	鞍点	6，4，-1
$\alpha = 0$，$\gamma = 0$，$\delta = 1$	鞍点	13，-1，3
$\alpha = 1$，$\gamma = 0$，$\delta = 0$	鞍点	-17，7，2
$\alpha = 0$，$\gamma = 1$，$\delta = 1$	不稳定点	2，1，1
$\alpha = 1$，$\gamma = 1$，$\delta = 0$	鞍点	-6，-7，3
$\alpha = 1$，$\gamma = 0$，$\delta = 1$	鞍点	-13，10，-1
$\alpha = 1$，$\gamma = 1$，$\delta = 1$	ESS	-2，-10，-4
......	—	—
$\alpha = 0.1045$，$\gamma = 1.2364$，$\delta = 0.65$	—	—

根据表 4-3 可知，在行政管理方介入的情况下，注重对诚信经营的服务供给方、支持乡村旅游发展的旅游消费方奖励力度，对于不诚信经营的服务供给方从重处罚，(1，1，1) 即 ｛介入，诚信，支持｝，是最终稳定策略。三方经过动态博弈过程之后，会呈现行政管理方介入乡村旅游，旅游消费方支持乡村旅游发展，服务供给方诚信经营的稳定状态，动态演化过程详见图 4-5。

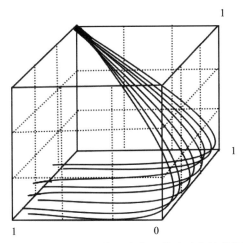

图 4 - 5　突出行政管理方介入策略动态演化图

行政管理方在乡村旅游发展过程中发挥重要作用，采用介入策略时，通过奖励与惩罚等措施引导服务供给方诚信经营、旅游消费方支持乡村旅游发展。行政管理方介入是实现三方利益均衡的有力保障，这也与帕克（Park，2012）提出的政府实施政策鼓励经营者合作，有利于解决矛盾冲突的结论一致，行政管理方介入后，推进服务供给方诚信经营的进程、加大对旅游消费方支持乡村旅游发展的奖励力度，最终实现三方稳定均衡状态。

4.3.2　突出服务供给方诚信策略的演化稳定分析

考虑服务供给方诚信经营获得较好的社会反响，获得旅游消费方的支持，销量提升、诚信收益增大，R_2 值取 8，各参数赋值：$A_1 = 3$，$A_2 = 1$，$F_1 = 4$，$C_1 = 2$，$C_2 = 3$，$C_3 = 6$，$C_4 = 3$，$C_5 = 2$，$R_1 = 9$，$R_2 = 8$，$R_3 = 7$，$R_4 = 2$，$R_5 = 2$，$R_6 = 4$，经过计算可知 (0, 0, 0)、(0, 1, 0)、(0, 0, 1)、(1, 0, 0)、(1, 0, 1)、(1, 1, 1) 为鞍点、(0, 1, 1) 为不稳定点、(1, 1, 0) ESS 点，结果如表 4 - 4 所示。经计算，(0, 3, 1.5)、(1, 2, - 0.5)、(0.75, - 2.5, 0)、(0.25, 2.25, 1)、(3, 0, 10)、(2, 1, 6)、(0.2857, 1.8571, 1.2) 没有特殊性，故未在表中列出。

表 4 - 4　　　　　突出服务供给方诚信经营策略的稳定性结果分析

均衡点	结果	特征值
$\alpha = 0$，$\gamma = 0$，$\delta = 0$	鞍点	14，-5，-4
$\alpha = 0$，$\gamma = 1$，$\delta = 0$	鞍点	7，5，-2

续表

均衡点	结果	特征值
α = 0，γ = 0，δ = 1	鞍点	13，−2，4
α = 1，γ = 0，δ = 0	鞍点	−14，2，−3
α = 0，γ = 1，δ = 1	不稳定点	6，2，2
α = 1，γ = 1，δ = 0	ESS	−7，−2，−1
α = 1，γ = 0，δ = 1	鞍点	−13，5，3
α = 1，γ = 1，δ = 1	鞍点	−6，−5，1
……	—	—
α = 0. 2857，γ = 1. 8571，δ = 1. 2	—	—

　　服务供给方选择诚信经营策略，有助于口碑的提升，虽然诚信经营的成本高于不诚信经营，获利空间可能变小。但是诚信经营会带来更多的客流、资金流，最终提升收益。如表4-4所示（1,1,0）即｛介入，诚信，不支持｝，是稳定策略，行政管理方采用介入策略，服务供给方采用诚信经营策略，旅游消费方选择不支持乡村旅游发展策略。服务供给方是否诚信经营对旅游消费方会产生一定程度的影响，但并不会影响总体发展趋势，旅游消费方策略选择受到行政管理方和服务供给方的影响较小。三方经过动态博弈之后呈现行政管理方介入乡村旅游、旅游消费方不支持乡村旅游发展、服务供给方诚信经营的状态，动态演化过程详见图4-6。

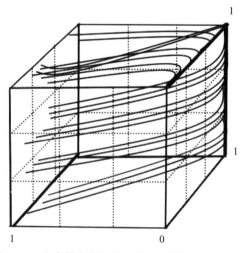

图4-6　突出服务供给方诚信经营策略动态演化图

服务供给方诚信经营对乡村旅游健康发展影响深远，服务供给方通过诚信经营获得较好的口碑和声誉，获得更多的收益，从而有产生较好的示范效应，更多的服务供给方采用诚信经营策略，从而进入良性发展循环。即使旅游消费方采取不支持乡村旅游发展的策略，通过行政管理方和服务供给方的共同努力，还是可以建立均衡发展状态。旅游消费方在旅游消费时感受到行政管理方的介入、服务供给方的诚信，从而通过良好的口碑宣传，更多的旅游消费方改变策略，选择支持乡村旅游发展，实现利益均衡。

4.3.3　突出旅游消费方支持策略的演化稳定分析

考虑旅游消费方支持乡村旅游发展对于不诚信经营的服务供给方用脚投票，服务供给方口碑会损失，C_4 值取 5，各参数赋值：$A_1 = 3$，$A_2 = 1$，$F_1 = 4$，$C_1 = 2$，$C_2 = 3$，$C_3 = 3$，$C_4 = 5$，$C_5 = 2$，$R_1 = 9$，$R_2 = 2$，$R_3 = 7$，$R_4 = 2$，$R_5 = 2$，$R_6 = 4$ 经过计算可知 $(0, 0, 0)$、$(0, 1, 0)$、$(0, 0, 1)$、$(1, 1, 0)$、$(1, 0, 1)$、$(1, 1, 1)$ 为鞍点，$(0, 1, 1)$ 为不稳定点，$(1, 0, 0)$ 为 ESS 点，结果如表 4 – 5 所示。经计算 $(0, 2, 1.6)$、$(1, 1.5, 0.2)$、$(1.1429, -2, 0)$、$(1.1429, -2, 0)$、$(0.4286, 1.8571, 1)$、$(2, 0, 14)$、$(2, 1, 7)$、$(0.3265, 1.8367, 0.4286)$ 没有特殊性，故未在表 4 – 5 中列出。

表 4 – 5　　　　　　突出旅游消费方支持策略的稳定性结果分析

均衡点	结果	特征值
$\alpha = 0$，$\gamma = 0$，$\delta = 0$	鞍点	14，–8，–4
$\alpha = 0$，$\gamma = 1$，$\delta = 0$	鞍点	7，8，–2
$\alpha = 0$，$\gamma = 0$，$\delta = 1$	鞍点	13，–3，4
$\alpha = 1$，$\gamma = 0$，$\delta = 0$	ESS	–14，–1，–3
$\alpha = 0$，$\gamma = 1$，$\delta = 1$	不稳定点	6，3，2
$\alpha = 1$，$\gamma = 1$，$\delta = 0$	鞍点	–7，1，–1
$\alpha = 1$，$\gamma = 0$，$\delta = 1$	鞍点	–13，4，3
$\alpha = 1$，$\gamma = 1$，$\delta = 1$	鞍点	–6，–4，1
……		
$\alpha = 0.3265$，$\gamma = 1.8367$，$\delta = 0.4286$	—	—

在旅游消费方采用支持策略，在服务供给方不能够诚信经营的情况下，旅游

消费方选择用脚投票，不诚信经营的服务供给方声誉受损，但因为旅游消费方的弱势地位，仅能在一定程度上产生影响，并不能改变演化的趋势。如表4-5所示（1，0，0）即｛介入，不诚信，不支持｝是稳定策略，服务供给方采用不诚信经营的策略，旅游消费方会放弃支持策略，选择不支持乡村旅游发展的策略，行政管理方采用介入策略。三方经过动态博弈之后，会趋于行政管理方介入乡村旅游，旅游消费方不支持乡村旅游发展，服务供给方不诚信经营，动态演化过程详见图4-7。

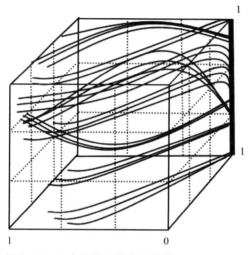

图4-7　突出旅游消费方支持策略动态演化图

旅游消费方是整个乡村旅游活动的实践方，各方活动均围绕旅游消费方展开，但是旅游消费方却缺乏主导权，选择时多处受限。旅游消费方遇到服务供给方不诚信经营时，只能通过用脚投票、向行政管理方投诉等形式维权，自身无法直接与旅游经营者抗衡，需要依赖行政管理方的力量。如若行政管理方介入不到位，往往会出现欺客、宰客等现象，旅游消费方的人身财产安全甚至受到威胁。乡村旅游发展初期，行政管理方的介入十分必要，服务供给方如果想要获得长远利益，就需要重视旅游消费方的需求，提供诚信的旅游经营服务，提升旅游消费方的旅游体验。消费者对企业认同和支持可以通过消费表示，并会推荐给其他人（Scott and Lane，2000），有助于建立良好的口碑，增加收益、推进乡村旅游健康发展。

三种数值模拟的稳定性分析，均存在不稳定点（0，1，1），也就是行政管理方采用不介入，服务供给方诚信经营，旅游消费方支持乡村旅游发展的策略组合是不稳定状态。证明行政管理方采用不介入策略，无法实现乡村旅游核心利益相关者的利益均衡。在三种数值模拟的稳定状态的策略集合中，行政管理方均采取介入策略。行政管理方介入作用突出、不可缺失，对诚信的服务供给方和支持的旅游消费方进行奖励，并对不诚信的服务供给方处罚，引导乡村旅游健康发展，构建利益协调机制时需要明确行政管理方的介入职能，同时处理服务供给方诚信经营的影响因素，实现利益协调机制均衡状态。

4.4　本章小结

本章主要分析了乡村旅游核心利益相关者演化博弈，得出以下两点结论：

第一，乡村旅游核心利益相关者行政管理方、服务供给方、旅游消费方可以从"介入/不介入""支持/不支持""诚信/不诚信"的策略集中选择，共组成八种策略组合，三方均为有限理性，受到认知等方面的限制，策略选择是一个动态调整过程，同时受到并影响其他两方的策略选择。

第二，提出了动态演化博弈模型，分析三个维度乡村旅游核心利益相关者演化稳定策略（ESS）及复制者动态（RD），最后加以数值模拟，得出：（1）行政管理方的"介入"是实现三方均衡的有力保障，政府处于非常主动和强势的地位（卢小丽等，2017），如若行政管理方选择不介入策略，三种数值模拟情况均会出现（0，1，1）不稳定点，这也与赵黎明等（2015）研究低碳经济中政府和旅游企业演化博弈中，需要政府进行介入才能实现稳定的结论一致。（2）行政管理方选择"介入"策略，对服务供给方是否选择"诚信"策略具有显著影响，但对旅游消费方策略选择影响并不突出。行政管理方鼓励旅游经营者诚信经营，建立口碑，可以通过加大对支持乡村旅游发展的旅游者奖励力度，引导旅游者支持乡村旅游发展。（3）行政管理方选择"介入"策略之后，推进服务供给方"诚信"经营的进程，加大对旅游消费方"支持"乡村旅游发展的奖励力度，最终实现三方利益均衡。旅游消费方是整个乡村旅游活动的实践方，但却缺乏主导权，处于弱势地位，旅游消费方策略改变仅可能在一定程度上产生影响，并不能改变演化的趋势。行政管理方"介入"、服务供给方"诚信"经营，最终可以实现稳定状态。这个也同康普拉（Komppula，2014）没有创新、诚信的企业家，就没有繁荣的目的地，政府监督会促进企业经营改善的观点一致。行政管理方实施介入策略之后，服务供给方通过诚信经营获得较好的口碑和收益，产生较好的示范效应，更多的服务供给方采用诚信经营策略，从而进入良性发展循环。构建协调机制时，需要注重分析影响服务供给方诚信经营的要素，尽可能通过协调机制加以解决，这是实现协调机制均衡状态的关键。

第 5 章

乡村旅游核心利益相关者
利益协调机制构建

　　乡村旅游核心利益相关者需要通过利益协调机制解决其利益冲突，实现利益均衡。第 3 章已经对各核心利益相关者的利益诉求、利益冲突进行了梳理，并通过第 4 章演化博弈分析，明确行政管理方需要采用"介入"策略，通过监管、支持、引导等措施促使服务供给方"诚信"经营，最终形成利益协调的均衡状态，因而促使服务供给方选择"诚信"策略对协调机制实现均衡状态具有重要影响。通过分析协调机制均衡状态影响因素，依据构建原则、构建机理完成利益协调机制的构建，协调各核心利益相关者的利益关系。

5.1　利益协调机制均衡状态影响因素分析

　　利益协调机制需要协调处理各利益相关者群体的利益，各利益相关者的选择会根据其他利益相关者策略做出调整，具有动态性。根据第 4 章演化博弈分析结果，行政管理方选择"介入"策略，对服务供给方是否选择"诚信"策略具有显著影响，即行政管理方选择"介入"策略之后，可以促进服务供给方"诚信"经营，同时通过加大对旅游消费方"支持"乡村旅游发展的奖励力度，最终实现三方利益均衡，这也是 2019 年《政府工作报告》强调的"健全社会信用体系，促进经济健康发展"所倡导的。但从市场的角度看，政府介入后无法独立地对旅游者的消费行为产生直接影响，这也和第 4 章演化博弈的结果一致，即旅游消费方策略选择受行政管理方的影响不大。旅游消费者的策略选择取决于旅游体验，而旅游体验质量又会受到服务供给方是否诚信经营的影响。服务供给方既包括旅游经营者，也包括农村社区居民，他们在整个乡村旅游活动中居于重要地位，为旅游者提供各项旅游服务。旅游经营者因为客观条件的限制，需要在旅游目的地居住，从一定程度上来说也属于居民。在目前的市场机制和管理体制下，政府介入是影响和制约服务供给方诚信经营行为的重要影响因素，但并不是根本因素，旅游感知对诚信经营行为有着重要影响。

分析服务供给方诚信经营的影响因素并加以协调，可以促进服务供给方选择"诚信"策略，提升旅游者体验，从而促进旅游者对乡村旅游发展持"支持"态度，最终实现均衡状态。本书结合现有研究进行归纳总结，并依据交易社会交换理论、公平理论、行动者网络理论等理论，建立概念模型对影响因素加以分析，从而为协调机制的建立提供依据。

5.1.1 理论分析与研究假设

1. 旅游感知的维度

旅游感知是在旅游地发展过程中，人的关系发生交互，生活在旅游地的居民和旅游经营者根据旅游地物质、文化的客观变化，产生感知、态度的主观认知（许振晓等，2009），从政治、经济、社会等方面，对旅游发展情况的综合评价。旅游感知对于旅游地规划开发、运营等都有重要影响（赵玉宗等，2005），文化感知、生态感知、经济感知、社会感知、其他支撑环境感知是旅游感知的重要组成（邹统钎等，2010；李伯华等，2016）。旅游感知是动态变化的，应根据旅游政策、旅游发展阶段、旅游地经营管理模式的不同，及时调整发展策略，提升社区居民正向"意愿—行为"的转化（王莉、陆林，2005；贾衍菊、王德刚，2015），正向的经济感知、社会文化感知、环境感知对态度与行为具有正向影响（王纯阳、屈海林，2014），利益相关者的旅游感知对其行为有重要影响，参与意愿随乡村旅游正向旅游感知增加而增强（Byrd et al.，2009），负向的旅游感知会产生消极的影响。

感知获益可以从环境获益、文化获益、经济获益、自我认知中获得，并且旅游感知获益直接影响对当地旅游业的支持度（许振晓等，2009）。参与感知对旅游感知有重要影响（Yang and Wall，2009），正向参与感知有助于减少居民与旅游开发主体间的冲突，有利于旅游开发的实施（Murphy and Murphy，2004），当可以从旅游发展中获得正向的居民感知时，则会以更加积极的态度支持当地旅游发展（许振晓等，2009）。社区环境、制度信任、自我认知自豪感等均会直接影响旅游感知（Nunkoo and Ramkissoon，2011）。如若没有得到相应的预期收益或者收益小于支出的成本，则会反对当地旅游业的发展，这也是公平理论的具体体现，公平感知是支持旅游业发展的重要因素（胥兴安等，2015），公平感知与积极态度、情感以及积极行为都有重要影响，这种积极行为包括助人行为（Colquitt et al.，2001），信任（Elsbach and Elofson，2000）和支持（Cohen-Charash and Spector，2001）等。除此之外，认同感知对支持旅游业发展也有重要影响，认同是指一定社会体系中成员对认识对象的认可和接受，是社会成员基于自身价值积极支持并参与认识某种客体的实践性行为（Hummon，1992），认同感知是个体身份认同、对组织一致性、忠诚度的认同，旅游会增加文化景观，深化认同感知的层次（薛熙明等，2012）。

综上，本书将旅游感知分为参与感知、公平感知和认同感知三个维度。

2. 旅游感知与诚信经营意愿的关系

（1）参与感知对服务供给方诚信经营的影响。

旅游地和社区居民之间的关系对社区居民的相关行为产生影响（Su et al.，2016）。居民对旅游业的态度除了会受到经济因素影响之外，也会受到沟通、参与、交换等非经济因素的显著影响（Wang and Pfister，2008）。同时社区参与、物质精神福利、身体健康等各类因素都会影响居民整体旅游感知（Kim et al.，2013）。居民个人以及家庭的工作机会与满意度密切相关（Ko and Stewart，2002），同时还受到主客交往等因素的影响，居民更多地与旅游者接触，则会获得更好的感知，居民如果能够被尊重，参与当地旅游发展决策的制定；或者是能够参与到影响当地旅游发展的行动中，甚至可以决定旅游业发展的走向，则会体现出对旅游业发展的支持（Horn and Simmons，2002），农村社区居民参与旅游决策对是否支持乡村旅游发展产生影响（杨兴柱等，2005）。

参与感知由参与方式、参与收益、参与程度构成，对居民支持旅游业发展的态度有很大的影响，服务供给方的居民和经营者获得正向参与感知时，会以积极的态度面对旅游开发，提高诚信经营意愿，支持当地旅游业的发展。因此，提出假设：

假设 H6：服务供给方正向参与感知对诚信经营意愿有正向影响

（2）公平感知对服务供给方诚信经营的影响。

不同于"公平"这一客观状态，公平感知是个人心理感受，更加侧重于主观判断，最早来源于组织行为学中的"组织公平感"，即组织中成员对组织公平的主观感受。在乡村旅游地这一"组织"中，各利益相关群体与组织密切联系，作为行政管理方的各级政府机构介入乡村旅游业发展，服务供给方的农村社区居民和旅游经营者接受监管，同时也会影响行政管理方的介入行为。

服务供给方根据自身感受对旅游发展的公平性进行感觉、评判，形成公平感知。居民依据公平法则参与旅游交换，同时正面的公平感知会影响居民支持旅游业发展（刘静艳、李玲，2016）。居民在获得收益时十分注重分配结果、分配过程和行为动机的公平性，公平的感知直接影响决策的选择，居民对公平感知中的结果公平反应最为强烈，能够促进行为的正向性经营（马东艳，2015），对组织关系改善也有很好促进作用。收入公平对社区参与旅游发展的行为选择具有很大影响（黎洁、赵西萍，2001），乡村旅游经营者在乡村旅游发展中没有获得预期收益，会影响参与乡村旅游的积极性（卢小丽等，2017）。同时根据其他利益相关者的公平感知，可以选择针对性措施，有利于建立稳定合作关系。当居民具有正向的感知公平时，会以积极的心态参与到旅游发展过程中，特别是人际沟通公平、分配公平，更能促进居民积极参与各项旅游活动（胥兴安等，2015）。采用诚信经营的方式，形成良性循环。因此，提出假设：

假设 H7：服务供给方正向公平感知对诚信经营意愿有正向影响。

（3）认同感知对服务供给方诚信经营的影响。

认同包括情感认同、身份认同等方面。身份认同包括文化认同、集体身份认同、自我身份认同、国家认同等，认同是指社会体系中成员对认识对象的认可与接受，是成员基于自身价值积极支持并参与认识某种客体的实践性行为。身份认同的主要表现是个体对内群体的社会认同，也是认同的本质（李纯青等，2018）。对社区认同的研究揭示了社区情感与社区流动性之间的复杂关系，具有强烈地方认同感的人，如果被迫搬迁可能会形成情感的悲伤（Hummon，1992），认同可以从心理上对组织产生依恋、关心，从而与其他成员积极合作为组织目标的实现自愿付出更多努力（Bhattacharya and Sen，2003）。社区是由若干个体或群体组成的，有情感基础与秩序维持的稳定结构，所有个体都需要遵守公共性秩序及社会规范（李增元、袁方成，2012），这些秩序、规范建立在社区认同基础上，通过社区认同体现社区凝聚力（Puddifoot，1995），通过多元治理提升社区认同，是实现社区整合的内生力量（柴梅等，2017）。农村社区居民的信任度、居民认同感较好，会产生并承担旅游目的地社会责任，有利于提升目的地经济绩效（Su et al.，2016）。

认同感知对支持旅游业发展具有重要影响，认同是指一定社会体系中成员对认识对象的认可和接受，是社会成员基于自身价值积极支持、参与认识某客体的实践性行为（Hummon，1992），认同感知是个体身份认同、对组织一致性、忠诚度的认同。旅游会增加文化景观，深化认同感知的层次（薛熙明等，2012）。三元互动理论认为，人的自我认知、思维等与环境、行为之间存在交互关系（Bandura，1978）。自我认知是感知获益的重要组成部分，自我认知会影响行为和态度，以及对当地旅游业的支持程度（许振晓等，2009），居民在旅游业发展过程的自我认知会影响居民对待旅游业的态度（Wang and Pfister，2008）。文化认同、身份认同是认同感知的重要方面，对行为产生重要影响（柳红波等，2018），农村社区居民的地方认同感对其参与旅游开发具有重要影响（杨兴柱等，2005）。社区认同会影响居民的满意度进而影响其参与旅游业发展的意愿（张安民、赵磊，2019）。因此，提出假设：

假设 H8：服务供给方正向认同感知对诚信经营意愿有正向影响。

3. 政府介入的调节作用

市场经济中市场自身的力量是有限的，存在市场失灵、负外部性、公共物品无法提供、信息不对称等问题，依据公共产品理论，需要政府力量加以解决。政府支持、政府监管等一系列行为都属于政府介入。西方政府介入始于工业革命时期，经历了监督控制者、直接供给者、多重角色扮演的角色转换，首先被迫介入阶段需要政府介入维护社会稳定，其次主动介入阶段需要政府介入提供资金支持，最后积极主导阶段以供给者、立法者、监督者、管理者、支持者等角色提供服务（伍先福，2013）。在旅游发展启动阶段发挥催化剂的功能，旅游业的发展阶段提供规划和服务，在旅游业发展成熟阶段发挥介入、协调作用（匡林，2001）。《国民旅游休闲纲要（2013～2020 年）》明确指出"发展改革和旅游部门负责组织协调、督促检查，其他各相关部门将旅游休闲纳入工作范畴"，发挥政府职能，推进休闲旅游发展。

政府介入旅游发展的行为包括开发旅游资源、规范旅游行为、了解旅游需求、管控旅游者数量、提供信息服务、引导诚信经营等多种形式，实现加强管理、服务指导、监督保障（周玲强、黄祖辉，2004）。政府介入旅游发展是为了营造良好的旅游消费环境，降低信息不对称及道德风险给旅游者、旅游经营者带来的经济损失（苏飞，2014）。2015 年"青岛大虾"事件被媒体曝光后，政府相关部门实施旅游市场价格监管的综合执法，启动政府裁决机制，对于旅游市场价格欺诈问题整治效果明显（郭跃，2017）。在中国旅游业发展的背景下，政府管理与居民感知及态度的内在关系值得深入研究（江增光，2016）。政府在获取相关利益的同时对整个旅游环境进行调整，影响居民的旅游感知，从而影响居民对待旅游者的态度（陈志钢等，2017）。居民愿意在有关部门的监督管理下，采取对环境友好的经营行为（陈海鹰、杨桂华，2015）。通过行政制度、司法手段遏制不正当市场竞争，引导旅游经营者提供公平诚信的旅游市场环境，提高市场透明度实现信息对称，使旅游者获得较好的旅游权益，维护旅游市场的正常运行。政府介入对于旅游业发展非常必要，对协调各方关系及旅游业顺利发展，均起到正向的促进作用。因此，提出假设：

假设 H9：政府介入正向调节服务供给方参与感知与诚信经营意愿的关系。

假设 H10：政府介入正向调节服务供给方公平感知与诚信经营意愿的关系。

假设 H11：政府介入正向调节服务供给方认同感知与诚信经营意愿的关系。

4. 概念模型及假设汇总

在以上理论分析的基础上，结合心理学和行为学的"感知—态度—行为"的路径，初步尝试构建旅游感知与诚信经营意愿的概念模型，如图 5 - 1 所示：

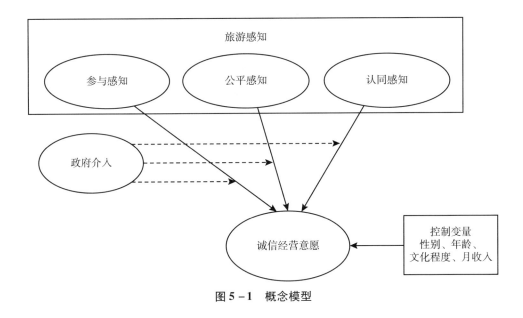

图 5 - 1 概念模型

5.1.2 研究设计

1. 问卷设计

问卷分为三部分，包括卷首语、题项、结语。卷首语介绍调研目的是为了用于学术研究，不会泄露个人隐私，以减少被访者的抵触情绪，从而尽可能获得真实、客观的调研数据。题项部分是问卷的主体部分，共分为旅游感知调查、经营状况调查、个人基本信息调查三部分，每一项调查均附有简要的答题说明，便于被访者作答。结语部分，对被访者再次表示感谢。

变量测量量表采用李克特五级量表，1 代表非常不同意，2 代表不同意，3 代表中立，4 代表同意，5 代表非常同意，被访者根据自己的旅游感知作答。

被访者依据主观判断回答问卷，可能会出现偏差。因而在设计问卷时特别说明调研目的仅用于学术研究，并且不会泄露个人隐私，从而减少被访者顾虑，提高问卷的真实性。同时问卷中并未体现变量名称，并对题项进行乱序排列，从而避免被访者连续勾选同一选项，进一步提高调研的准确性。在问卷发放时，因 18 岁以下的未成年人和 70 岁以上的老人获得旅游感知有限，因而选择回避，以提高调研的有效性。

2. 变量测量

本书的概念模型中共有 5 个变量需要测量，分别是参与感知、公平感知、认同感知、政府介入、诚信经营意愿，变量测量量表采用李克特五级量表，1 代表非常不同意，2 代表不同意，3 代表中立，4 代表同意，5 代表非常同意。

（1）自变量：旅游感知。

第一，参与感知。

社区参与对乡村旅游发展具有重要影响，乡村旅游开发强调居民参与的理念，可以促使社区居民共同及公平地分享收益。居民参与有助于居民以积极态度融入乡村旅游业中，有效实现旅游发展中的分配公平（Murphy and Murphy，2004）。旅游感知与其社区参与行为密不可分，随着参与程度的加深，可以提高其传承本地风俗习惯的意愿以及对外部事物的接受能力，提高他们的认同感和归属感（Puddifoot，1995）。积极参与决策是获得旅游发展利益的前提（Li，2006），参与对旅游感知具有正向影响（杜宗斌、苏勤，2011）。

可以从九个方面 39 个测项测量分析居民对旅游的支持状况，其中通过就业机会、居民与旅游者的文化交流、了解社区整体情况 3 个测项分析参与感知（Gursoy and Rutherford，2004）。居民参与决策会影响其对旅游者的态度及对旅游业的支持程度、社区居民的参与意识与社区居民参与决策，是参与感知重要测量项（杜宗斌、苏勤，2011）。农村社区参与包括公共事务参与、社区公益活动为主的志愿性参与，私人聚会为主的群众活动参与，并通过 12 个问项进行调研（谢治菊，2012）。

综合分析各类文献的基础上，针对中国乡村旅游地的特点，结合杨兴柱（2005）等学者的量表，本书参与感知量表题项主要涉及参与态度、参与能力、参与决策、参与行为四方面，对参与感知变量进行测量，具体表述详见表 5-1。

表 5-1 参与感知测量量表

变量名称	编号	题项	相关学者
参与感知 （PP）	PP1	我主动关心村里的事务	Puddifoot（1995）；Gursoy and Rutherford（2004）；杜宗斌、苏勤（2011）；谢治菊（2012）；杨兴柱等（2005）
	PP2	我愿意参与旅游服务	
	PP3	我可以对旅游发展提出建议	
	PP4	我可以更多地参加村集体各项活动	

注：变量编号采用缩写形式，PP 是参与感知 Participation Perception 的英文缩写，下同。

第二，公平感知。

在亚当斯提出公平理论之后，华尔克和锡博特（Walker and Thibaut，1979）提出程序公平，贝斯和莫格（Bies and Moag，1986）提出互动公平，研究的深度和广度不断扩展。程序公平需要具备一致性、准确性、道德伦理、代表性、避免偏见、可修正的标准（Walker and Thibaut，1979），同时人际公正和信息公正也被作为公平感知的考量（Greenberg，1987）。

尼霍夫和摩尔曼（Niehoff and Moorman，1993）用 20 个问项分别测量分配公平、程序公平和互动公平，编制公平感知量表。还有学者对此量表进行了修订，确定 15 个问项测量探讨社区居民对乡村旅游地参与感知、公平感知，分析其公平幸福感。

综合分析各类文献的基础上，本书结合中国乡村旅游地的特点，参考周霞、曹桂玲（2016）等学者的量表，确定了分配公平、程序公平和互动公平三个方向，对公平感知变量进行测量，具体表述详见表 5－2。

表 5－2　　　　　　　　　　　　公平感知测量量表

变量名称	编号	题项	相关学者
公平感知（FP）	FP1	相对于我的付出，我得到报酬是公平的	Greenberg（1987）；Niehoff and Moorman（1993）；Lv and Xie（2017）；周霞、曹桂玲（2016）
	FP2	我可以得到友善和周到的对待	
	FP3	我可以发表不同意见，并具有申诉的权利	
	FP4	旅游发展决策会照顾每个人的利益	

注：变量编号采用缩写形式，FP 是公平感知 Fairness Perception 的英文缩写，下同。

第三，认同感知。

社区认同属于社区归属感的一部分，包括成员资格、影响力、整合需求、情感联结等内容（Mcmillan and Chavis，1986），可以从"文化认同""有表达我是谁的意愿"衡量认同程度（Gursoy and Rutherford，2004）。主观幸福感对乡村旅游地的地方认同有正向影响（Lv and Xie，2017）。文化认同、身份认同是认同感知的重要方面，对行为产生重要影响（柳红波等，2018）。认同感知对于情感承诺和自尊发挥中介作用，身份认同是行为的间接因素（Bergami and Bagozzi，2000）。自我认知会影响对旅游业的支持态度（许振晓等，2009；Wang and Pfister，2008）。居民与旅游者接触的程度（如提供讲解等），会影响其对旅游业的支持程度（Brougham and Butler，1981）。

综合分析各类文献基础上，本书结合中国乡村旅游地特点，参考吕和谢（Lv

and Xie, 2017）等学者的量表，确定从身份认同、文化认同、情感认同对认同感知变量进行测量，具体表述详见表 5 - 3。

表 5 - 3   认同感知测量量表

变量名称	编号	题项	相关学者
认同感知（IP）	IP1	我为自己是乡村旅游地的一员感到自豪	Mcmillan and Chavis（1986）；Gursoy and Rutherford（2004）；Lv and Xie（2017）；许振晓等（2009）；Wang and Pfister（2008）；柳红波等（2018）
	IP2	我很愿意给游客讲解当地的民俗风情与历史文化	
	IP3	在这里生活是快乐的、愉悦的	
	IP4	我认为这里有独特的文化和氛围	

注：变量编号采用缩写形式，IP 是认同感知 Identity Perception 的英文缩写，下同。

（2）因变量：诚信经营意愿。

旅游经营企业诚信需要对企业内部员工、股东履约，也需要对企业外部利益相关者如供应商、旅游者、政府履约，由规范诚信、能力诚信、情感诚信三个维度构成，其中规范诚信是基础，能力诚信是保证，情感诚信体现了旅游企业特殊性（姚延波等，2014），道德因素是企业社会责任的重要组成部分，追求利润时应遵守道德规范。服务供给方是否诚信经营直接影响旅游消费者的认同感知，消费者对企业的认同非常重要，属于多元企业认同（MCI）的范畴，政府介入影响并塑造企业环境及游戏规则，经营者需要与政府、消费者等外部利益相关者长期保持和谐、多赢关系（李纯青等，2018）。可以从履约意愿、履约能力、履约质量三方面综合考量旅游企业信誉，其中履约意愿和履约能力尤为关键，会直接影响旅游企业信誉（俞静，1996）。

综合分析各类文献的基础上，结合中国乡村旅游地特点，参考姚延波（2014）等学者的量表，确定从规范诚信、能力诚信、情感诚信对诚信经营意愿变量进行测量，具体表述详见表 5 - 4。

表 5 - 4   诚信经营意愿测量量表

变量名称	编号	题项	相关学者
诚信经营意愿（IMW）	IMW1	我会遵守各项法律法规	姚延波（2014）；俞静（1996）
	IMW2	我会提供高效优质服务	
	IMW3	我会尊重旅游消费者权益	
	IMW4	我会维护员工和股东的合法权益	

注：变量编号采用缩写形式，IMW 是诚信经营意愿 Integrity Business Wish 的英文缩写，下同。

（3）调节变量：政府介入。

政府介入旅游发展的行为包括开发旅游资源、规范旅游行为、了解旅游需求、管控旅游者数量、提供信息服务、引导诚信经营等多种形式，体现在政策、资金、创新等环节，通过政府支持、政府监管、政府引导等环节实现。

由于制度不完善等原因对企业会产生不利影响，需要通过政府支持减少负面影响（周文斌、马学忠，2015），通过改革制度、健全法制等措施，加强政府监管（郑向敏、吴继滨，2004）。旅游业公共产品的非排他性，旅游业信息不对称性和道德风险，需要政府介入营造良好的经营环境（王栋梁等，2012），可以通过政治资源支持、社会荣誉、资本支持测量政府介入（吴强，2015）。政府在乡村旅游发展不同阶段发挥不同作用，中级阶段需要政府干预力，高级阶段需要政府调控力（冯淑华，2013），政府介入对推进乡村旅游和谐发展具有重要影响。

综合分析各类文献的基础上，结合中国乡村旅游地的特点，参考吴强（2015）等学者的量表，确定从信息共享、资源投入、行业监管、教育引导对政府介入变量进行测量，具体表述详见表 5-5。

表 5-5　　　　　　　　　　　　　　政府介入测量量表

变量名称	编号	题项	相关学者
政府介入（GI）	GI1	我认为政府介入解决了信息不对称问题	王栋梁（2012）；吴强（2015）；郑向敏、吴继滨（2004）
	GI2	我认为政府介入完善了旅游基础设施	
	GI3	我认为政府介入优化了旅游经营环境	
	GI4	我认为政府介入增加了就业途径与方式	

注：变量编号采用缩写形式，GI 是政府介入 Government intervention 的英文缩写，下同。

（4）控制变量的测量。

服务供给方诚信经营策略的选择受到多种因素的影响，除各类外部因素之外，性别、年龄、教育程度、月收入这些人口特征因素，也会对其选择产生影响，这些不是本书研究的重点，因此选择其作为控制变量。

很多学者选择研究人口基本特征作为变量，研究成果较为丰富。年龄、性别、教育程度、收入是旅游感知研究中使用较多的变量（卢春天、石金莲，2012），结合现有研究选取性别、年龄、教育程度、月收入四个控制变量。

（5）所有变量汇总。

本书共涉及五个变量，分别是参与感知、公平感知、认同感知、政府介入、诚信经营意愿，所有变量测量题项如表 5-6 所示。

表 5 – 6　　　　　　　　　　　　变量测量量表汇总

变量名称		编号	题项	相关学者
自变量：旅游感知	参与感知（PP）	PP1	我可以参与旅游教育培训	Puddifoot（1995）；Gursoy and Rutherford（2004）；杜宗斌、苏勤（2011）；谢治菊（2012）；杨兴柱等（2005）
		PP2	我可以参与旅游规划制定	
		PP3	我可以对旅游发展提出建议	
		PP4	我可以更多地参加村集体各项活动	
	公平感知（FP）	FP1	相对于我的付出，我得到报酬是公平的	Greenberg（1987）；Niehoff and Moorman（1993）；Lv and Xie（2017），周霞、曹桂玲（2016）
		FP2	我可以得到友善和周到的对待	
		FP3	我可以发表不同意见并具有申诉的权利	
		FP4	旅游发展决策会照顾每个人的利益	
	认同感知（IP）	IP1	我为自己是当地的一员感到自豪	Gursoy and Rutherford（2004）；Lv and Xie（2017）；许振晓等（2009）；Wang and Pfister（2008）；柳红波等（2018）
		IP2	我很愿意给游客讲解当地的民俗风情与历史文化	
		IP3	旅游业发展提高了我的家庭社会地位	
		IP4	我认为这里有独特的文化和氛围	
调节变量	政府介入（GI）	GI1	我认为政府介入提高了当地的文明程度	王栋梁（2012）；吴强（2015）；郑向敏、吴继滨（2004）
		GI2	我认为政府介入完善了旅游基础设施	
		GI3	我认为政府介入优化了旅游经营环境	
		GI4	我认为政府介入增加了就业途径与方式	
因变量	诚信经营意愿（IMW）	IMW1	我会出售质价相符的产品	姚延波（2014）；俞静（1996）
		IMW2	我会提供高效优质服务	
		IMW3	我会尊重旅游消费者权益	
		IMW4	我会维护员工的合法权益	

3. 数据收集

本小节的研究目的是探究乡村旅游利益协调机制均衡状态的影响因素，根据前文分析结果，服务供给方是否诚信经营对于利益协调机制能否均衡具有重要影响。研究的对象是影响乡村旅游目的地服务供给方（包括乡村旅游地居民和旅游经营者）旅游感知与诚信经营意愿的作用机制。为了获取真实数据，提高调研质量，调研通过深入乡村旅游目的地，以问卷调查与深度访谈的形式，获得一手资料。

2015 年 7 月 18 日 ~ 27 日，笔者带领 2 名硕士、3 名本科生在陕西省咸阳市礼泉县袁家村进行了半结构化访谈和问卷调查，向居民、经营者共发放问卷 200

份，回收问卷 195 份，有效问卷 182 份，有效率为 91%。对袁家村的居民、经营者有较为深入的了解，具备较好的调研基础。在 2015 年 7 月调研成果的基础上，2017 年 7 月 9 日~10 日笔者带领 2 名硕士、6 名本科生组成调研团队陕西省咸阳市礼泉县袁家村开展预调查，并依据预调查结果对问卷进行修正，并于正式调研开始前对调研小组成员进行培训，强调在调查过程中不对测项进行解释，以最大程度确保数据的真实性与科学性。正式调研时间为 2017 年 7 月 14 日~17 日，采用入户调研的方式，在问卷填写完成后，接受调查员的半结构化访谈，调查总时长在 40 分钟至 1 个小时（赵静，2018）。期间共发放问卷 400 份，回收问卷 351 份，剔除选项前后矛盾、回答不完整的问卷，有效问卷共 316 份，有效率为 79%。

4. 数据分析方法与研究工具

（1）数据分析方法。

为了保证调研的准确性，需要在实证分析之前对数据质量进行评估与检验。采用描述性统计分析、信度和效度检验、相关分析、层次回归分析、结构方程模型等统计分析方法。

描述性统计是通过数学语言描述样本特征或各变量之间的关联特征。描述性统计分析用于数据总体情况分析，通过平均值、频数、百分比、最大值等指标分析数据整体情况，是对调研数据进一步分析的基础。

信度和效度检验非常必要，通过信度和效度检验可以明确量表科学性。首先是信度分析。本书选择 Cronbach's Alpha 系数检验样本数据的内部一致性，一般认为 Cronbach's Alpha 系数大于 0.7，就意味着研究量表信度可被接受，如果大于 0.9 则说明量表具有很高的内在信度。同时也用题项—总体相关系数（CITC）衡量信度，一般认为指标值大于 0.35 题项有效，否则应予以删除。其次是效度分析。通过内容效度和构建效度两个方面测量是否准确地反映了构念的测量。

相关分析是对变量间相关性的测度，一般采用 Pearson 相关系数进行判定。相关系数绝对值越大，变量的相关性就越强。Pearson 相关系数为 -1 时，变量完全负相关，Pearson 相关系数为 1 时，变量完全正相关。本书通过相关分析探究参与感知、公平感知、认同感知、政府介入、诚信经营意愿变量之间的相关关系。

本节研究重点是探究乡村旅游地服务供给方旅游感知与诚信经营意愿的作用机制，主要是研究旅游感知对诚信经营意愿的影响，旅游感知进一步细分为参与感知、公平感知、认同感知 3 个维度。结构方程模型非常适合处理多个潜变量，能够清晰地展示自变量对因变量的直接、间接、总影响，是分析潜变量、显变量、误差变量关系的重要数据分析工具，因此选择结构方程模型作为实证研究方法。对于政府介入对旅游感知与诚信经营意愿关系的调节效应，采用层次回归分析方法进行检验。

（2）数据分析工具。

描述性统计分析、信度与效度检验、相关分析、层次回归采用 SPSS 23.0 软件完成，结构方程模型采用 AMOS 23.0 软件完成。

5.1.3 实证检验

1. 样本数据描述分析

（1）样本人口特征描述分析。

人口特征包括性别、年龄、文化程度、月收入四方面。其中男性比例为42.7%，女性57.3%，女性比例较男性高14.6%，乡村旅游发展为女性提供了更多的就业发展机会，居民和旅游经营者中女性从事相关服务比例较高。45岁以下的中青年占比61.4%，乡村旅游的发展吸引了很多在外打工的年轻人回村发展，为乡村旅游注入了活力。大专及以上文化程度的受访者为42.7%，高中或中专文化程度的受访者为44.3%，这也和袁家村不成文的规定"嫁进袁家村的媳妇要求高中学历以上"不无关系。月收入超过5000元的占大多数，比例为77.2%，其中5000~8000元占比超过一半，达到53.2%，8000~10000元占19.3%，1万元以上的分别占4.7%，5000元以下的占比为22.8%，袁家村会对利润较少的商铺给予补贴，例如经营"馒头"的店铺，"馒头"在关中饮食中必不可少，但利润空间有限，袁家村会给予补助，减小收入差距。详细分析见表5-7。

表5-7　　　　　　　　样本人口统计学特征描述分析

属性	类别	频次	相对频次（%）
性别	男性	135	42.7
	女性	181	57.3
年龄	18~30岁	53	16.8
	31~45岁	141	44.6
	46~59岁	112	35.4
	60岁以上	10	3.2

续表

属性	类别	频次	相对频次（%）
文化程度	初中及以下	41	13.0
	高中或中专	140	44.3
	大专	69	21.8
	本科	63	19.9
	研究生及以上	3	0.9
月收入	3000 元以下	8	2.5
	3000～5000 元	64	20.3
	5000～8000 元	168	53.2
	8000～1 万元	61	19.3
	1 万元以上	15	4.7

（2）变量测量题项的描述分析。

对量表部分题项进行描述性统计，主要涉及平均值、标准差、偏度、峰度、最大值、最小值等指标，通过分析判断量表中题项的基本水平、数据分布，详见表 5-8。

表 5-8　　　　　　　　　样本各题项描述性统计分析

题项	N	最小值	最大值	平均值	标准差	偏度	峰度
PP1	316	1	5	3.41	1.341	-0.379	-1.028
PP2	316	1	5	3.66	1.157	-0.574	-0.515
PP3	316	1	5	3.70	1.317	-0.808	-0.460
PP4	316	1	5	3.62	1.240	-0.572	-0.639
FP1	316	1	5	3.67	1.098	-0.628	-0.164
FP2	316	1	5	3.71	1.097	-0.630	-0.266
FP3	316	1	5	3.65	1.149	-0.520	-0.559
FP4	316	1	5	3.63	1.112	-0.520	-0.439
IP1	316	1	5	3.42	1.128	-0.296	-0.863
IP2	316	1	5	3.43	1.205	-0.193	-1.089
IP3	316	1	5	3.63	1.137	-0.703	-0.152
IP4	316	1	5	3.43	1.181	-0.350	-0.838

续表

题项	N	最小值	最大值	平均值	标准差	偏度	峰度
GI1	316	1	5	3.42	1.223	-0.341	-0.748
GI2	316	1	5	3.45	1.187	-0.369	-0.728
GI3	316	1	5	3.49	1.207	-0.377	-0.864
GI4	316	1	5	3.47	1.193	-0.396	-0.770
IMW1	316	1	5	3.50	1.261	-0.397	-1.009
IMW2	316	1	5	3.82	1.159	-0.535	-0.749
IMW3	316	1	5	3.59	1.185	-0.495	-0.672
IMW4	316	1	5	3.66	1.262	-0.578	-0.792

由表 5-8 可知，变量的测量题项个案数、均值、标准差、偏度、峰度、最大值、最小值符合正态分布，问卷调研数据可以直接用于信度、效度等统计学分析。

2. 信度分析

为了确保模型拟合度评价和假设检验的有效性，对问卷中 5 个变量的 20 项旅游影响感知测项用 Cronbach's Alpha 系数检查各测量题项的一致性程度。一般认为 Cronbach's Alpha 系数大于 0.7 是具有良好的信度。通过以下两种途径净化测量题项，一是若题项—总体相关系数（CITC）低于 0.5，则删除该题项；二是删除该题项后 Cronbach's Alpha 系数增加，则删除该题项。变量信度分析结果，详见表 5-9。

表 5-9　　　　　　　　　　　　量表信度分析

变量	题项	题项—总体相关系数（CITC）	删除该题项后 Cronbach's Alpha 系数	Cronbach's Alpha 系数
参与感知（PP）	PP1	0.745	0.82	0.867
	PP2	0.756	0.818	
	PP3	0.701	0.838	
	PP4	0.68	0.845	
公平感知（FP）	FP1	0.7	0.84	0.868
	FP2	0.676	0.849	
	FP3	0.726	0.829	
	FP4	0.779	0.807	

续表

变量	题项	题项—总体相关系数（CITC）	删除该题项后Cronbach's Alpha 系数	Cronbach's Alpha 系数
认同感知（IP）	IP1	0.774	0.823	0.874
	IP2	0.682	0.859	
	IP3	0.708	0.848	
	IP4	0.761	0.827	
政府介入（GI）	GI1	0.67	0.848	0.866
	GI2	0.656	0.853	
	GI3	0.743	0.818	
	GI4	0.801	0.794	
诚信经营意愿（IMW）	IMW1	0.833	0.863	0.906
	IMW2	0.724	0.901	
	IMW3	0.775	0.884	
	IMW4	0.828	0.865	

从表 5-9 可以看出参与感知、公平感知、认同感知、政府介入、诚信经营意愿五个研究变量的 Cronbach's Alpha 系数分别是 0.867、0.868、0.874、0.866、0.906，均大于 0.7，表明变量具有良好的内部一致性信度。同时 CITC 均大于0.5，表明测量题项符合研究要求。根据表中"删除该题项的 Cronbach's Alpha 系数值"一列数值，删除任意一题项均不会引起 Cronbach's Alpha 系数值增加，这些均表明变量测量量表具有良好的信度。

3. 效度分析

（1）内容效度。

为了保证本书测量变量的内容效度，笔者采取以下三点措施。第一，阅读大量文献资料对各变量充分了解，借鉴高被引文献成熟量表中的题项，从题项源头保证内容效度。第二，量表题项的表述与多位专家学者反复商榷，并在正式调研之前，开展预调研工作，对量表题项进行修正。第三，问卷调研过程中，告知被访者仅作为学术研究用途，并且不对题项进行解释，以免对被访者造成干扰。这些措施从题项源头、题项形成过程、题项调研过程三方面保证了本书测量变量的内容效度。

（2）构建效度。

构建效度包括收敛效度、区分效度，通过验证性因子分析（CFA）检验样本数据的收敛效度和区分效度。

第一，收敛效度分析。

本书共有参与感知、公平感知、认同感知、政府介入、诚信经营意愿 5 个变量，包含 20 个测量题项，采用验证性因子分析对测量题项的收敛效度进行检验，详见图 5 - 2。

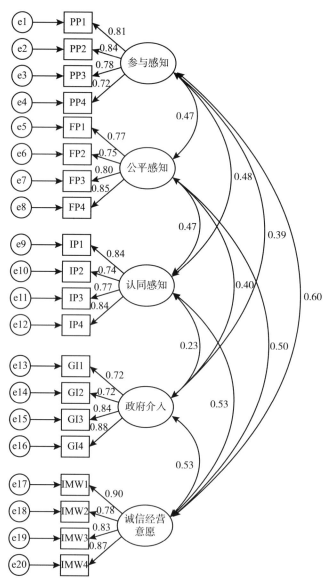

图 5 - 2　测量模型

测量量表一阶验证性因子分析结果显示，CMIN/DF 为 1.636，符合小于 3 以下标准，AGFI、GFI、NFI、TLI、IFI、CFI 均满足大于 0.9 的标准，RMR 为 0.064，小于 0.08，RMSEA 为 0.045 小于 0.08，各个拟合指标均符合 SEM 的研究标准，该模型具有不错的配适度，分析结果详见表 5 - 10。

表 5 - 10　　　　　　　　　　　验证性因素模型拟合度

模型拟合指标	最优标准值	统计值	拟合情况
CMIN	—	261.693	—
DF	—	160	—
CMIN/DF	<3	1.636	好
RMR	<0.08	0.064	好
GFI	>0.8	0.927	好
AGFI	>0.8	0.904	好
NFI	>0.9	0.934	好
IFI	>0.9	0.973	好
TLI	>0.9	0.968	好
CFI	>0.9	0.973	好
RMSEA	<0.08	0.045	好

参与感知、公平感知、认同感知、政府介入、诚信经营意愿的各个测量指标标准化因素负荷均大于 0.6，组成信度（CR）分别为 0.869、0.87、0.877、0.87、0.908，均大于 0.7，平均方差析出量（AVE）分别为 0.624、0.627、0.641、0.629、0.713 均大于 0.5，表明各个变量具有良好的收敛效度，详见表 5 - 11。配适度也在可接受的范围，因此保留所有题项作为后续分析。

表 5 - 11　　　　　　　　　　　验证性因素分析结果

变量	题项	标准化因素负荷	组合信度（CR）	平均方差析出量 AVE
参与感知	PP1	0.809	0.869	0.624
	PP2	0.843		
	PP3	0.779		
	PP4	0.724		

续表

变量	题项	标准化因素负荷	组合信度（CR）	平均方差析出量 AVE
公平感知	FP1	0.767	0.87	0.627
	FP2	0.746		
	FP3	0.803		
	FP4	0.846		
认同感知	IP1	0.844	0.877	0.641
	IP2	0.742		
	IP3	0.775		
	IP4	0.836		
政府介入	GI1	0.725	0.87	0.629
	GI2	0.718		
	GI3	0.837		
	GI4	0.878		
诚信经营意愿	IMW1	0.895	0.908	0.713
	IMW2	0.777		
	IMW3	0.828		
	IMW4	0.872		

第二，区分效度分析。

本书采用 AVE 法对区别效度进行评估，若每个因素 AVE 开根号须大于各成对变数的相关系数，表示因素之间具有区别效度。经计算，各因素 AVE 开根号均大于对角线外的标准化相关系数，因此本书具有区别效度，斜下三角为相关系数。详见表 5-12。

表 5-12　　　　　　　　变量区分效度分析

变量	参与感知	公平感知	认同感知	政府介入	诚信经营意愿
参与感知	0.790				
公平感知	0.406 **	0.792			
认同感知	0.424 **	0.423 **	0.801		
政府介入	0.347 **	0.363 **	0.205 **	0.793	
诚信经营意愿	0.542 **	0.451 **	0.488 **	0.501 **	0.844

注：** 表示 $P < 0.01$。

根据表 5 - 12 所示，参与感知、公平感知、认同感知、政府介入、诚信经营意愿的 AVE 开平方根值分别为 0.790、0.792、0.801、0.793，0.844，均大于所在行、列相关系数。参与感知和诚信经营意愿相关系数为 0.542，且 P 值均达到了 0.01 的显著水平，说明参与感知与诚信经营意愿存在显著正相关关系。公平感知和诚信经营意愿相关系数为 0.451，且 P 值均达到了 0.01 的显著水平，说明公平感知与诚信经营意愿存在显著正相关关系。认同感知和诚信经营意愿相关系数为 0.488，且 P 值均达到了 0.01 的显著水平，说明认同感知与诚信经营意愿存在显著正相关关系。政府介入和诚信经营意愿相关系数为 0.501，且 P 值均达到了 0.01 的显著水平，说明政府介入与诚信经营意愿存在显著正相关关系。

5.1.4　模型检验及其结果

1. 主效应检验：结构方程模型

良好的模型配适度是应用 SEM 验证理论模型的必要条件，配适度愈好即代表模型与样本愈接近。本书选择了 CMIN 检验、CMIN/DF 的比值、配适度指标（GFI）、调整后的配适度（AGFI）、平均近似误差均方根（RMSEA）、非基准配适指标（NNFI）、渐增式配适指标（IFI）、比较配适度指标（CFI）作为评价模型与数据拟合度的指标，绝大多数指标都满足要求时可认为模型与数据拟合度较好。

本书的结构方程模型属于产生模型分析，根据前文提出概念模型与研究假设，构建研究所需的初始结构模型，通过分析检验模型与数据是否相契合；若不契合则进行模型修正，最终构建理论与数据均符合的优化模型。

实证检验之前，首先需要确定初始模型所涉及的所有潜变量，构建结构方程初始模型。结合前文理论分析，构建的初始模型如图 5 - 3 所示。该模型由 3 个外生潜变量（参与感知、公平感知、认同感知）、1 个内生潜变量（诚信经营意愿）构成。其中，3 个外生潜变量由 12 个外生显变量来测量，1 个内生潜变量由 4 个内生外显变量来测量。研究各个潜变量之间的关系和作用是构建初始模型的关键，也是构造结构模型的必要步骤，本节主要检验旅游感知 3 个维度对诚信经营意愿的影响。

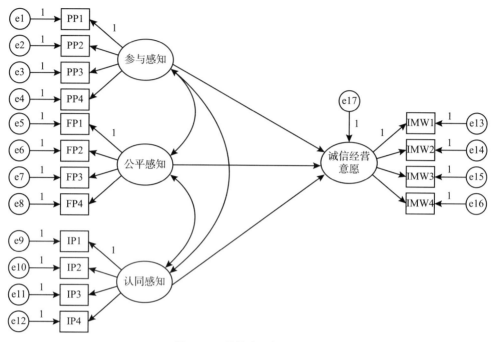

图 5 – 3　结构方程初始模型

在构建了初始模型之后，采用 AMOS 23.0 对初始模型的 6 个假设进行验证。CMIN/DF 为 1. 527，小于 3 以下标准，AGFI、GFI、NFI、TLI、IFI、CFI 均达到 0.9 以上的标准；RMR 为 0.058，小于 0.08；RMSEA 为 0.043 小于 0.08，详见表 5 – 13。各个拟合指标均符合一般研究标准，因此该模型具有不错的拟合度。

表 5 – 13　　　　　　　　　初始模型拟合度分析

模型拟合指标	最优标准值	统计值	拟合情况
CMIN	—	155. 551	—
DF	—	98	—
CMIN/DF	<3	1. 587	好
RMR	<0. 08	0. 058	好
GFI	>0. 8	0. 943	好
AGFI	>0. 8	0. 921	好
NFI	>0. 9	0. 950	好
IFI	>0. 9	0. 981	好

续表

模型拟合指标	最优标准值	统计值	拟合情况
TLI	>0.9	0.977	好
CFI	>0.9	0.981	好
RMSEA	<0.08	0.043	好

对初始模型进行路径关系分析，可知参与感知对诚信经营意愿标准化系数 β 为 0.390，p<0.05，具有显著正向影响，假设成立。公平感知对诚信经营意愿标准化系数 β 为 0.191，p<0.05，具有显著正向影响，假设成立。认同感知对诚信经营意愿标准化系数 β 为 0.251，p<0.05，具有显著正向影响，假设成立，详见表 5 - 14，因此模型预先假设全部成立。结合测量模型分析和结构模型分析，初始模型无须修正。

表 5 - 14　　　　　　　　　　　　　　路径系数分析

路径关系			标准化系数	非标准化系数	S. E.	C. R.	P	假设
诚信经营意愿	←	参与感知	0.390	0.406	0.067	6.030	***	成立
诚信经营意愿	←	公平感知	0.191	0.256	0.083	3.076	0.002	成立
诚信经营意愿	←	认同感知	0.251	0.298	0.074	4.028	***	成立

注：*** 表示 p<0.001。

2. 调节效应检验：层次回归

（1）政府介入在参与感知对诚信经营意愿的影响中的调节检验。

以性别、年龄、文化程度、月收入作为控制变量，参与感知作为自变量，诚信经营意愿作为因变量，依照上述回归模型方程，政府介入作为调节变量列入回归方程中，使用 SPSS 23.0 分层回归分析，结果详见表 5 - 15。

表 5 - 15　　　　　政府介入对参与感知与诚信经营意愿关系调节检验分析

变量	诚信经营意愿			
	模型 1	模型 2	模型 3	模型 4
	β	β	β	β
性别	0.172**	0.1*	0.077	0.073
年龄	0.157**	0.061	0.021	0.015

续表

变量	诚信经营意愿			
	模型 1	模型 2	模型 3	模型 4
	β	β	β	β
文化程度	0.056	0.014	0.044	0.034
月收入	0.028	0.025	−0.01	−0.02
参与感知		0.513 ***	0.4 ***	0.409 ***
政府介入			0.353 ***	0.369 ***
参与感知×政府介入				0.127 **
R²	0.062	0.308	0.413	0.429
调整 R²	0.05	0.297	0.402	0.416
F 值	5.18 ***	27.647 ***	36.287 ***	33.046 ***
VIF 值	≤1.019	≤1.068	≤1.189	≤1.203
DW 值	2.042	2.033	2.01	2.038

注：* 表示 $p < 0.05$；** 表示 $p < 0.01$；*** 表示 $p < 0.001$。

根据表 5−15，模型 4 中 R^2 为 0.429，说明模型 4 可以解释因变量 42.9% 的变异量，拟合度较高；统计变量 F 值为 33.036，显著性 p 值小于 0.01；VIF 值小于 1.203，DW 值为 2.038，即模型 4 不存在多重共线性与序列相关问题，表明这些变量对诚信经营意愿的总体回归效果达到显著水平。模型 4 中参与感知×政府介入对诚信经营意愿的回归系数为 0.127，$p < 0.05$，具有显著正向影响，表明政府介入在参与感知对诚信经营意愿具有显著正向调节作用。

为了直观显示政府介入对参与感知与诚信经营意愿的调节作用，特绘制相应的调节效应图，详见图 5−4。从图 5−4 中可直观看出，政府介入程度越深，参与感知与诚信经营意愿之间回归线的斜率越大，表明较高的政府介入程度强化了参与感知对诚信经营意愿的促进作用，即政府介入对公平感知与诚信经营意愿的关系存在正向调节作用，随着政府介入力度的加深，参与感知对诚信经营意愿的促进作用明显提升。

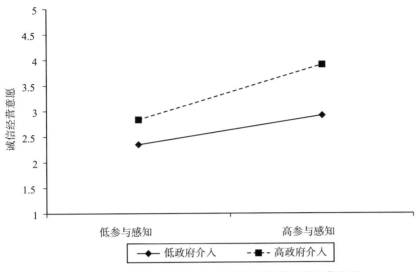

图 5 - 4　政府介入对参与感知与诚信经营意愿的调节作用

（2）政府介入在公平感知对诚信经营意愿的影响中的调节检验。

以性别、年龄、文化程度、月收入作为控制变量，公平感知作为自变量，诚信经营意愿作为因变量，依照上述回归模型方程，政府介入作为调节变量列入回归方程中，使用 SPSS 23.0 分层回归分析，结果详见表 5 - 16。

表 5 - 16　　政府介入对公平感知与诚信经营意愿关系调节检验分析

变量	诚信经营意愿			
	模型 1	模型 2	模型 3	模型 4
	β	β	β	β
性别	0.172 **	0.139 **	0.107 *	0.099 *
年龄	0.157 **	0.078	0.036	0.02
文化程度	0.056	0.037	0.064	0.067
月收入	0.028	0.025	-0.013	-0.031
公平感知		0.421 ***	0.294 ***	0.35 ***
政府介入			0.38 ***	0.399 ***
公平感知×政府介入				0.167 **
R^2	0.062	0.232	0.352	0.375
调整 R^2	0.05	0.219	0.339	0.361
F 值	5.18 ***	18.698 ***	27.925 ***	26.408 ***
VIF 值	≤1.019	≤1.056	≤1.203	≤1.314
DW 值	2.042	1.941	2.01	2.024

注：* 表示 $p < 0.05$；** 表示 $p < 0.01$；*** 表示 $p < 0.001$。

根据表 5 - 16，模型 4 中 R^2 为 0.375，说明模型 4 可以解释因变量 37.5% 的变异量，拟合度较高；统计变量 F 值为 26.408，显著性 p 值小于 0.01；VIF 值小于 1.314，DW 值为 2.024，即模型 4 不存在多重共线性与序列相关问题，表明这些变量对诚信经营意愿的总体回归效果达到显著水平。模型 4 中公平感知×政府介入对诚信经营意愿的回归系数为 0.167，p < 0.01，具有显著正向影响，表明政府介入在公平感知对诚信经营意愿具有显著正向调节作用。

为了直观显示政府介入对公平感知与诚信经营意愿的调节作用，特绘制相应的调节效应图，详见图 5 - 5。从图 5 - 5 中可直观看出，政府介入程度越深，公平感知与诚信经营意愿之间回归线的斜率越大，表明较高的政府介入程度强化了公平感知对诚信经营意愿的促进作用，即政府介入对公平感知与诚信经营意愿的关系存在正向调节作用，即随着政府介入力度的加深，公平感知对诚信经营意愿的促进作用明显提升。

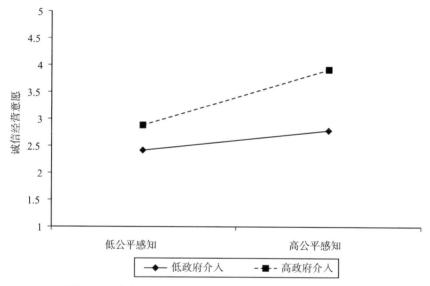

图 5 - 5　政府介入对公平感知与诚信经营意愿的调节作用

（3）政府介入在认同感知对诚信经营意愿的影响中调节检验。

以性别、年龄、文化程度、月收入作为控制变量，认同感知作为自变量，诚信经营意愿作为因变量，依照上述回归模型方程，政府介入作为调节变量列入回归方程中，使用 SPSS 23.0 分层回归分析，结果详见表 5 - 17。

表 5 - 17　　　　　政府介入对认同感知与诚信经营意愿关系调节检验分析

变量	诚信经营意愿			
	模型 1	模型 2	模型 3	模型 4
	β	β	β	β
性别	0.172 **	0.124 *	0.087 *	0.085
年龄	0.157 **	0.14 **	0.074	0.064
文化程度	0.056	0.026	0.054	0.056
月收入	0.028	0.019	- 0.021	- 0.028
认同感知		0.467 ***	0.39 ***	0.416 ***
政府介入			0.402 ***	0.421 ***
认同感知 × 政府介入				0.149 **
R^2	0.062	0.277	0.423	0.444
调整 R^2	0.05	0.265	0.411	0.431
F 值	5.18 ***	23.732 ***	37.701 ***	35.082 ***
VIF 值	≤1.019	≤1.02	≤1.108	≤1.125
DW 值	2.042	2.098	2.01	2.021

注：* 表示 $p < 0.05$；** 表示 $p < 0.01$；*** 表示 $p < 0.001$。

根据表 5 - 17，模型 4 中 R^2 为 0.444，说明模型 4 可以解释因变量 44.4% 的变异量，拟合度较高；统计变量 F 值为 35.082，显著性 p 值小于 0.001；VIF 值小于 1.125，DW 值为 2.021，即模型 4 不存在多重共线性与序列相关问题，表明这些变量对诚信经营意愿的总体回归效果达到显著水平。模型 4 中认同感知 × 政府介入对诚信经营意愿的回归系数为 0.149，$p < 0.01$，具有显著正向影响，表明政府介入在认同感知对诚信经营意愿具有显著正向调节作用。

为了直观地显示政府介入对认同感知与诚信经营意愿的调节作用，特绘制相应的调节效应图，详见图 5 - 6。从图 5 - 6 中可直观看出，政府介入程度越深，认同感知与诚信经营意愿之间回归线的斜率越大，表明较高的政府介入程度强化了认同感知对诚信经营意愿的促进作用，即政府介入对认同感知与诚信经营意愿的关系存在正向调节作用，随着政府介入力度的加深，认同感知对诚信经营意愿的促进作用明显提升。

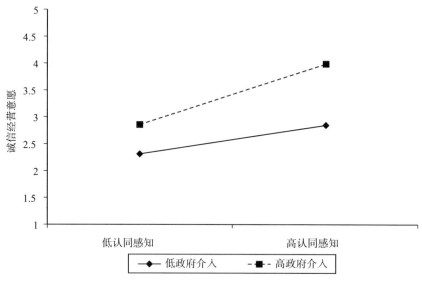

图 5-6　政府介入对认同感知与诚信经营意愿的调节作用

3. 结论汇总

本章基于 316 份服务供给方调研数据，对本书所构建旅游感知影响诚信经营意愿模型进行实证检验，所有假设得到了验证，结果详见表 5-18。

表 5-18　　　　　　　旅游感知对诚信经营意愿关系研究假设汇总

研究问题	假设汇总	实证结果
旅游感知影响诚信经营意愿的内在机理？	H1：服务供给方正向参与感知对诚信经营意愿有正向影响	支持
	H2：服务供给方正向公平感知对诚信经营意愿有正向影响	支持
	H3：服务供给方正向认同感知对诚信经营意愿有正向影响	支持
政府介入如何影响旅游感知与诚信经营意愿之间关系？	H4：政府介入正向调节服务供给方参与感知与诚信经营意愿的关系	支持
	H5：政府介入正向调节服务供给方公平感知与诚信经营意愿的关系	支持
	H6：政府介入正向调节服务供给方认同感知与诚信经营意愿的关系	支持

采用结构方程模型对样本数据进行分析，结果表明，旅游感知的三个维度参与感知、公平感知、认同感知都对诚信经营意愿有显著正向影响。

这也与诸多学者的研究成果一致，旅游开发基础认知、地方认同感、旅游影响感知、参与能力均对居民旅游开发态度具有正向影响（杨兴柱等，2005）。正向参与感知有助于减少居民与旅游开发主体间的冲突，有利于旅游开发的实施

（Murphy and Murphy，2004），而从旅游发展中获得正向居民感知时，则会以更加积极的态度支持当地旅游发展（许振晓等，2009）。

农村社区居民和旅游经营者在乡村旅游发展中发挥重要作用，其旅游感知与参与意愿对乡村旅游发展影响重大，经济利益位于首要地位，其次是环境利益、文化利益，农村社区居民的正向旅游感知对于诚信经营意愿有正向影响，本书旅游感知与诚信经营意愿的正相关关系成立。

政府介入在参与感知、公平感知、认同感知与诚信经营意愿之间均有显著正向调节作用。这也与代则光、洪名勇（2009）认为政府应该在旅游发展发挥主导、协调作用的结论一致。政府介入强度高时完善当地基础设施、优化旅游经营环境、提高当地的文明程度、增加就业途径与方式，均对服务供给方的正向参与感知、公平感知、认同感知产生影响，从而能够促进服务供给方产生诚信经营意愿。

5.2 利益协调机制构建原则

根据前文分析，协调机制均衡状态的实现需要服务供给方选择诚信经营策略，正向的参与感知、公平感知、认同感知和诚信经营意愿呈正相关关系，政府介入正向调节对参与感知、公平感知、认同感知有正向影响。构建协调机制时，需要对协调机制均衡状态影响因素加以控制，根据定量统计分析的结果，结合社会交换理论、公平理论、行动者网络理论，确立利益协调机制构建原则。

5.2.1 效率与公平兼顾原则

首先，按照优先级原则提升效率，即根据利益相关者冲突的激烈程度确立冲突解决措施，启动相应利益协调机制。建立黄色、橙色、红色不同级别的利益协调机制体系，以便在冲突发生的最初状态，采用针对性的利益协调机制加以解决，减少研究对策所耗费的时间。优先处理紧要冲突，防止冲突升级，是建立利益协调机制的重要原则。目前政府介入旅游发展的背景下，参与机会、收入分配公平性较高，但是发展效率却存在较多缺陷（李鹏、杨桂华，2010）。衡量旅游业发展业绩时，不应仅追求接待人次的上涨，更需要注重旅游接待质量、效益的提升，注重经济利益、生态利益、社会利益稳步提升。在保证全局稳定的条件下，可以尝试优先满足个别利益相关者的利益，利益差别会产生利益流动，以此带动其他利益相关者的努力，使利益相关者群体保持发展动与活力。最后集中人力、物力、财力，按照收益最大化原则协调处理，实现状态优化。

其次，按照公平原则，每一方利益相关者都有获得利益的权力，并且各方不得以损害他方利益获取不当得利，不能为了一方利益牺牲其他方的利益，更不能以行政命令的方式要求甚至胁迫其他利益相关者服从安排。确保各方在满足利益时具有基本的平等地位，在选择策略和获取利益时，是完全自由的，在公平、公正、公开的背景下合作。农村社区居民较为关注收入公平（黎洁、赵西萍，2001），另外人际沟通公平、分配公平都能促进居民积极参与各项旅游活动（胥兴安等，2015）。保证从经济利益、生态利益、文化利益多方面实现程序公平、分配公平、互动公平，从而确保各方能够发挥主观能动性，在多方协调合作下，最大程度地实现集体利益的满足。

5.2.2　责权利明晰原则

乡村旅游核心利益群体有自身的诉求，也需要承担相应的社会责任，根据社会交换理论和公平理论，责任、权力、利益往往互为依托，为了更好地协调责权利的关系，需要首先明晰个中缘由。乡村旅游核心利益相关者利益在整体上具有一致性，均希望在乡村旅游发展中获益。但在实际发展过程中，由于资源的稀缺性、制度限定等问题，各利益相关者群体存在互为竞争关系的利益诉求，明确责权利是建立利益协调机制的前提。行政管理方为整个乡村旅游发展确立方向，行政指导性突出，对于利益分配、权力制衡等都有重要影响。行政管理方内部因为管理职责的不同，责权利也会不同。服务供给方、旅游消费方也有各自的责权利。乡村旅游地的农村社区居民（何学欢等，2018）、旅游者（邱宏亮等，2018）、政府（朱梅、汪德根，2019）均应当承担生态环境责任；居民（何学欢等，2017）和旅游企业（文彤，2016）参与旅游发展的同时也需要承担社会责任，同时获得生态利益和社会利益。每个利益相关者群体都需要遵守各项法律法规，履行相关义务，如若违反需要接受相应惩罚。同时，建立旅游经营主体的信用记录并纳入全国信用信息共享平台，做到有法必依、执法必严，每个利益相关者群体也应当获得合法权益，不因政治、社会地位的不同而区别对待。

5.2.3　竞争合作适度原则

利益相关者具有不同的利益诉求，为了满足自身利益最大化，竞争普遍存在，在一定范围内保持竞争有利于保持组织活力，适度竞争有利于推进乡村旅游的蓬勃发展，这也符合公平理论的原理。但要注意把控竞争的度，在全局范围内把控好竞争，引导利益相关者在适度竞争的环境内开展合作，利用他方优点弥补自身的不足，增强正向的公平感知与认同感知。

各利益相关者之间处于博弈状态，属于可以实现双赢的非零和博弈，利用博弈理论促使利益相关者在竞争的同时保持合作，克服过分强调竞争的种种弊端，保证利益相关者群体具有良好的互动性，在此基础上建立公平合理的合作竞争关系（Nalebuff and Brandenburg，2000）。囿于旅游空间的有限性，还会出现旅游空间的竞合关系，协调好空间竞合关系，有利于增加旅游开发效益，提升认同感知。通过科学合理的旅游空间结构提高区域旅游竞争力，是实现旅游可持续发展的关键（尹贻梅，2013）。建立能够实现资源要素流动的旅游发展模式，促进资源的合理流动，通过竞争提升旅游产品质量和服务水平。

5.3　利益协调机制构建机理

5.3.1　利益协调机制解决负外部性

外部性最早的研究是马歇尔在 1890 年发表的《经济学原理》中提出"外部经济"概念，庇古在此概念基础上扩充了"外部不经济"的概念和内容，并认为产生外部不经济情况时，需要政府介入向企业征税，这一政策也被称为"庇古税"。

乡村旅游快速发展，农村大量剩余劳动力实现了就近就业，增加了农村社区居民的收入，增强了农村社区居民和经营者正向的认同感知；提升了乡村旅游地的整体形象，促进良好的乡村风貌的形成，促进农村地区稳定，促进了当地经济增长，对于实现乡村振兴意义重大，并且提高了旅游产业的可进入性，受益范围扩大，提升社会净收益（苏飞，2014），这些都是乡村旅游外部经济的表现。同时乡村旅游发展也会对乡村旅游地造成生态环境破坏，土地被大量侵占、村民强制被迁出、物价不断上涨、交通拥堵等多种负面影响，还可能侵蚀当地传统文化，对民风民俗产生冲击，甚至造成不可逆转的破坏，这些都是乡村旅游的外部不经济，会导致农村社区居民和经营者产生负向的认同感知。总之，外部不经济是由于个人收益与成本，社会收益与成本不一致形成的，这种情况下通过市场调节难以解决，会出现市场失灵，需要政府的行政力量介入，使社会资源配置达到最优，实现社会福利最大化。综上，可从以下三方面解决乡村旅游发展的负外部性：

1. 合理化乡村旅游地失地农村社区居民的补偿方案

目前乡村旅游开发中，旅游经营者通过土地流转方式获得土地经营权，收益不断增加，但农村社区居民往往被边缘化（饶勇，2013）。土地补偿时仅仅考虑了当下的经济补偿，对于农村社区居民失去土地的社会保障、生态损失并未充分考量，建立生态补偿机制的制度性调节，可以促使各方合作博弈机制达到最优（陈鹏等，2010）。今后补偿方案制定和实施的过程中，依据公平理论考量成本与收益的关系，并且不仅仅考量经济利益，还要充分考虑生态利益、社会利益，建立合理的补偿方案，增强服务供给方正向的公平感知，有助于协调机制均衡状态的实现。

2. 提升乡村旅游地农村社区居民的旅游参与权

农村社区居民对乡村旅游地具有很强的依赖性，乡村旅游地是其赖以生存的根基。虽然旅游者在乡村旅游发展过程中也会受到物价上涨、交通拥堵等负外部性的影响，但因其与乡村旅游地关联性较弱，受到的影响较小，农村社区居民承担了过多的乡村旅游发展的负外部性。通过构建公众参与旅游目的地公共事务的整体机制，拓展农村社区居民的参与机会（王京传、李天元，2014）。通过增加农村社区居民的参与权，保证社区居民参与旅游的权利，提高其参与积极性。居民参与程度的提高，有助于实现旅游发展中的分配公平（Murphy and Murphy，2004），降低乡村旅游发展给农村社区居民带来的负外部性。提升乡村旅游地农村社区居民的认同感知与参与感知，有助于实现各利益相关者之间的利益均衡，推进乡村旅游的可持续发展。

3. 保障农村社区居民生态利益、文化利益

农村社区居民在乡村旅游发展中获得了经济利益，还应当获得传承与保护当地民俗传统的文化利益，以及保护当地良好生态环境的环境利益，这些利益的获得有助于增强正向的参与感知、公平感知、认同感知。政府应该让利于民，依靠行政力量设立乡村旅游开发公益保障金，保障农村社区居民生态利益、文化利益的全面提升。在衡量交换过程中如双方较为平等，甚至收益倾向于自己，居民则会采用积极的态度支持旅游业发展（AP，1992）。居民和经营者会依据公平理论，比较成本、收益之后做出选择，如经济收益、生态收益、文化收益等由乡村旅游发展为其带来的收益大于成本，居民和经营者则会支持旅游业发展。

5.3.2 利益协调机制促进供需平衡

随着经济水平的不断增长，标准化的旅游产品已经不能满足旅游者的需要，品质化、特色化、个性化的旅游产品日益受到旅游者的喜爱，定制化的旅游项目市场占有率快速提升。乡村旅游开发遍地开花，同质化现象明显，各种小镇不胜枚举，很多区域出现了低水平的重复建设。旅游开发之前没有科学规划，论证不充分，甚至没有与各方利益相关者沟通，开发的乡村旅游产品势必不能满足旅游者需求，供需脱节造成资源浪费，以全局性眼光建立协调机制，解决供需矛盾问题。可从以下两方面促进乡村旅游发展供需平衡：

1. 明晰旅游者的旅游需求

旅游者对乡村旅游的期待是"望得见山，看得见水，记得住乡愁"，回到淳朴的农村，获得脚踩在土地上带来的真实感，让旅游者暂时忘却工作的重压和城市的焦虑，获得期待中参与式旅游体验。旅游者体验满意度受到旅游者参与旅游活动方式的显著影响（尹燕、周应恒，2013）。体验农耕文化、品尝农家菜肴、入住农家民宿，都是获得良好旅游感知重要途径，旅游参与对友好行为意愿有显著的正向影响（王华、李兰，2018）。乡村传统文化的继承与发展、非物质文化遗产的保护与传承，田园风光、乡土风俗都是吸引旅游者的王牌资源。可以利用大数据实现市场监测，获得主要目标群体的旅游需求，有利于有的放矢地提供旅游产品与服务，满足旅游者需求，对于旅游目的地品牌建设具有重要意义（Juan et al.，2012），全方位展现乡村旅游生存、生态、生产、生活、生命的一面，实现乡村旅游可持续性发展。

2. 推进乡村旅游的供给侧改革

结合旅游者需求，充分发挥大数据时代优势，科学定位、准确规划，促进农业、文化、林业、康养等多产业融合，满足本地发展需要，建设产品供应链，鼓励地方工艺品生产（邹统钎，2006），实现资源整合开发。供给侧改革应当做到以下三点：第一，进一步深入挖掘民俗文化，注重对乡村旅游地历史传统文化的保护与传承。农村社区居民和旅游经营者是乡村旅游地文化传承的重要载体，需要农村社区居民和旅游经营者的积极参与，将民俗文化、文化传统融入旅游项目中，主客互动、沟通、参与、交换等非经济因素都会显著影响其参与感知（Wang and Pfister，2008）。第二，注重与清明、端午、中秋等中国传统节日相结合，在独特的地域特色中注入文化内涵。文化内涵是传统村落旅游持续发展的生命力，根据时节打造具有民俗特色的体验项目，当地民俗文化深层次挖掘，并以此为依据打造主题旅游，配合恰当的旅游表现方式与活动方式（李伟，2003）。传统性和地方性是民俗文化的内涵，与农村社区居民日常生活联系紧密。推出民俗乡村旅游产品，一方面使民俗文化得到传承，另一方面可以体现乡村生活的本真（周星，2019）。乡村旅游是很多旅游消费者在 3 天小长假首选的旅游方式，应针对不同季节特点，开发具有时节性特色的民俗旅游产品，多样化乡村旅游地的娱乐活动。提升农村社区居民和旅游经营者正向的参与感知、认同感知，同时改善旅游者的旅游体验，增加旅游者的复游率，助推乡村旅游长效发展。第三，建立乡村旅游产品特色化体系，优化升级乡村旅游产品结构，建立业态完善的乡村旅游产业链。乡村文化是乡村旅游的内涵，在开发旅游产品时应当注重突出乡村文化，开发文化观光型、文化体验型、文化综合型模式的乡村文化旅游系列产品，满足旅游者求知求异、回归自然、主动参与的旅游体验需求（张艳、张勇，2007）。通过差异化定位从同质化的竞争市场脱颖而出。注重社会利益、生态利益同步提升的前提下，扩大有效供给，探索成立股份公司，培育农民专业合作社等新型经营主体，提供符合旅游者需求的乡村旅游产品，激发旅游者的内在需求，强化旅游动机，实现旅游出行，获得较好的旅游体验。

5.3.3 利益协调机制激发内生动力

正向的认同感知可以影响其行为，参与式发展主要依靠社区内生的力量，也可借助政府或志愿机构等外部力量的支持和引导（孙九霞，2009），社区参与旅游发展产生动力（黎洁、赵西萍，2001），正向的认同感知可以影响其行为。根据内生增长理论，内生进步是实现持续增长的决定因素，是主要决定力量。通过乡村旅游发展成功案例的示范作用，调动农村社区居民的积极性，发挥自身主观能动性，建立自信心，激活认同感知，实现乡村旅游地农村社区居民自主地位提升。各核心利益相关者的不同诉求需要通过协调机制处理，可从以下两方面激发乡村旅游发展的内生动力。

1. 树立主人翁意识

农村社区居民是乡村旅游发展必不可少的组成部分，是服务供给的重要力量，树立主人翁意识，增强参与意愿、激发参与行为、提升参与感知。乡村振兴的核心主体是农民，是乡村价值的承载者，是乡村发展的内因，激活农民身份认同、文化认同有利于实现乡村振兴战略（毛安然，2019）。发挥主观能动性，积极参与到乡村旅游发展的过程中，增强社区居民的参与权，可以促进利益流动，打破核心边缘关系结构（时少华、孙业红，2016），提升农村社区居民的认同感，使乡村旅游产品鲜活化、生动化。农村社区居民通过土地、劳动等资源，依社会交换理论从乡村旅游发展中获益，社区居民越是支持乡村旅游发展，其获得的收益也就越大。反之又因为其从中受益，便更加积极主动参与，形成良性循环。增加农村社区居民参与旅游决策的机会，从而提升乡村旅游发展的支持度（杨兴桂等，2005），农村社区居民能够参与在当地旅游发展决策制定时，支持旅游业的发展（Horn and Simmons，2002）。农村社区居民是乡村旅游发展的一个重要符号，主人翁意识确立后，可以激发农民的自信心，提高参与程度，在与旅游者直接交流的过程中，表达对乡村旅游发展的认可与自豪感，分享民风民俗与当地特色文化，为乡村旅游发展注入活力，成为乡村旅游发展的内生动力，传递当地文化特色，推进乡村旅游发展可持续性发展。

2. 完善人才培养制度

人才是乡村旅游发展的重要动力，从乡村旅游规划开发，到乡村旅游发展的产品供给，无一不需要人才支撑。目前农村社区居民普遍文化程度不高，在参与乡村旅游服务供给的过程中，呈现出自由散漫、服务意识差等问题，通过建立多层次、多途径的人才培养制度，改善乡村旅游人才结构，提升居民的认同感知与参与感知。首先，增强农村社区居民的学习力，除了基本的文化知识，可以开展社区教育（樊忠涛，2010），向成功的乡村旅游发展地学习，向旅游者学习、向专家学习。政府应加大对当地居民的教育与培训，不断提升其服务技能，增强在旅游发展中获益能力（李进兵，2010），增强参与感知，提升认同感知。其次，吸引旅游专业人才在乡村旅游就业，为乡村旅游发展持续提供智力支持。乡村旅游人才的培养，是激活乡村旅游发展内生动力的重要途径，是为乡村旅游发展的造血工程，促使其产生较好的认同感知，可以持续推进乡村旅游发展。

5.3.4　利益协调机制实现协同发展

协同理论应用领域广泛，管理领域近年研究主要是产业发展研究、发展战略研究等。协同理论用于旅游领域研究，主要体现在旅游与城镇发展协调（钟家雨等，2014），文化旅游区协同发展（侯兵等，2013），历史街区与旅游业发展的协同（马晓龙、吴必虎，2005）等方面，注重研究不同主体之间的关系协同。乡村旅游发展过程中，既需要实现休闲农业和乡村旅游的协同发展，还需要实现各核心利益群体的协同发展，实现政府介入、农户和经营者诚信经营，旅游者支持的均衡状态。

旅游开发依据协同理论制定旅游发展规划，以地方利益为基础，协同发展为目标，以市场交易为协同方式，以政府机制为协同保障，实现旅游协同发展（粟路军、柴晓敏，2006）。根据英国国际发展部的可持续生计框架，乡村旅游发展既涉及经济、社会、文化、环境等大环境，也涉及居民感知等心理层面；既需要实现休闲农业和乡村旅游的协同发展，还需要实现各核心利益群体的协同发展，即政府介入、农户参与、企业诚信、旅游者支持。农村可持续生计和乡村旅游发展之间的协同，解决生态保护、文化传承、资金扩充等问题（史玉丁、李建军，2018）。可从以下两方面促进乡村旅游协同发展。

1. 提升公共服务

公共服务的不断发展有利于提升乡村旅游核心利益相关者的满意度。首先，加大对乡村旅游基础设施建设的投入，配套道路、停车场、水、电、管网、厕所等基础设施并不断完善，满足旅游者的基本需求。旅游管理机构在决策网络中具有很强的影响力，内向中心性最高（王素洁、李想，2011），需要建立凸显行政管理方的监管机制，发挥行政管理方的职能，不断提升公共服务水平，除了基础设施之外，还需要完善医疗、社保等公共服务，建立公共服务体系，提升农村社区居民与旅游经营者的认同感知。其次，利用大数据和人工智能技术搭建智慧旅游平台，利用微信公众号等媒体开通旅游者反馈渠道，方便旅游者获取信息和反馈信息，提高旅游体验质量。

2. 多元化主体共同发展

多元化主体的模式不断呈现，在各方促进共同发展同时，还会出现互相扯皮，推诿责任的情况，确立政府介入、村民的主体地位，各方关系优化组合，推进乡村旅游发展（李克龙、许建文，2013）。乡村旅游地各利益相关者因其地位不同，利益诉求也不同，整体呈现不均衡格局形式。政府发挥引导、监管、支持等作用、农民发挥劳动力优势，旅游经营者发挥资本优势，根据乡村旅游各发展阶段的特点，在政府、农户、旅游经营者之间，由两者或三者自由组合，可以形成四种不同的发展主体组合模式，多元化主题发展模式有助于增强正向的参与感知、公平感知、认同感知，实现乡村旅游的协同发展。

5.4 利益协调机制构建内容

协调机制的目的是协调核心利益相关者的关系，处理好政府、经营者、居民的关系，推进旅游业发展（Xie，2006）。分析协调机制均衡状态的影响因素、构建原则、构建机理，构建由利益表达机制、利益获取机制、利益共享机制、利益确认机制四种机制组成的核心利益相关者利益协调机制。

根据行动者网络理论增加"桥梁"的要求，结合增强正向参与感知、公平感知的目标，从信息分享渠道、利益表达渠道、信息反馈渠道着手建立及时高效的沟通机制，解决乡村旅游核心利益相关者利益表达问题，形成正向的认同感知与参与感知。根据行动者网络理论各结点平等的要求，结合增强正向公平感知、参与感知的目标，从培养参与意识、增加就业机会、拓宽参与渠道三方面建立优势互补的参与机制，解决乡村旅游核心利益相关者利益获取问题，形成服务供给方正向的参与感知。根据社会交换理论，结合公平理论，从满足被忽视的利益诉求、合理的分配方式、建立发展保护基金三方面建立责权对等的分配机制，解决乡村旅游核心利益相关者利益共享问题，形成正向的公平感知。根据利益相关者理论，社会交换理论，从法律、制度、监管、财政、设施、人才、宣传、教育八方面构建合理完善的保障机制，解决乡村旅游核心利益相关者利益确认问题，形成正向的认同感知、参与感知、公平感知。最终构建由利益表达机制（即及时高效的沟通机制）、利益获取机制（即优势互补的参与机制）、利益共享机制（即权责对等的分配机制）、利益确认机制（即合理完善的保障机制），构成的立体多元化的利益协调机制，促进服务供给方形成正向的旅游感知，有助于均衡状态的实现。

5.4.1　利益表达协调机制：及时高效的沟通机制

通过利益表达机制为弱势利益群体提供公平、公开、公正的诉求平台（李乐京，2013）。沟通是解决问题有效途径，在行政管理方、服务供给方、旅游消费方之间建立沟通机制，可以促进互相了解对方需求，转变观念，高效解决问题，增强正向的旅游感知。通过沟通实现当地社区、政府机构、旅游经营者各方利益均衡，否则将会极大程度影响旅游目的地开发（Pacifico and Vogel，2012）。按照整合诉求，及时协调；高效处理，速办速结的理念，从建立信息分享渠道、建立利益表达渠道、建立信息反馈渠道三个方面着手构建，以解决乡村旅游核心利益相关者利益表达存在的问题，形成正向的参与感知与认同感知。

在行动者网络理论中，各个结点之间的"桥梁"十分重要，"桥梁"构建可以增强结点之间的联系，减少网络的结构洞，提升网络运行效率，这都需要通过沟通机制实现。及时高效的沟通机制十分重要，很多不必要的矛盾都是由于沟通不顺畅引起的，人们在接纳信息的时候会按照自己人生观、价值观理解，导致接收信息部分失真，甚至完全失真。苏格拉底说，人们在理解对方语言时根据自己的经验，对术语的理解是基于经验的判断，如果超出了经验良好的沟通就无从实现。充斥在沟通环节的"噪音"，降低了沟通效率，直接影响沟通效果，甚至会做出错误判断。合作过程中如果采用"一报还一报"策略，甚至会直接因为沟通误解，进入死循环。合作本质上就是正和博弈，是为实现共同利益，即对方利益实现的同时，也为自身想获得的利益创造了条件（Axelrod，2016）。加拿大多伦多大学著名博弈论心理学家拉波波特教授认为"一报还一报"策略简单高效，用中国的俗语来解释即为"以其人之道还治其人之身"。在博弈过程中针对对手，采用对手在上一次博弈过程中采用的策略。如果遇见合作者则一直采用合作策略，很容易实现双赢；遇见背叛者就是"针尖对麦芒"。"一报还一报"策略采用时持有不同的态度，详见表 5 - 19。

表 5 – 19   "一报还一报"策略分析

状态	态度	策略
1	善良	最初合作
2	讲原则	不先背叛
3	正义	对背叛者惩罚
4	宽恕	背叛者改正后，不会背叛

"一报还一报"策略简单易学，容易操作，在重复博弈的过程中，被广泛采用。在现实中重复博弈有时难以完全实现，普遍存在的是一次性博弈，因为博弈一方很可能在遭受对方背叛之后没有机会去施加报复。比如旅游消费方在享受服务供给方提供的服务时，遭遇到宰客等不公平的对待，旅游者只能采用向行政管理方投诉的途径申诉，但旅游者身处非惯常居住地，其时间、精力都十分有限，很多时候旅游者会选择"息事宁人"，不再消费服务供给方的服务，或者传播服务供给方的负面消息作为"报复"的途径，而不是直接地对服务供给方加以报复。沟通环节是否顺畅直接决定了第一次采用"合作"策略，还是"背叛"策略。

整合诉求，及时协调。在此前扩宽反馈渠道、规范反馈机制的基础上，整合各个渠道获得的信息并做出反馈。信任在整个信息交换网络中必不可少，是实现利益协调的基本要求（Kelliher et al.，2018）。如果是由于沟通造成的误解，及时消除误会。对于其他诉求整合归类，第一时间摸排了解详尽信息，迅速协调处理，兼顾各方利益，同时保障弱势利益群体的利益。旅游业发展可以改善社区的经济条件，完善基础设施，旅游业发展过程中需要社区居民广泛交流、积极参与，同时与其他利益相关者有组织的交流，促进旅游业发展（Matarrita – Cascante，2010）。

高效处理，速办速结。农村社区居民、村、乡镇、县、市、省各级行政管理方、旅游经营者、旅游者等各方利益相关者之间，沟通渠道通畅，处理好集权和分权的关系，不必凡事均向上汇报，提高处理效率。高效沟通之后发现问题立即处理，及时消灭萌芽状态的矛盾，尽快建立各方利益的平衡机制。

（1）建立信息分享渠道。建立信息分享渠道，定期分享各类信息。建立初期分享频率可以略低，步入正轨后行政管理方、服务供给方应当定期、定时分享与乡村旅游发展直接相关、间接相关的各类信息，实现分享内容丰富化、分享形式多样化、分享制度规范化。旅游经营者需要尽量清晰、客观的描述旅游活动未来的影响，和其他利益相关者进行对话（WTO，1999）。除了利用展板、广播等传统途径分享信息之外，还需要利用新媒体渠道，如微信群、QQ 群、互动交流信息平台等，积极推进经济、社会、文化等诸多事宜的信息化公开力度，实现分享形式多样化，信息分享需要贯穿乡村旅游发展各个环节。

（2）建立利益表达渠道。利益表达是维护自身权益，获得合法利益，各方利益相关者群体和谐共存的基本前提。通过利益表达渠道，利益相关者提出自身诉求，其他各方经过协商，将问题消灭在萌芽时期，有利于缓解矛盾，在矛盾发生的第一时间加以解决，便于维护农村社区居民、旅游者这类弱势利益相关群体的权益。第一，农村社区居民通过利益表达渠道，树立主人翁责任感。利益表达渠道形式多样，可以通过相对正式的农村社区居民大会、经营者的股东大会、意见征求会、民主接待日、各方定期协商会谈等形式，也可以设立留言板、便签墙、意见箱，完善听证制度等方便群众的形式，帮助农村社区居民理性、合规的表达自身需求，合法实现自身利益。第二，旅游消费方通过利益表达，有助于获得高质量的旅游体验。可以通过行政管理方网站、微博、微信公众号、代表协调会、听证会等方式表达自己的利益诉求，有利于旅游期望的实现，同时有助于增强行政管理方制定规划的合理性、服务供给的针对性。

（3）建立信息反馈渠道。反馈是提高问题处理效率的重要环节，通过反馈机制可以审视政策、规划的执行情况，发现各种不足，及时解决和处理各种问题，提高机制的运营效率。高效率、全覆盖的反馈机制在具体运行时，需要简化反馈流程，做到抓大放小，重点突出，并且建立不同层次的反馈体系。通过不同的反馈渠道，反馈不同问题，提高反馈效率；以问题为导向，及时反馈、及时回复、及时处理。通过大数据平台，通过离线、实时多种方式采集公众反馈信息及需求，减少信息传播过程中失真的可能；借助数据引擎将其归类整合，并通过数据分析快速实现反馈数字化，提高处理效率。

服务供给方、旅游消费方通过利益表达渠道表达自己的利益诉求，行政管理方收集这些信息之后，有没有解决？如何解决？是否满意？这些都是各方关心的问题。行政管理方通过新闻发布会、网站公示、微信公众号等途径公示处理结果，实现"事事有回应"，建立长效机制。通过解决服务供给方、旅游消费方反馈的问题，获得其认同，增强正向的旅游感知，从而以更加积极的心态参与乡村旅游发展过程，发挥其主观能动性。农村是中国人乡愁的家园和精神归属，社会发展需要历史记忆、情感维系和文化寄托，乡村文明与乡土文化的长期割裂，居民的生活方式、社会交往规则等都发生了改变，维系传统社区认同的纽带联系逐渐失去作用，乡土文化凝聚力不断减弱，乡村逐渐"空心化"。旅游者的到来与外部经营者的加入，带来更多差异性，因此，应促进各个核心利益相关者群体沟通，通过表达机制获得良好的情感认同与参与感知。

5.4.2 利益获取协调机制：优势互补的参与机制

根据行动者网络理论，每个行动者都是网络中的一个结点，彼此间相互平等、相互认同、承认、依存、影响（Latour，1986）。建立旅游经营者和农村社区居民的参与制度，增加农村社区居民的参与途径，改变被动接受行政命令的乡村旅游发展模式，提升网络中每一个结点的作用，增强正向公平感知、参与感知。发挥服务供给方的主观能动性，实现服务供给方共同参与、主动参与，对促进乡村旅游健康发展，具有重要意义（朱晓静，2013）。通过优势互补的参与机制，解决乡村旅游核心利益相关者利益获取的问题，形成正向的参与感知。

（1）培养参与意识。以往的乡村旅游发展大多是依赖行政管理方的规划，农村社区居民和旅游消费方参与较少。在制定旅游发展规划时考虑农村社区居民的意见，会在很大程度上保证决策的公平性（Murphy and Murphy，2004）。第一，培养农村社区居民的参与意识。乡村旅游是促进精准扶贫快速实现的有力手段，农村社区居民在乡村旅游发展过程中切实参与，是实现脱贫的重要途径。提高农村社区居民参与的积极性，为旅游消费方提供良好的服务。乡村旅游产品开发规划时，需要解决居民被边缘化的问题，提高其中心性（吴志才等，2016），逐步培养农村社区居民的主体意识。开发农村社区居民可以参与的产品，农村社区居民的参与是实现乡村旅游可持续发展的重要保障（乔磊，2010）。农村社区居民参与旅游决策可以感受物质公平和文化公平（刘纬华，2000）。乡村旅游不仅仅是欣赏乡村地区的景致，更重要的是体验乡村旅游地的风土人情，农村社区居民需要紧密参与其中，有利于风土人情、生活习俗的传承，便于旅游消费方体验鲜活的乡村旅游文化，实现乡村文化复兴。农村社区居民参与到旅游开发中，意识到自身穿着、房舍、生活习惯都是乡村旅游的重要组成部分，当遇到外来文化入侵时，就会主动和政府一同抵制（Cornet，2015），主动参与文化资源的保护与传承，为乡村旅游发展创造良好的软环境。第二，培养旅游经营者的参与意识。旅游经营者特别是外来的经营者，不应当持赚一笔就走的心态，将自己定义为旁观者，而应当让自己建立参与意识，成为参与者。只有具备参与意识，才有可能以主人翁眼光看待乡村旅游的发展，主动诚信经营、建设乡村旅游目的地，而不是只看见眼前利益、经济利益。农村社区居民的参与旅游决策行为会影响乡村旅游的发展（杨兴柱等，2005）。经营者能够收获正向的参与感知时，会以积极的态度面对旅游开发。第三，培养旅游者的参与意识。旅游者作为整个乡村旅游活动的流动元素，可以盘活乡村旅游，培养旅游者参与意识，亲身参与旅游活动，获得高质量的旅游体验。旅游者参与旅游活动的方式对旅游者体验满意度影响显著（尹燕、周应恒，2013），旅游者的行为态度、自我效能感对旅游意愿存在正向显著影响（胡兵等，2014），旅游参与对友好行为意愿有显著的正向影响（王华、李兰，2018）。同时可以从参与者角度反馈体验，帮助行政管理方和服务供给方改进，而不是一味以"上帝视角"加以指责。

（2）增加就业机会。农村社区居民相对处于弱势和被动的地位，在乡村旅游发展过程中几乎没有决定权、话语权（卢小丽等，2017），在乡村旅游开发时，应确保乡村旅游地的农村社区居民具有优先被雇佣的权利。旅游经营者对其进行岗位培训，有助于提高乡村旅游地整体旅游服务水平，从而提升旅游消费方的满意度，树立良好的乡村旅游地形象。同时配套民俗表演，一方面可以向旅游消费方展示活化的民俗，另一方面可以增加农村社区居民的就业岗位。通过相关培训，使农村社区居民认可民俗、尊重民俗，实现民俗的传承与发展。行政管理方利用各级图书馆、文化流动站等方式，提高农村社区居民的文化程度。同时出台扶持农村社区居民主动提供旅游服务的政策，比如对于开办农家乐，行政管理方给予资金资助；对于经营特色小吃，给予税收、工商等费用的减免；对于出售旅游纪念品，给予合理的摊位设置等。

（3）拓宽参与渠道。推动各类合作平台的上线，与农村经合组织等机构合作，建立跨区域的合作平台，不同区域、不同类别、不同组织，互相取长补短，促进融合，拓宽服务供给方的参与渠道。联合学校举办各类农产品采摘活动，农村社区居民利用自家农田种植草莓、冬枣等合适进园采摘的品种，既增加了参与乡村旅游的渠道，又带来了经济收益，同时还为学校学生提供了研学场所，拓宽了旅游者的体验途径。乡村手工艺品也深受城市旅游者的喜爱，联合包装厂商，为乡村手工艺品制造礼盒装，成为旅游消费方的伴手礼。组织农村社区居民参加各类农产品展销会，拓展农产品的销售渠道，同时与餐厅、超市直接建立联系，直接销售绿色农产品减少中间环节。不但增加了销量，还可以大幅提升讨价还价的能力，增加获利。利用乡村较为广阔的土地，开展一些参与度高、参与门槛低的游憩活动，可以与城市各类俱乐部联合打造，如骑行俱乐部、轮滑俱乐部等，吸引更多的旅游者前来，并且延长逗留时间，增加旅游收入，同时扩宽农村社区居民和旅游者的参与渠道。可以借助飞猪、马蜂窝、携程等成熟的在线旅游平台，拓展乡村旅游地的客源市场。

5.4.3　利益共享协调机制：责权对等的分配机制

乡村旅游利益相关者因为各自社会地位、经济地位等不同，在发展过程中获益多少大不相同，乡村旅游利益相关者是利益共同体，需要共同做大乡村旅游的蛋糕，从中获取更多的利益。适度考量各群体利益，建立符合各群体利益的分配机制，保证各方利益，为可持续发展奠定基础。还需构建利益共享机制，保护农村社区居民弱势群体利益（古红梅，2012）。根据社会交换理论及公平理论，如若某一利益群体，长期受到不公正待遇，势必会产生嫉妒、不满的情绪，甚至出现过激行为，阻碍乡村旅游的发展。根据乡村旅游的发展阶段、获益多少建立责权对等的分配机制。旅游利益相关者需要在开发过程中同时承担成本及利益（王德刚、邢鹤龄，2011），旅游企业需要在其获得经营效益时承担相应的社会责任（李武武、王晶，2013；冯庆旭，2015），实现责权对等，可以通过自律和他律的途径促进企业承担社会责任（沈中印、王军，2011），树立责任意识，以责任作为引领，匹配合适权益，协同发展。通过责权对等的分配机制，解决乡村旅游核心利益相关者利益共享存在的问题，形成正向的公平感知。

行政管理方是方向的主要把控方，制定发展规划，确定合适的发展模式、激励措施，旅游管理部门和旅游利益相关者合作（Tkaczynski，2009），政府需要合理运用手中权力实现公众的公共利益（冯庆旭，2015）。对各方旅游利益相关者群体的行为进行有效的约束与制衡，惩罚不符合多方利益的行为，奖励有益于合作的行为。同时注重公平公开，保障旅游合作的健康、持续发展。服务供给方是乡村旅游的发展主体，应当发挥其积极性和主动性，主动承担相应的责任，在享受经济利益的同时还需要承担社会、生态方面的义务。旅游消费方在获得优质旅游服务与体验的同时，需要保护当地自然环境、支持社区建设。旅游利益相关者围绕权力支配、促进目的地旅游的发展（Bowen et al.，2017）。三方各自享有需要承担的责任及权利，详见表5-20，建立责权对等的分配机制，有助于实现各方利益均衡。

表5-20　　行政管理方、服务供给方、旅游消费方责任权利对比分析

核心利益相关者群体	责任	权利
行政管理方	基础设施完善、关注农村社区居民心理变化、协调各方利益、建立农村社会保障制度、环境保护	实现地方可持续性发展，获得经济、社会、生态利益
服务供给方	资本投入，技术支持，满足旅游者食、住、行、游、购、娱需求，建立产业链	经济回报、土地使用权的补偿
旅游消费方	文明游览、尊重民俗文化、保护资源	获得优质旅游体验、服务

（1）满足被忽视的利益诉求。同为服务供给方的农村社区居民相对于旅游经

营者在利益分配方面处于弱势地位，甚至根本不能获得旅游开发之初承诺的利益分配。旅游经营者由于资本方面的优势对于利益分配有较多的主导权。行政管理方因为手中的控制权、监督权，分配到了相应的利益。农村社区居民对于乡村旅游发展具有重要意义，应当正视其未被满足的利益诉求。

（2）合理的分配方式。分配公平在公平感知中占有重要地位，对行为产生重要影响。首先，依据土地经营权分配。农村社区居民一旦失去了土地就失去了生活的经济来源，失去土地的补偿在当时或许合理，但是长远看来，农村社区居民放弃了赖以生存的土地，即使时下获得了较高的物质补偿，均摊至未来若干年，补偿并不可观。注重解决旅游地初始资源分配公平，可以改善农村社区居民分配不公平的情况（黎洁、赵西萍，2001）。现今土地使用权转让时，为了避免纠纷，大多采用的是一次性赔偿的方式，考虑到农村社区居民未来几十年甚至永久丧失了土地使用权，在心理上产生较大落差，甚至觉得"无家可回"。应当在给予一次性现金补偿的基础上，还需要考虑农村社区居民的参与性，获益的持久性。在征得乡村社区居民同意的前提下，可以通过合同制、合作制，将土地作为股份，参与乡村旅游开发过程，获得乡村旅游发展的红利，年终按照股份享受收益分红，通过股份制和村民自主经营的形式，使农民获得更多的权益（鲁明勇，2011）。其次，依据受损情况分配。由行政管理机构对于遭受生态环境恶化、噪声污染等负面影响的农村社区居民进行生态环境补偿，农村社区居民与当地生态环境长期共生，是生态补偿的重要参与者，以此激发农村社区居民保护旅游地生态环境的积极主动行为（刘敏等，2013）。结合农村社区居民每户家庭条件，可以适当调整分配比例，解决农村社区居民的基本生活问题。按照最低生活保障的标准每个月给村民发放补贴（陈炜等，2015），为直接参与乡村旅游经营的农村社区居民，减免税收及相关审批费用。最后，依据拥有的资源进行分配。分配公平对农村社区居民参与旅游发展具有重要影响，收益分配体现了"正义公平"，涉及社会和政治等多种问题（左冰，2016）。农村社区居民的民居是乡村旅游地的旅游资源，是民俗风情的物质寄托与表现形式之一，是乡村旅游非常重要的组成部分。在征求农村社区居民同意的前提下，将古民居建筑折合成股份入股，通过第三方机构的评估，公平确立价值，农村社区居民在民居内正常生活，但不得破坏其原有风貌，实需改造需要经过审批程序，增强农民的土地财产权，建立明晰的产权制度。如若产权制度不明晰，势必会引发利益主体之间的矛盾，造成利益冲突（郭凌、王志章，2016）。确立农村社区居民的主体地位，在资本介入开发时，应该提高农村社区居民所占收益的总体比例。陕西省咸阳市礼泉县烟霞镇袁家村实施的是"28 开"，即旅游开发公司（以村集体为核心）拿 2 成，云南红河州元阳县阿者科村①，实施"37 开"，即旅游开发公司（以村集体为核心）拿 3 成，自 2019 年 2 月开始运营，仅一年的时间村集体收入达 72 万元。截至 2020 年 1 月，阿者科村户均分红达 5440 元，26 户建档立卡户全部脱贫②。除了乡村民居，农民自身、农田面积、户籍等也都应在分配时作为考量要素，按照各要素在乡村旅游发展中贡献的大小，确定分配占比。

（3）建立发展保护基金。行政管理机构从财政中划拨经费，完善当地的基础设施，同时可从经营者的利润中提取一定比例，建立发展保护基金，用于乡村民俗的发掘、村落的修葺、生态环境保护等。当旅游开发建设成本收回后，应适当提高发展保护基金的提取比例，当然也应充分考量旅游经营者的利益，否则提取保护基金的比例过高，会让经营者丧失安全感，发展旅游的积极性受挫。利用保护基金开展公众教育、完善旅游培训制度，为村民购买医疗保险，解除村民的后顾之忧。本着互惠互利的原则，在友好协商的基础上确定分配的方式、比例，从而更好地完善乡村旅游地旅游基础设施，优化旅游环境，增强乡村旅游地的吸引力，延长旅游者的消费时间、增加消费频次，提升乡村旅游收入，使行政管理方和服务供给方均可获益，步入良性循环发展轨道。

5.4.4　利益确认协调机制：合理完善的保障机制

保障机制是确保利益协调机制顺利运行的基础，为沟通、参与、分配的顺利实现提供保证。结合第 4 章演化博弈分析的结果，需要通过政府介入实现稳定，通过政府主导型治理可以促进乡村旅游的发展（陈爱宣，2008）。从法律保障、制度保障、监管保障、财政保障、设施保障、人才保障、宣传保障、教育保障八个方面构建保障机制，尽量做到合理完善，保障沟通机制、参与机制、分配机制的落地，解决乡村旅游核心利益相关者利益保障存在的问题，形成正向的参与感知、公平感知、认同感知。

（1）法律保障。旅游经济发展较快，不断完善国家、省、市、县、乡村等各层面的相关法律法规，紧跟旅游发展形势，从制度上为各方利益相关者确立保障，维护各方的合法权益。首先，在乡村振兴法的法律框架下加快我国农业旅游的立法建设。借鉴美国经验，在《旅游法》中增加乡村旅游的特别规定，加强《旅游法》中对相关群体利益的保护；在《土地管理法》中禁止以乡村旅游发展

---

① 阿者科村位于红河哈尼梯田申报世界文化遗产的核心区域内，是云南省红河州元阳县政府为保护哈尼梯田，首期改造的 15 个传统村落之一，是第三批中国传统村落，中山大学研究生驻村设计了旅游发展方案和利益分配机制。

② 俞海萍，张勇．王然玄的"阿者科计划"[N]．光明日报，2021－04－08（04）．

为幌子改变土地用途，在《税法》中明确对乡村旅游实行税收优惠，整合有关乡村旅游的法律规定，制定《农业旅游法》（梁田，2019）。同时注重相关法律法规的宣传，使得旅游开发、规划均有法可依，实现乡村旅游地资源的保护性开发，实现各利益相关者协调发展。对损害乡村旅游地资源的行为进行处罚，保护乡村旅游核心利益者的权益。其次，通过确立法律法规，从制度层面确立行政管理方、服务供给方、旅游消费方具有平等地位，既有利于保护各方利益相关者群体，也可以使旅游资源开发有据可依，又有利于提升旅游者体验、增强服务供给方正向旅游感知，免除旅游消费方、服务供给方的除后顾之忧，保障乡村旅游的稳步发展。

（2）制度保障。省、市、县、乡镇、村各级政府管理机构建立适用于乡村旅游目的地的政策，实现横向、纵向多方位的制度保障机制。从财政、税收、工商等多渠道给予补贴，确保旅游经营者和农村社区居民的利益，突出支持职能，保证旅游企业享受工业用电、用水、用气的价格政策。依据利益相关者理论，通过权力关系、权力分配管理，建立协调机制，解决利益相关者行动网络合理配置问题，保障发展的有效实施（Kimbu and Ngoasong，2013）。通过基层群众自治组织，深化村民自治实践，建立充满活力、健康发展的政策保障。通过政府整体的宏观调控，合理有效配置资源（孔璎红、廖蓓，2013）。首先，满足各方合理诉求的同时优先满足紧急诉求。其次，约束各利益相关者的利益诉求，令其保持在合理范围内。定期对服务供给方进行评估、考核，建立星级评定制度，对于不合格的服务供给方，实行退出机制，从制度上起到警示作用；同时对合格的服务供给方发放各种补贴，对旅游消费方给予奖励。良好的制度有助于提升旅游服务质量，给旅游者更好的体验推进乡村旅游地的发展，一是可以保障乡村旅游发展的质量，二是会吸引更多的旅游消费方与服务供给方，形成良性循环。再次，建立共生制度，规范各方的责任权利，利益分配、奖惩严格按照制度执行，实现利益共享、风险共担。对于身处异地的旅游消费方，建立公开、公正、快速处理的旅游投诉响应机制，营造良好的旅游消费环境；对于农村社区居民，建立健全农村社区听证制度，在制定旅游地开发政策时，需要召开听证会，邀请农村社区居民、行业协会、旅游科研机构的专家等出席，广泛征求各方意见。通过制度保障，实现"事前博弈"，避免因为"事后博弈"消耗大量的人力物力财力，影响协调机制的有效运行（王宁，2019），同时制度保障了旅游地弱势群体的利益，有利于形成平衡的权力关系，推进旅游业的健康发展。

（3）监管保障。结合第 4 章博弈分析的结果，行政管理方需要选择介入策略，才有利于实现各利益相关者的稳定状态，政府介入包括支持、监管、引导等举措。行政管理方以劝导或权威的方式保障监管的顺利实施，促进内部沟通的实现（Marzano and Scott，2009）。行政管理方因为具有行政主导权，承担主要的监管责任，但行政管理方是有限理性的，会出现寻租等谋私利的行为，损害服务供给方和旅游消费方的利益。需要引入第三方介入机制，如旅游研究领域的专家、行业协会代表、媒体，非政府组织等，建立旅游市场监管机制便于监督乡村旅游开发、经营过程中各利益主体的行为，维护弱势一方的合法权益（周辉等，2016）。政府拥有强制性权利，在旅游发展中影响力较大（Saito and Ruhanen，2017），通过第三方监督机制，制衡强势一方。可以通过农民旅游协会兼顾考量农村社区居民的利益与乡村旅游目的地发展（陈志永等，2008）。社会资本在经济上具有绝对优势，在旅游开发初期会通过解决部分农村社区居民就业的形式，与农村社区居民和平相处，一旦社会资本站稳脚跟，就可能会撒弃农村社区居民独享收益。农村社区居民在乡村发展过程中，如认为旅游经营者获利颇多，认为最初的赔偿方案不公，可能会采用不理智的行为，阻挠旅游经营者经营，这些都可以通过第三方介入机制予以协调。乡村旅游开发是市场经济背景下的产物，行政管理机构既是裁判员又是运动员，显然不符合市场规律，建立完善的介入监管机制是乡村旅游健康发展必要保障。

（4）财政保障。通过小额贷款、创业基金、政府设立财政专项资金等途径，建立多元融资机制，为农村社区居民和旅游经营者提供资金支持，形成有利的财政保障。2019年7月26日，文化和旅游部办公厅、中国农业银行办公室联合发布《关于金融支持全国乡村旅游重点村建设的通知》，中国农业银行在5年内将向旅游重点村提供人民币1000亿元意向性信用额度，支持重点村文化和旅游资源开发、生态、传统文化保护、公共服务与旅游配套设施建设，以及乡村民宿、观光度假、农事体验、乡土美食、文化创意等文化和旅游产品的研发与推广①。通过政策倾斜，利用优厚的投资政策，建立有效的公共投资机制，营造良好的投资环境吸引社会资本的介入，利用社会资本的力量，解决设施投入的资金问题。同时申请银行贷款或者通过增发股份实现快速增资，改善乡村旅游地的基础设施建设等硬性条件，符合各方利益相关者的需求。

（5）设施保障。综合治理各种环境问题，乡村旅游地的固体垃圾基本实现了集中回收处理。政府应当划拨专项资金，建立污水处理厂、固体污染物处理厂，以免污染物随意丢弃，对环境造成负面影响。乡村如厕难的问题是目前乡村旅游

---

① 文化和旅游部办公厅，中国农业银行办公室．关于金融支持全国乡村旅游重点村建设的通知．http：//zwgk.mct.gov.cn/auto255/201909/t20190904_846089.html？keywords =，2019/07/26。

发展中特别需要解决的问题。首先确保厕所的卫生状况满足旅游消费方的需求，其次解决污水集中处理的问题。目前大多乡村采用深挖渗水井，化粪池的方式处理粪便，难免出现外泄、气味难闻的情况，需要通过"厕所革命"，改善农村社区居民的生活质量。同时社区参与、物质精神各项福利、身体健康等各类因素都会影响居民对旅游业发展态度（Kim et al.，2013），通过完善各项设施，提升居民、旅游经营者、旅游者各类利益相关者的满意度，促进旅游业健康发展。

（6）人才保障。农村社区居民是乡村旅游发展的重要支撑力量，乡村旅游地空心化现象明显，青壮年劳动力大多远赴城市打工，村里大多是老人、孩子、部分妇女，提供具有吸引力的政策，吸引青壮劳动力回归，推进人才回乡计划，实现"留得住人""留得住心"，解决农村剩余劳动力的就业，促进收入增长。同时还需要集聚其他有技术、有想法、有视野的年轻人前来创业，优化创业环境、建立人才引进机制，配套相应的人才奖励机制，实现"引进来""留下来"。被选派到阿者科驻村的王然玄总结出"坚持本土培养与高端引进相结合"的人才保障机制。从 2018 年开始中山大学先后选派 6 名博士生、硕士生到阿者科村驻点指导，阿者科村自己先后培养"明白人、带头人"3 名[1]。人是乡村旅游地的根基，人才保障为乡村文化发展创造活力，这是文化传承与发展的根本，否则很多文化无人继承发展，变成"传说"，停留在纸面，失去了文化的"魂"。

（7）宣传保障。加大宣传力度，旅游开发归根结底需要旅游消费方消费旅游服务，只有吸引旅游者前来旅游，才有可能讨论旅游开发是否成功。如今信息爆炸化的时代，酒香也怕巷子深，大力对外宣传十分必要。通过电视、报纸、互联网媒体途径广泛宣传，还可以通过拍摄旅游宣传片，参加《舌尖上的中国》、腾讯的《风味》系列等栏目展示美食特色，显著提升当地知名度。参加综艺节目拍摄也是有效的宣传方式，《爸爸去哪儿》节目的热播带火了一系列的乡村旅游地，《向往的生活》热播之后，密云县新城子镇花园村的"蘑菇屋"更是成了打卡圣地。旅游者慕名而来，通过互动引导吃农家饭、赏农村民俗、住乡村民居，真正融入乡村旅游目的地，获得高质量的旅游体验。乡村旅游地政府、居民、旅游经营者通过与旅游消费方的互动，发现旅游开发过程中存在的问题，听取旅游者的建议，不断提升旅游消费方的旅游体验，形成良好的口碑，推进旅游者接待人次与旅游收入的稳步增长。

（8）教育保障。农村社区居民由于文化水平较低，需要政府及其他利益相关者做出改变（Wang et al.，2010）。对农村社区居民进行培训，帮助其掌握最基

---

[1]　俞海萍，张勇. 王然玄的"阿者科计划"［N］. 光明日报，2021 - 04 - 08（04）.

本的经营、服务技能，通过专业培训团队，教会农民技术、市场、管理等基本常识，全面提高综合素质。结合农村社区居民文化程度普遍不高的情况，可以通过图片展示、亲身示范等形式，利用电视、广播、微信群等媒介展开培训，多渠道、多手段地提升农村社区居民综合素质，促进乡村旅游地人文环境的改善。同时进行民俗文化教育，帮助农村社区居民从内心认可民俗，重新认识乡村旅游资源的潜在价值，建立参与乡村旅游发展的文化自信，通过表演等形式展现民俗，获得参与的内在动力。也可以在其获得相关知识的前提下，自己决定服务的供给方式与未来的发展方向，建立并完善文化的自我更新及自我传承机制（李伟，2003）。除了对农村社区居民进行上岗培训外，借助互联网信息平台，增强获取信息能力、谈判能力，提升个人素养，避免出现过激行为而引发冲突，形成优良的乡村治理基础环境。通过教育宣传，使行政管理方、服务供给方、旅游消费方建立环保发展意识，坚定环保发展观念。并通过宣传让其他非核心利益主体也建立环保发展意识，在乡村旅游发展过程中，尽量不使用一次性筷子、塑料袋等容易造成污染的各类材料，并且注重开发、经营、游览过程中对资源的保护。在乡村旅游地通过宣传手册、张贴海报的形式宣讲环保意识，联合全体利益相关者净化环境。

通过沟通机制、参与机制、分配机制、保障机制四类机制，建立乡村旅游核心利益相关者利益协调机制，落实解决利益表达方式、利益获取方式、利益共享方式、利益确认方式与利益相关者密切相关的诉求，详见图5-7。

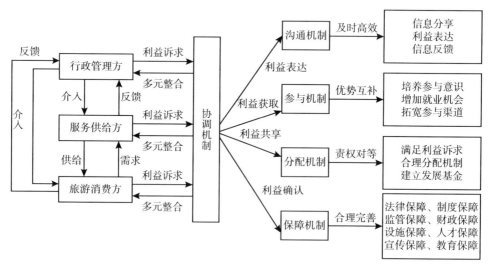

图5-7　乡村旅游核心利益相关者利益协调机制模型

通过及时高效的沟通机制实现乡村旅游核心利益相关者的利益表达，形成正向的参与感知、认同感知；通过优势互补的参与机制实现乡村旅游核心利益相关者的利益获取，形成正向的参与感知；通过责权对等的分配机制实现乡村旅游核心利益相关者的利益共享，形成正向的公平感知；通过合理完善的保障机制实现乡村旅游核心利益相关者的利益确认，形成正向的参与感知、公平感知、认同感知；最终构成立体化、多元化的利益协调机制，协调乡村旅游核心利益相关者的利益。

5.5　本章小结

本章主要分析了乡村旅游核心利益相关者利益协调机制的构建，得出以下三点研究结论：

第一，建立乡村旅游核心利益相关者利益协调机制时，应当以社会交换理论、公平理论、行动者网络理论为指导，遵循利益协调机制的构建机理，通过利益协调机制解决负外部性，促进供需平衡，激发内生动力，实现协同发展，促使服务供给方形成正向的参与感知、公平感知、认同感知。并依照效率与公平兼顾原则、责权利明晰原则、竞争合作适度原则构建，确保利益协调机制的切实可行。

第二，根据第 4 章演化博弈分析的结果，当行政管理方选择"介入"策略，服务供给方选择"诚信"策略，最终可实现均衡状态，因此，促使服务供给方选择"诚信"策略是协调机制实现均衡状态的关键。通过理论分析与研究假设、研究设计、实证检验、模型检验等统计分析的方法，得出正向的旅游感知（包括参与感知、公平感知、认同感知）对诚信经营意愿具有正向影响，政府介入正向调节对参与感知、公平感知、认同感知呈正相关关系。在构建协调机制时需要注重塑造服务供给方正向的旅游感知，从而促使其选择"诚信"策略，提供多元化令旅游消费方满意的旅游产品，旅游消费方选择"支持"乡村旅游发展策略，进入良性循环发展渠道，有利于均衡状态的实现。

第三，结合统计分析结果，根据协调机制均衡状态影响因素、构建原则、构建机理，构建由利益表达机制、利益获取机制、利益共享机制、利益确认机制构成的利益协调机制。

根据行动者网络理论增加"桥梁"的要求，结合增强正向参与感知、公平感知的目标，从信息分享渠道、利益表达渠道、信息反馈渠道着手建立及时高效的沟通机制，解决乡村旅游核心利益相关者利益表达问题，形成正向的认同感知与参与感知。根据行动者网络理论各结点平等的要求，结合增强正向公平感知、参与感知的目标，从培养参与意识、增加就业机会、拓宽参与渠道建立优势互补的参与机制，解决乡村旅游核心利益相关者利益获取问题，形成服务供给方正向的参与感知。根据社会交换理论，结合公平理论，从满足被忽视的利益诉求、合理的分配方式、建立发展保护基金三方面建立责权对等的分配机制，解决乡村旅游核心利益相关者利益共享问题，形成正向的公平感知。根据利益相关者理论，社会交换理论，从法律、制度、监管、财政、设施、人才、宣传、教育八方面构建合理完善的保障机制，解决乡村旅游核心利益相关者利益确认问题，形成正向的认同感知、参与感知、公平感知。最终构建由及时高效的沟通机制、优势互补的参与机制、权责对等的分配机制、合理完善的保障机制构成的立体多元化的利益协调机制。协调机制可以解决行政管理方、服务供给方、旅游消费方的利益冲突，满足各方的利益诉求，并会在冲突萌芽期发挥协调作用，降低发生重大冲突的可能，促进乡村旅游健康发展，实现乡村振兴。

第6章

乡村旅游核心利益相关者
利益协调机制实证分析

6.1 袁家村概况

陕西省咸阳市礼泉县烟霞镇袁家村距离西安市约90公里，属于关中平原北部。原有村民286人，曾经被当地人称为"烂杆村"，如今已成为全国有名的明星村，有创业者1000多名，各类经营户600余家，吸纳3000多人就业，间接带动周边村落就业近万人。2015年十一黄金周日均接待旅游者18万人次，超过兵马俑。2016年，陕西省委一号文件提出"在全省推广袁家村模式"。2017年，袁家村共接待旅游者500多万人次，旅游总收入3.8亿元，村民人均纯收入8.3万元，集体经济累计达20多亿元。日均收入100多万元，年收入5亿元，旅游收入加上品牌餐饮年营业额突破10亿元。[①]

2007年袁家村开始发展旅游产业，袁家村村委书记郭书记提出"大干100天，幸福袁家人"的旅游发展思路，2012年酒吧咖啡一条街建成开业，2014年艺术长廊建成，2015年回民街、祠堂街开业，第一家"进城店"运营，2016年大型生态停车场建成投入运营，"书院街"项目建设完成，2017年袁家村"走出去"战略迈出坚实步伐，袁家村与湖北、山西、河南、青海、浙江、江苏等省份签订战略合作协议，到2019年共有16家"进城店"相继运营，青海省平安县袁家村·平安驿、河南同盟古镇·袁家村开业、山西袁家村·忻州古城相继开业。历经12年，袁家村从旅游发展思路的提出到实践，逐步迈向成熟，发展历程详见表6-1。

---

① 雷婷. 陕西礼泉县袁家村：穷山村成为休闲金招牌［N］. 经济日报, 2018-12-15 (06).

表 6 - 1   袁家村旅游产业发展历程 (2007~2019 年)

年份	事件
2007	郭占武书记提出"大干 100 天,幸福袁家人";首批建成作坊街和 5 户农家乐
2008	组织村民外出考察学习(先后赴四川成都、云南丽江、山西平遥等地考察学习)
2009	小吃街建成开业
2010	将作坊店改制为股份合作社,实现质的变革
2011	郭占武书记提出从"乡村旅游向乡村度假转型";重建唐宝宁寺
2012	酒吧咖啡一条街建成开业
2013	开办袁家村农民学校;第一届袁家村集体过大年
2014	艺术长廊建成;开通袁家村至西安、咸阳的旅游专线
2015	第一家进城店"曲江银泰城店"开业;回民街、祠堂街开业;天元度假酒店建成投入运营;烧烤街开业运营
2016	大型生态停车场建成投入运营;组织村民商户分批去日本学习;"书院街"建设完成;进城店(赛格国际店)开业运营
2017	与湖北、山西、河南、青海、浙江、江苏等省份签订战略合作协议;进城店(咸阳正兴店、胡家庙万和城店、浐灞砂之船店)开业运营
2018	进城店(龙首村盛龙店、凤城八路卜蜂莲花店、北郊凤城一路店、东方亿象城店、万国荟奥特莱斯店、未央路店、高新卜蜂莲花店)开业运营;青海省平安县袁家村·平安驿开业;冬至长街千人饺子宴
2019	进城店(骡马市店、民乐园店、高新万象汇店、宝鸡星钻店)开业运营,河南同盟古镇·袁家村开业、山西袁家村·忻州古城开业

注:笔者根据公开资料整理。

    袁家村自 2007 年开始发展旅游产业以来,年接待旅游者数量已由最初的 3 万人,突破到 500 万人。袁家村被评为"中国十大最美乡村""中国十大最有魅力的休闲乡村""国家特色景观旅游名村""优秀乡村旅游示范村",一步步实现了"农村—景点—体验地—核心品牌"的进阶,把袁家村"关中印象体验店"开进了西安市、咸阳市。

    总结袁家村 12 年的发展历程,历经了三个阶段:初始阶段(2007~2010 年),品牌建立,定位为关中民俗旅游,创立旅游品牌;快速发展阶段(2011~2014 年)品牌完善,定位为乡村度假旅游,以品牌带产品;迅速扩张阶段(2015 年至今),

品牌输出，定位农副产品产业化，形成农副产品产业链，详见表6-2。

表6-2　　　　　　　　　袁家村乡村旅游发展阶段及定位分析

时间	阶段划分	特点	定位
2007~ 2010年	初始阶段 品牌建立	以关中传统老建筑、老作坊、老物件展示关中民俗，满足旅游者周末一日游需求。按照自主规划、营销的发展方式，确保袁家村的原始风味	关中民俗旅游 旅游创品牌
2011~ 2014年	快速发展阶段 品牌完善	增加客栈、民宿，床位规模超过2700张，节假日依旧供不应求，平日入住率约为60%；书屋、创意工坊相继开业很多大学生在酒吧一条街创业	乡村度假游 品牌带产品
2015年 至今	迅速扩张阶段 品牌输出	2015年8月30家优选商户构成的第一家进城店在西安曲江银泰城开业，9个月收回村民入股的600万元投资。截至2019年5月，袁家村已开设14家城市体验店，还有青海西宁项目、山西忻州项目、河南郑州项目、湖北十堰项目等品牌输出项目	农副产品产业 产品立产业

注：笔者根据公开资料整理。

从2014年开始，袁家村举办"摇滚音乐节""未来科技音乐节""中国丝绸之路吐鲁番葡萄节袁家村分会场"等活动，在品牌运营不断发展成熟的同时，走上了多元化发展道路的探索，知名度不断提升，详见表6-3。

表6-3　　　　袁家村品牌运营多元化发展历程（2014~2019年）

时间	事件
2014年4月	举办摇滚音乐节
2016年10月28日	中国（袁家村）乡村旅游高峰论坛
2017年5月3日	袁家村美丽乡村培训班开班
2017年8月26日~9月3日	中国丝绸之路吐鲁番葡萄节，陕西袁家村分会场
2017年10月1日~10月8日	袁家村旅游发展10周年，举办"未来科技音乐节"
2017年12月6日~12月8日	世界乡村大会
2017年12月20日	陕西省农村综合改革试点现场工作会在袁家村召开
2018年5月6日~5月10日	国家乡村旅游人才培训基地·乡村旅游创新创业联盟首次合作联席会暨2018年乡村旅游经典标杆（陕西·袁家村）游学营

续表

时间	事件
2018 年 12 月 21 日	第八届全国农民合作社大会暨首届中国乡村振兴论坛、袁家村峰会
2018 年 12 月 23 日	第六届中国（咸阳）国际微电影展在袁家村落幕
2019 年 2 月 27 ~ 28 日	袁家村代表陕西省参加在吉林长春举办的第一届全国农民冰雪运动会
2019 年 10 月 1 日	陕西中医药大学附属医院袁家村中医药健康旅游示范基地试营业

注：笔者根据公开资料整理。

随着袁家村旅游产业的发展壮大，其影响力不断提升，被中央电视台、湖南卫视、美国 PBS 电视台等国内外知名媒体争相报道，2015 年袁家村一跃成为"中国乡村旅游创客示范基地"、2017 年被定为"全国农村综合性改革试点""2018 中国旅游总评榜陕西高分榜——年度最受欢迎美丽乡村"，2019 年"首批全国乡村旅游重点村"。袁家村获得知名度的同时，也获得了美誉，详见表 6 - 4。

表 6 - 4　　　　袁家村与知名媒体合作事件（2010 ~ 2019 年）

时间	事件
2010 年 4 月	CCTV - 10 "希望英语"栏目走进袁家村拍摄关中民俗
2014 年 3 月	CCTV - 7 在袁家村拍摄《美丽乡村中国行》
2014 年 7 月	湖南卫视 "汉语桥" 栏目组来袁家村拍摄
2015 年 10 月	受邀参加湖南卫视 "第十届金鹰电视艺术节"
2016 年 12 月 6 日	CCTV - 4《远方的家》栏目组在袁家村拍摄，2017 年 2 月播出
2016 年 12 月	CCTV - 7《美丽乡村过大年》在袁家村拍摄，2017 年 1 月播出
2017 年 4 月 16 日	美国 PBS 电视台在袁家村拍摄中国旅游宣传片
2017 年 12 月 26 日	CCTV - 3 新春特辑节目《正月好味到》在袁家村拍摄
2018 年 7 月 31 日	《经济半小时》播出 "贫瘠土地如何遍地生金"
2018 年 8 月 6 日	《美丽中国乡村行》播出 "中国美丽乡村——创新袁家村"
2019 年 4 月 12 日	陕西日报等 10 余家主流媒体 "壮丽 70 年·奋斗新时代" 主题采访活动
2019 年 9 月 29 日	陕西省委宣传部（省政府新闻办）等部门举办的陕西 "我爱你中国" 系列公益快闪之 "乡村振兴" 在袁家村拍摄

注：笔者根据公开资料整理。

袁家村吸引了 1000 多名创业者参与乡村旅游发展，吸纳周边劳动力 3000 多名，每年吸引旅游者 500 多万人次，受到业界和学界的广泛关注，袁家村发展过程中出现了林林总总的利益相关者关系，如村民和经营者之间的关系，旅游者和经营者之间的关系，村民、旅游者、旅游经营者内部的关系。袁家村案例地具有丰富的素材，是研究居民、旅游者、旅游经营者核心利益相关者理想的案例地。

6.2　袁家村乡村旅游核心利益相关者分析

6.2.1　行政管理方

袁家村地处陕西省咸阳市礼泉县烟霞镇，根据第 3 章的分析，管理维度的行政管理方是中央、陕西省、咸阳市、礼泉县、烟霞镇、袁家村集体的各级政府及相关管理机构。各级政府管理机构十分重视袁家村的发展，中央、省市领导多次前往袁家村视察乡村旅游发展情况，对于袁家村的成绩给予肯定，并给予现场指导。

陕西省委 2016 年一号文件明确提出推广"袁家村模式"。礼泉县委和县政府充分尊重、积极引导袁家村人民群众的创新实践，并在政策、配套、培训和服务等各方面给予大力支持和帮扶营造，有利于袁家村创新发展的大环境。

礼泉县把袁家村当作金字招牌，礼泉县委县政府从政策、资金、人才、管理等各方面大力支持袁家村发展，部分政策梳理见表 6 - 5。

表 6 - 5　礼泉县委县政府机构支持袁家村乡村旅游发展举措（2007 ~ 2019 年）

年份	各类支持事项
2007	袁家村作为乡村旅游发展试点，每年列支 200 万专项资金完善其基础设施及配套；扶持袁家村农家乐，简化审批手续，减免收费
2010	确定袁家村为城乡一体化试点村
2012	连续三年每年 50 万以奖代补；在袁家村附近规划建设中学、敬老院、供水站等；投资修建多条道路；开通西安、咸阳、礼泉至袁家村旅游专线、公交专线
2013	成立袁家社区，推动"一村带十村"战略；领导及机关干部主动宣传推销，县财政出资印制旅游宣传品；推荐袁家村参与国家、省市诸多奖项评选
2014	确定袁家村为传统民俗文化村试点示范村
2016	确定袁家村为市级城乡一体化调研基地；派遣优秀大学生村官；多部门联手设立大袁家景区管委会

续表

年份	各类支持事项
2017	划拨专项资金美化袁家村道路沿线，整治周边村容村貌
2018	礼泉县食药监局对袁家村餐饮从业人员进行培训
2019	礼泉县市场监管局利用休息时间，上门集中办理袁家村食品经营户许可证延续申请

注：笔者根据公开资料整理。

袁家村村委会作为基层群众自治组织，带动袁家村发展，袁家村坚持集体经济，70 年代发展农业，解决温饱；80 年代创办楼板厂、水泥厂，带动致富，是陕西首个万元村，1994 年还获得了华国锋亲笔题词。2007 年起带动农村社区居民发展旅游，村集体免费提供水泥，支付一半农家乐改造费用，鼓励农村社区居民开办农家乐。

"刚开始的时候，……村上说给补贴。"[1][2]（G - 2019 - 20）

"咱这是最早的农家乐，村上支持开的，水泥免费用，还给出一半改造的钱。"（S - 2019 - 居民 - 46）。

2007~2008 年，带领村民打造康庄老街，以关中传统的手工作坊为主，免租金并给付保底工资。以前店后厂的形式，向旅游者展示面粉、油、辣子、豆腐、布和衣服的制作过程。2009~2010 年确立免租金招募小吃街商户，要求以关中地区特色小吃为主，每店经营一种，不能添加防腐剂，只能出售当天食品，各家店铺不得使用冰箱，确保食材新鲜，确保食品安全。2015 年烧烤街开业，如果发现坏肉，停业一周。

"村上免费给我提供这地方，给我管饭、发工资，支持力度大得很。"（S -

---

[1] 注：笔者带领调研团队分别于 2015 年 7 月、2017 年 7 月、2019 年 2 月在袁家村开展多次深度访谈、问卷调查，对调研情况予以简要说明：第一，调研团队组成。2015 年 7 月 18~27 日，由笔者带领 2 名硕士、3 名本科生组成调研团队；2017 年 7 月 9~10 日、14~17 日笔者带领 2 名硕士、6 名本科生组成调研团队；2019 年 2 月 6~8 日时值春节假期，只有笔者开展调研工作。第二，调研工作量。三次调研向旅游者发放问卷 600 份，回收问卷 563 份，有效问卷 531 份。向居民、经营者共发放问卷 600 份，回收问卷 546 份，有效问卷 498 份。开展深度访谈 127 人次，其中访谈各级政府管理机构人员 20 人次、旅游经营者 59 人次、居民 48 人次。第三，编号规则说明。出于科研伦理考量，对访谈对象编号。编号规则如下："G"代表各级政府管理机构，"C"代表旅游消费方，"S"代表服务供给方，其中服务供给方包括"居民""旅游经营者"，用文字加以区别；"2015""2017""2019"是年份，分别代表在"2015 年""2017 年""2019 年"进行的访谈；01"代表受访者编号"。（不同类受访者，分类编号）。如"G - 2019 - 20"代表 2019 年访谈各级政府管理机构人员，序号为 20 号，"S - 2019 - 居民 - 46"代表 2019 年访谈的服务供给方中的居民，序号为 47 号，（同类受访者编号，三年依次连续，下同）。

[2] 引号里的内容是深度访谈时被访者的原话。

2015 - 经营者 -21）

"我（做豆腐脑）手艺是家传的，（袁家村）2010 年小吃街招商时去乾县请我来的，……"（S - 2019 - 经营者 -49）①

"咱这是老豆腐。你知道啥叫老豆腐不？就是做豆腐的水，发酵之后，第二天点豆腐，不添加任何防腐剂。"（S - 2019 - 经营者 -47）

"村上让管理人员每家品尝，挑选了 10 家味道好的批准开业。现在每天羊肉现杀现吃，80 元一斤。村里规定如果发现有坏肉，停业一周"（S - 2015 - 居民 -26）

2012 年袁家村村委会下属公司经营菜籽油、豆腐、醋、酸奶、粉条、辣子等作坊和小吃街的股份合作社。实现"合作社 + 全村众筹 + 分红"模式。

袁家村的成功离不开郭占武书记的带领，他是行政管理方在袁家村的深入代表，这也与有关学者认为政府官员在旅游发展中居于重要地位的研究结果一致（Byrd，2009；Ng，2017）。政府官员在介入乡村旅游发展时，注重维护农村社区居民和旅游经营者的诸多利益，获得服务供给方的交口称赞。

"（政府）没有直接帮助，书记郭占武带领下自己发展。"（G - 2019 - 18）

"郭占武书记是神人，当年在绝望之中的逆袭，胜利之后继续无私奉献，得人心了。不拘一格考虑问题，总能透过现象看到本质，带领袁家村成功。"（G - 2019 - 19）

"每一步都听他（郭书记）的，真的，每一步都听他（郭书记）的。我们腐竹作坊做到现在，做的口碑非常好。"（S - 2019 - 经营者 -48）

"我当时大学毕业想留在这里，担心自己是云南人，人生地不熟，郭书记告诉我说，你在这里放心做你的创作，其他事情交给我。"（S - 2017 - 经营者 -33）

在郭占武书记的影响下，袁家村管理人员均没有工资，带领农村社区居民和旅游经营者一起致富。

乡村振兴要求"治理有效"，治理有效由行政管理方推进，农村社区居民受到文化程度的限制，处理问题大多只考虑眼前利益，需要行政管理方有意识的引导。国家、省、市、县、乡镇、村各级政府管理机构，均对袁家村乡村旅游发展起到了积极的助推作用。通过政策倾斜、经济补贴等多途径，引导袁家村乡村旅游健康发展。

袁家村在各级行政管理机构的指导下，快速向前发展，各级行政管理机构从各方面肯定了袁家村的成就，袁家村被授予了"全国生态示范村""第二批中国

---

① 为最大程度还原被访者的意图，笔者添注了括号中的字，下同。

传统村落""全国农村综合性改革试点"等荣誉,详见表6-6。各级政府管理机构从政策支持到财政补贴,给予了袁家村大量的指导与帮助,为袁家村乡村旅游顺利发展,营造了良好的发展环境。

表6-6 袁家村乡村旅游发展所得荣誉(2009~2019年)

年份	授予部门	称号
2009	陕西省农业厅	陕西省一村一品农家乐明星村"、陕西省文化产业示范单位
	省环保厅	陕西省生态村
2010	国家旅游局	AAA级旅游景区
2011	农业部	中国最有魅力休闲乡村
2012	农业部	全国一村一品示范村、全国生态示范村
	陕西省发展和改革委员会	旅游服务业标准化试点
2013	国家住建部及旅游局	国家特色景观旅游名村
	住房城乡建设部、文化部、财政部	第二批中国传统村落
2014	国家旅游局	国家AAAA级景区
	中国农业投资对接大会	中国十佳小康村
	农业部等六部委	第二届"中国十大最美乡村"
	陕西省宣传部	2013度陕西最具成长力文化企业
2015	国家旅游局	首批"中国乡村旅游创客示范基地"
	陕西省政府	陕西名牌
2016	国际旅游投资协会	"中国最佳旅游项目"提名
	中国社会科学院	中国乡村旅游研究基地
2017	西安饭店与餐饮行业协会	最具影响力快餐品牌
	国务院综改办	全国农村综合性改革试点
2018	陕西省旅游协会等主办	2018中国旅游总评榜陕西高分榜——年度最受欢迎美丽乡村
2019	文化和旅游部、国家发展和改革委员会	首批全国乡村旅游重点村

注:笔者根据公开资料整理。

6.2.2 服务供给方

1. 基本情况分析

袁家村村民是袁家村乡村旅游发展的重要力量，要做好乡村旅游发展就必须了解村民，明确其利益诉求、树立其主体地位、实现其自主发展。袁家村每户都是开放的，白天几乎所有村民的大门都敞开，旅游者可以借道，也可以喝水，可以回答任何旅游者、调研者的问题①，甚至可以分享村民自己种植的水果和蔬菜。正如 2015 年 11 月，郭占武书记在"中国首届古村大会"上的发言中说"村民充分融入乡村旅游发展过程中，才会推进乡村旅游的可持续发展"。

袁家村的服务供给方主要分为三大类：第一类是袁家村的原住民，也被叫作"老村民"，共有 62 户，大多经营农家乐、正餐、小吃②、个别辅以出售土鸡蛋③、晚上卖烧烤④等经营方式。第二类是外来经营者，也被称为袁家村的"新村民"，共有 700 多户，经营范围较广，涉及食品、文创产品、手工艺品、民宿等多种样式，或者承包老村民的农家乐开展经营活动。主要在小吃街、祠堂街、南货街、回民街、酒吧街、艺术长廊等地经营，占据了袁家村服务供给的主体地位。相对具有更新的经营理念，文化程度略高，很多大学生选择在酒吧街创业。袁家村吸纳周边劳动力 3000 多名，为旅游者提供各项旅游供给。第三类是袁家村村集体成立的公司。（1）2007 年，成立陕西关中印象旅游有限公司，注册资金 500 万元，经营范围为关中民俗旅游。（2）2007 年，成立礼泉五谷丰裕农产品有限公司，注册资金 300 万元，起初经营范围仅包括农产品加工销售，2014 年经营范围增加了乳制品、酒类销售。袁家村集体成立的公司主要负责农产品的生产和销售，为实现袁家村"三产带二产促一产"的目标奠定基础。本书主要分析袁家村乡村旅游的核心利益相关者，后文分析袁家村服务供给方时仅涉及第一类和第二类服务供给方。

2. 旅游影响感知分析

对农村社区居民，旅游者、管理人员访谈，分析其对另外两类利益相关者的看法，访谈结果可以反映当地的经济、社会和环境问题（Tsaur et al.，2006）。

---

① 笔者 2015 年 7 月、2017 年 7 月、2019 年 2 月多次在袁家村调研时深切感受到袁家村村民的热情，"吃了么？""天这么热，赶紧喝口水""你坐下问"……这样的关切之语时常在耳边响起，每位被访的村民都很有耐心地回答问题。

② 样本："S－2015－居民－05""S－2015－居民－07""S－2015－居民－14""S－2015－居民－20""S－2015－居民－35"深度访谈记录。

③ 样本："S－2015－居民－16"深度访谈记录。

④ 样本："S－2015－居民－26"深度访谈记录。

2015 年 7 月在袁家村对农村社区居民进行深度访谈时，很多袁家村"老村民"表达了许多不同的声音，主要体现在以下三个方面：

首先，外来的经营者定价更高，更挣钱。

"外来的弄的高级，价格也贵，比咱这挣钱。"（S - 2015 - 居民 - 01）

"外头来搞住宿的，弄的洋火（洋气），价格就高，一间房挣咱 4 - 5 间的（钱）。"（S - 2015 - 居民 - 08）

其次，外来的经营者抢生意。

"外来的（经营者）还是有影响，我本来这个住宿还能更好一些，外来的开了客栈，抢走了一些生意。"（S - 2015 - 居民 - 24）

"好多客人都被外头来的开客栈的抢走了，人家会经营。"（S - 2015 - 居民 - 28）

最后，对环境产生影响。

"外来的（经营者）经营乱得很，啥人都有，不像咱这乡党，谁都知道谁，谁是个啥情况都知道，外来的应该好好管理。一下承包一个院子，就开始装修，吵得很，对咱生意影响也大，管理也不好弄，哎。"（S - 2015 - 居民 - 38）

通过访谈内容分析得出，袁家村的"老村民"经营农家乐时，同外来经营者"新村民"之间存在"客源"（抢生意）、"噪音"（吵得很）、"人际关系"（啥人都有）等方面的利益冲突。产生利益冲突的同时，也有部分"老村民"认为外来经营者带来了新理念，可以学习经验，提升自身经营水平。

"外来的经营者有先进的经营理念，人家有先进的想法，咱都没见过。看村上能不能协调，看咋发展。"（S - 2015 - 居民 - 07）

"外来的经营者好着呢，能带来新东西，你看新开的外些（那些）客栈，弄得洋气得很，不像咱这。人家（外来的经营者）来了，咱可以去学习么。"（S - 2015 - 居民 - 14）

乡村旅游目的地的居民、经营者、政府和旅游者四个利益相关者群体，对乡村旅游影响感知存在差异（Byrd et al.，2009）。居民和经营者是服务供给方的重要组成部分，分析其旅游影响感知差异可以更好地了解袁家村服务供给方的特点，同时旅游影响感知差异直接会对利益诉求产生影响，甚至引发利益冲突。袁家村农家乐最先由"老村民"经营，随后"新村民"不断涌入，以袁家村农家乐经营者作为调查对象，可以更好地厘清袁家村服务供给方中农村社区居民（老村民）和旅游经营者（新村民）之间的利益纠葛及旅游影响感知差异，具有较强的代表性。在 2015 年访谈调研的基础上，于 2017 年 7 月 9 ~ 10 日、14 ~ 17 日在袁家村展开问卷调查。

（1）研究假设。

为探究个人属性和经营状况之间的关系，提出假设 H1 和 H2。另外，在文献梳理的基础上，结合之前访谈结果，从居民的语句表述中获得启示，将旅游影响感知初步分为社会、经济、环境等方面，分别从个人属性和经营状况两个角度提出以下研究假设：

假设 H12：经营者身份对经营产品类型具有显著差异；

假设 H13：经营者身份对营业收入具有显著差异；

假设 H14 - 1：经营者身份对社会影响感知具有显著差异；

假设 H14 - 2：经营者身份对经济影响感知具有显著差异；

假设 H14 - 3：经营者身份对环境影响感知具有显著差异；

假设 H15 - 1：性别对社会影响感知具有显著差异；

假设 H15 - 2：性别对经济影响感知具有显著差异；

假设 H15 - 3：性别对环境影响感知具有显著差异；

假设 H16 - 1：年龄对社会影响感知具有显著差异；

假设 H16 - 2：年龄对经济影响感知具有显著差异；

假设 H16 - 3：年龄对环境影响感知具有显著差异；

假设 H17 - 1：受教育程度对社会影响感知具有显著差异；

假设 H17 - 2：受教育程度对经济影响感知具有显著差异；

假设 H17 - 3：受教育程度对环境影响感知具有显著差异；

假设 H18 - 1：经营时间长短对社会影响感知具有显著差异；

假设 H18 - 2：经营时间长短对经济影响感知具有显著差异；

假设 H18 - 3：经营时间长短对环境影响感知具有显著差异。

（2）研究设计。

研究主要采用问卷调查、半结构化访谈、因子分析等研究方法。通过文献梳理结合半结构化访谈初步拟定调查指标，共 13 项：袁家村卫生状况（X_1）、袁家村生态状况（X_2）、袁家村道路状况（X_3）、袁家村社会风气状况（X_4）、袁家社区支持力度（X_5）、同行之间竞争压力状况（X_6）、同行之间竞争公平状况（X_7）、多种支付方式接受状况（X_8）、Wi - Fi 信号覆盖状况（X_9）、经济收益认可程度（X_{10}）、对未来发展规划（X_{11}）、需要管理方提供支持（X_{12}）、对管理方的认可程度（X_{13}）。所有旅游影响感知测项均采用李克特 5 级量表，1 代表非常不同意，2 代表不同意，3 代表中立，4 代表同意，5 代表非常同意。据了解，袁家村共有农户 62 户，为提高调查结果的有效性，确定预期抽样规模为 13，符合总体较小的样本量时统计分析要求，即最小样本数占总体 20%。2017 年 7 月 9 ~

10 日，在袁家村开展预调查，采用等距抽样的方式，在农家乐经营户中选择编号为 1、5、10、15、20、25、30、35、40、45、50、55、60 的经营户进行调研，预调查问卷有效回收率 100%。根据预调查结果，因所有被访户均表示能接受多种支付方式，删除测项 X_8；又因所有被访户均能提供免费 Wi-Fi 服务，删除测项 X_9。访谈过程中了解到被访者对袁家村发展前景给出了不同看法，因此增加了测项"发展前景的预测"，作为新测项 X_8，最终确定旅游影响感知测项共 12 项，如表 6-7 所示。

表 6-7　　　　农家乐经营者旅游影响感知因素

测项	旅游影响感知语句项	量表				
		1	2	3	4	5
X1 卫生状况	我认为袁家村干净卫生					
X2 生态状况	我认为生态环境良好					
X3 道路状况	我认为袁家村道路整洁、交通便捷					
X4 社会风气状况	我认为袁家村民风淳朴					
X5 袁家社区支持力度	我认为袁家社区支持力度大					
X6 同行之间竞争压力状况	我认为同行之间的竞争压力小					
X7 同行之间竞争公平状况	我认为同行之间竞争公平					
X8 发展前景预测	我认为袁家村旅游发展势头强劲					
X9 经济收益认可程度	我对当前的收益状况感到满意					
X10 对未来发展规划	我目前有扩大经营的想法					
X11 需要管理方提供支持	我的经营非常需要专业支持及方法指导					
X12 对管理方的认可程度	我对目前袁家村村委会或政府的管理感到满意					

结合文献梳理，最终确定问卷设计包含三部分内容。第一部分是农家乐经营者旅游影响感知的 12 个测项，如表 6-7 所示；第二部分调查经营状况，包含经营时间、经营产品类型、各经营产品类型收入 3 个测项；第三部分为农家乐经营者个人基本信息，主要包括归属地（即经营者身份）、性别、年龄、受教育水平等，详见附录五。

正式调研开始前对调研小组成员进行培训，强调在调查过程中不对测项进行解释，以最大程度确保数据的真实性与科学性。正式调研时间为 2017 年 7 月 14~17 日，采用入户调研的方式，在问卷填写完成后，接受调查员的半结构化访谈，调查总时长在 40 分钟至一个小时，袁家村共有农户 62 户，剔除自行经营小卖铺，个别转租后由他人经营冷饮店等非农家乐经营户，开办农家乐的经营者共 50 户，实际调查 50 户，2 份访谈记录因户主做生意被终止，实际有效访谈记录为 48 份，有效访谈率为 96%。

（3）个人属性分析。

袁家村农家乐经营者以"老村民"为主，占 58.3%，有效避免了景区乡村文化的空心化。乡村旅游的发展吸引了大量外来移民，被称为袁家村的"新村民"，占调查总量的 41.7%。这一群体对袁家村有地方依赖，但情感认同不明显，即并非长久定居在袁家村，也不是暂时离家后就返回，只是做较长时间的停留，对离开与否、离开的时间持模糊态度。经营者男女比例相当，农家乐为妇女提供了更多的就业机会，女性占比 54.2%。年龄在 18～40 岁的居多，以中青年为主，累计比重为 60.5%，受教育程度普遍为高中或中专以下，如表 6-8 所示。

表 6-8 样本人口统计学特征及经营状况

基本情况	类别	频数	有效百分比（%）
归属地	袁家村本地人	28	58.3
	外来经营者	20	41.7
性别	男	22	45.8
	女	26	54.2
年龄	18～30 岁	20	41.7
	31～45 岁	9	18.8
	46～59 岁	18	37.5
	60 岁及以上	1	2.1
受教育程度	初中及以下	7	14.6
	高中或中专	23	47.9
	大专	10	20.8
	本科	7	14.6
	研究生及以上	1	2.1

续表

基本情况	类别	频数	有效百分比（%）
经营时间	1 年以内	11	22.9
	1～2 年	7	14.6
	2～3 年	5	10.4
	3～5 年	8	16.7
	5 年以上	17	35.4
经营产品类型（多选）	正餐	28	58.3
	农家特色小吃	41	85.4
	住宿	43	89.6
	其他	13	27.1
月均餐饮收入	1 万元以下	17	51.5
	1 万～2 万元	13	39.4
	2 万～3 万元	2	6.1
	4 万元以上	1	3.0
	缺失值*	15	—
月均住宿收入	1 万元以下	27	81.8
	1 万～2 万元	4	12.1
	2 万元以上	2	6.1
	缺失值*	15	—

注：*表示数据缺失的原因是部分被访者由于各种顾虑，不愿透漏收入信息。

（4）经营状况分析。

经营时间超过 5 年的经营者占 35.4%，1 年以内的占比为 22.9%，有的甚至不足三个月，调查对象经营时间分布较为离散。经营产品则以农家特色小吃和住宿为主，正餐经营占比在 50% 以上，还有少数经营烧烤、西餐、简餐、火锅、冷饮、棋牌娱乐等，经营产品类型丰富，在满足旅游者基本需求的基础上，追求独特性和体验性。另外，餐饮和住宿的经营者，月均营业收入在 1 万元以下的占多数，经营住宿产品的低收入群体较经营餐饮产品的更多，这与到访旅游者大多是半日游、一日游密切相关。

通过定义多重响应变量经营产品类型及其与归属地的交叉表分析，如表 6-9所示，袁家村老村民以经营农家特色小吃为主，占比 96.4%，外来经营者则以经营住宿产品为主，占比为85.0%。由此验证假设 H12，即经营者的身份对经营产品类型具有显著差异。由于正餐和农家特色小吃均属于餐饮的范畴，并由前文分析可知经营其他产品类型的也大多与餐饮有关，为方便统计将正餐、小吃均统一视为餐饮产品。

表6-9 经营产品类型与归属地的交叉表

经营产品类型		归属地	
		袁家村老村民	外来经营者
正餐	频数	19	9
	所占百分比（%）	67.9	45.0
农家特色小吃	频数	27	14
	所占百分比（%）	96.4	70.0
住宿	频数	26	17
	所占百分比（%）	92.9	85.0
其他	频数	6	7
	所占百分比（%）	21.4	35.0

注：所占百分比表示占相应归属地类别人数的百分比。

袁家村老村民月均餐饮收入为1.19万元，月均住宿收入为0.74万元，餐饮收入明显高于住宿收入，餐饮是老村民营业收入的主要来源；外来经营者月均餐饮收入为1.06万元，月均住宿收入为1.12万元，如图6-1所示，住宿收入略高于餐饮收入，外来经营者营业收入主要来源于住宿。单就餐饮而言，老村民餐饮收入略高于外来经营者；仅就住宿而言，外来经营者住宿收入明显高于当地居民。由此验证假设 H13，即经营者身份对营业收入具有显著差异，即老村民餐饮经营状况略好于外来经营者，外来经营者住宿经营状况明显好于老村民，这与老村民餐饮独具特色，外来经营者在资金、规模、风格设计、营销推广等方面占优势有关。

（5）旅游影响感知测量结果的因子分析。

为确保问卷的一致性和有效性，对问卷中的12项旅游影响感知测项进行信度和效度检验。利用SPSS度量模块中的信度分析和因子分析功能进行分析检验，结果显示，Cronbach's Alpha 系数值为0.864，KMO 指数为0.771，且 P < 0.001，显著，说明量表具有较好的信度和效度。Bartlett 球形检验值为240.440，且 P < 0.001，表明所有测项数据适合做因子分析。将12个旅游影响感知因素作为变量，

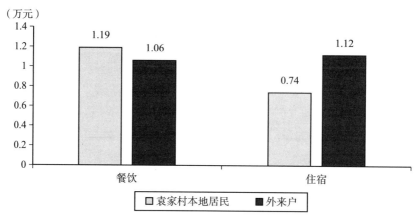

图6-1 农家乐经营者餐饮与住宿收入月均值分析

利用主成分法提取因子，采用最大方差正交旋转法生成了三个特征值大于1的公共因子，累计解释变异量为63.966%，具有较高的可信度。将这三个公共因子依次分别命名为社会影响感知、经济影响感知和管理影响感知，如表6-10所示。

表6-10 农家乐旅游影响感知因子

旅游影响感知测项	因子载荷		
	因子1	因子2	因子3
X1 卫生状况良好	0.858	0.045	-0.13
X2 生态状况良好	0.792	0.137	0.244
X3 道路状况良好	0.738	0.23	0.195
X4 社会风气状况良好	0.693	0.152	0.417
X5 袁家社区支持力度大	0.563	0.396	0.438
X10 未来发展规划扩大经营	0.229	0.805	0.124
X7 同行之间竞争公平	0.204	0.761	-0.153
X9 经济收益好	0.049	0.743	0.264
X6 同行之间竞争压力小	0.255	0.637	0.355
X8 预测发展前景可观	-0.061	0.524	0.455
X12 认可管理方的做法	0.297	0.096	0.742
X11 需要管理方提供支持	0.113	0.133	0.702

注：提取方法：主成分法；旋转法：具有Kaiser标准化的正交旋转法；旋转在5次迭代后收敛。

因子 1 代表社会影响感知。因子 1 主要由变量 X_1、X_2、X_3、X_4、X_5 决定，它们在主因子上的载荷分别为 0.858、0.792、0.738、0.693、0.563。一方面，农家乐经营者对乡村旅游的发展与自身经营行为的关系有一定认知，地方依赖感强、安全卫生意识和环境保护意识较强，决定了其对卫生、生态、道路状况的评价较高。另一方面，伴随袁家村乡村旅游的发展，旅游与环境的互动作用渐强，在各利益相关主体的共同努力下，袁家村干净卫生、生态环境良好、道路整洁、交通便利，乡村旅游正面社会效应显现。因此，X_1、X_2、X_3 对于因子 1 有很高、正的因子载荷值。另外袁家村经营者对准行业痛点，牢固树立品质至上理念，商户之间依靠差别定位、诚信经营，客观上形成了良好的社会风气。不同于很多封闭式乡村旅游景区，袁家村以开放共享的思路鼓励外来经营者创业，对袁家村乡村旅游发展给予了较大支持。因此，X_4、X_5 也同样与因子 1 关联密切。

因子 2 代表经济影响感知。因子 2 主要由变量 X_{10}、X_7、X_9、X_6、X_8 决定，它们在主因子上的载荷分别为 0.805、0.761、0.743、0.637、0.524。这五个变量可分为两类，一类是对经营者自身经营行为的感知，包括目前收益、未来经营战略选择；另一类则是对行业环境现状及发展前景的感知。调查结果显示，农家乐经营者对目前收益状况大体满意，多数有扩大经营规模的意向，对行业竞争状况的认知也以正面评价为主，认为袁家村未来发展势头良好。这与袁家村成功的运营模式密不可分，有利于商户快速回收成本和加快资金积累速度，为商户扩大经营提供了良好环境。另外，商户入驻资质把关工作较为严格，以特色作为考核准入的另一主要标准，确保"一店一物"，保障了各商户经济利益和物产特色，在很大程度上避免了恶性竞争。因此 X_6、X_7、X_8、X_9、X_{10} 对于因子 2 有较高、正的因子载荷值。

因子 3 代表管理影响感知。因子 3 主要由变量 X_{12} 和 X_{11} 决定，它们在主因子上的载荷分别为 0.742 和 0.702。调查结果显示，农家乐经营者各级政府管理机构的管理方式及具体措施认可度较高，并且大多数表示需要管理方提供专业支持与方法指导。袁家村成为中国农村"互联网 +"的样板，实现 Wi - Fi 全覆盖，支持多元化的支付方式，这些都与袁家村集体经营管理的方式有关。另外，袁家村农家乐经营主体建筑的二层小楼，是在袁家村党支部、村委会在村里之前统一盖的"窑洞房"的基础上修建，经营者与袁家村党支部、村委会之间有较强的信任感。又由于农家乐经营者的文化程度普遍较低，袁家村党支部、村委会提供的培训对其经营、管理有较好的促进作用。访谈中了解到，培训（或例会）主题大多与食品安全卫生、消防安全以及周边农家乐实地考察学习有关，农家乐经营者对此类培训（或例会）的参与度较高。因此，X_{11} 和 X_{12} 对于因子 3 有较高、正的因子载荷值。

依据三个公共因子对前文提出的假设进行修正。将前文假设中的环境影响感知替换为管理影响感知更为贴切，即：

假设 H14 - 3：经营者身份对环境影响感知具有显著差异；

替换为假设 H14 - 3'：经营者身份对管理影响感知具有显著差异；

假设 H15 - 3：性别对环境影响感知具有显著差异；

替换为假设 H15 - 3'：性别对管理影响感知具有显著差异；

假设 H16 - 3：年龄对环境影响感知具有显著差异；

替换为假设 H16 - 3'：年龄对管理影响感知具有显著差异；

假设 H17 - 3：受教育程度对环境影响感知具有显著差异；

替换为 H17 - 3'：受教育程度对管理影响感知具有显著差异；

假设 H18 - 3：经营时间长短对环境影响感知具有显著差异；

替换为 H18 - 3'：经营时间长短对管理影响感知具有显著差异。

（6）个人属性及经营状况对农家乐经营者旅游影响感知的差异分析。

将被调查者的个人属性和经营状况对上述 3 个公共因子得分进行独立样本 T 检验、单因素方差分析，依次检验前文提出的假设。结果显示：性别、年龄、受教育程度对三大旅游影响感知的作用不存在显著差异，即假设 H15 - 1、H15 - 2、H15 - 3、H16 - 1、H16 - 2、H16 - 3、H17 - 1、H17 - 2、H17 - 3 不成立。其可能的原因有：①农家乐经营者性别平等，从事的旅游接待服务工作性质相似，男性与女性的旅游影响感知趋同。②经营者以中青年为主，认知差异不大；在袁家村实行统一管理的情况下，不同年龄段的农家乐经营者大多认同管理方的管理思路，保持着类似的经营理念，所以年龄对旅游影响感知的作用不大。③经营者的受教育程度普遍偏低，在民风淳朴、社会环境良好、经济收益尚可、行业环境良好、管理适当的情况下，经营者的旅游影响感知无明显差异，因此，受教育程度对旅游影响感知的作用不大。此外，经营者身份和经营时间长短对其社会影响感知的作用均不明显，假设 H14 - 1、H18 - 1 不成立，这与袁家村的基础设施状况良好及民风淳朴有关，农家乐经营者对此看法保持一致。值得注意的是，分析结果显示经营者身份对经济影响感知和管理影响感知具有显著差异，并且经营时间长短对经济影响感知和管理影响感知具有显著差异，即假设 H14 - 2 和 H14 - 3'、H18 - 2 和 H18 - 3'成立。

第一，经营者身份对经济影响感知和管理影响感知的差异分析。

独立样本 T 检验如表 6 - 11 所示，结果表明两个公共因子（经济影响感知和管理影响感知）的方差齐性检验 F 统计量分别为 0.752 和 1.096，显著性水平的

P 值（Sig.）均大于 0.05（最小值为 0.301），表明方差有齐性。两个公共因子的 T 值分别为 2.369 和 3.673，双尾显著性水平［Sig.（双侧）］的 P 值分别为 0.022 和 0.001，均小于 0.05，说明经营者身份对经济影响感知和管理影响感知具有显著性差异。袁家村民风淳朴，老村民基于产业结构升级前后经济状况对比，正面经济感知明显增强。外来经营者的经济目标略强，根据萨缪尔森的幸福公式，在实际效用一定的情况下，期望越大，正面感知则越小。由前文分析可知，外来经营者主要经营住宿产品，住宿是其主要收入来源，住宿产品有投资大，成本回收期略长等特点，导致正面经济感知较老村民低。就管理感知而言，其高低程度受到不同身份经营者对当地环境的熟悉程度，以及对外来信息接受程度的影响。一方面，当地居民对袁家村经营环境非常熟悉，与党支部、村委会的关系融洽，在后者尊重下参与管理的积极性高；而外来经营者对于袁家村以地方依赖为主，缺乏情感认同，与党支部、村委会的关系紧密性不足，参与管理的积极性低。另一方面，外来经营者活动范围较广，对外界信息的接受量及接受程度要明显高于当地居民，对党支部、村委会的指导需要程度不高。因此，袁家村老村民的经济影响感知和管理影响感知均明显高于外来经营者。

表 6-11　　　　　　　　　　　　独立样本 T 检验

项目		方差方程的 Levene 检验		均值方程的 t 检验		
		F	Sig.	t	df	Sig.（双侧）
经济影响感知	假设方差相等	0.752	0.390	2.369	46	0.022
	假设方差不相等			2.476	45.721	0.017
管理影响感知	假设方差相等	1.096	0.301	3.673	46	0.001
	假设方差不相等			3.519	34.279	0.001

　　第二，经营时间对经济影响感知和管理影响感知的差异分析。

　　从均值差的角度来看，对于公因子 2（经济影响感知）而言，经营时间在 3 年以上的农家乐经营者比经营 1~2 年的拥有更高的正面经济感知，如表 6-12 所示。一般而言经营时间短，获得的经济收益较少甚至还未显现。进入晚不存在先发优势，又对当地情况熟悉程度不够，后发优势短时也难以发挥，正面经济感知不强。经营时间长的经营者，大多是老村民将自己房子装修后投入使用，前期费用投入较少，资金回收较快，并且由于长时经营获得了较多的经济利益，这部分群体往往归属感较强，因此经营时间长的农家乐经营者拥有更强的正面经济感知。对于公因子 3（管理影响感知）而言，经营时间在 1 年以内的正面管理感知明显弱于经营时间在 1 年以上的农家乐经营者。对管理影响的感知是长期动态积累的结果。经营时间在 1 年以内的经营者对环境的适应性不足，很难参与到管理过程中，调查数据显示部分经营者甚至经营时间不足三个月，处于初来乍到的适应阶段，无力参与管理过程。因此，农家乐经营者中经营时间长的要比经营时间短的拥有更高的正面管理影响感知。大体而言，经营时间越长，经济影响感知的均值和管理影响感知的均值越大，如图 6－2 所示。这里补充说明一点，经营时间在 1 年以内的外来经营户经济感知略强，外来经营户由于是慕名而来，刚刚入驻袁家村，对比先前的从商经历，对袁家村管理方式满意度较高。

表 6－12　　　　　　　　农家乐经营者旅游影响感知公共因子差异

项目	公共因子	I（平均值）	J（平均值）	均值差（I－J）	P 值
经营时间	2	1～2 年	3～5 年	－1.191*	0.016
		1～2 年	5 年以上	－1.267*	0.004
	3	1 年以内	1～2 年	－1.262*	0.003
			2～3 年	－1.248*	0.008
			3～5 年	－1.481*	0.000
			5 年以上	－1.496*	0.000

注：＊表示在 0.05 水平上显著。

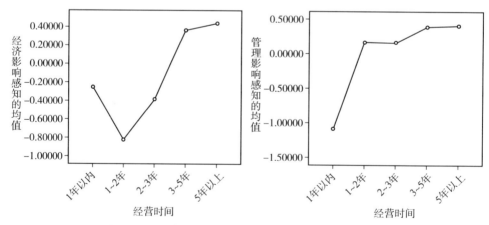

图 6－2　经济影响感知、管理影响感知的均值散点图

通过对 2017 年问卷调查数据分析后，可得出以下结论：

第一，袁家村农家乐经营者中，"老村民"经营的农家乐，餐饮经营状况好于住宿；而"新村民"经营的农家乐，住宿收益好于餐饮，这也与 2015 年和 2019 年深度访谈得出的结果一致，两相印证。

"一个月就是 1 万元利润，餐饮 6000 元，住宿 4000 元。"（S-2015-居民-38）

"外来的开了民宿的，人家弄得确实好，咱这跟不上形势了，落伍了。人家一天的房价顶咱这 4~5 天的，比不成。"（S-2019-居民-46）

"一个月就是 1 万元的利润吧，餐饮占 7 成，住宿占 3 成。"（S-2015-居民-28）

"收入就是个 1 万 5，餐饮 1 万元，住宿 5 千元。"（S-2015-居民-26）

"（卖）鸡蛋（收入）能占 10%，餐饮（收入）是个 50%~60%，剩下是住宿。"（S-2015-居民-16）

"每月营业额 2 万~3 万元，餐饮的比例大，能占到 70%~80%（营业额的 70%~80%）。"（S-2015-居民-01）

第二，袁家村农家乐经营者中，老村民相对于新村民而言，对行政管理方有着更多的认可和期待，希望获得行政管理方培训、完善基础设施等方面的支持，这也与 2015 年 7 月和 2019 年 2 月深度访谈得出的结果一致，两相印证。

"看能不能增加电脑的培训，我是根本不会，跟不上形式了。"（S-2015-居民-07）

"要是要搞（培训），就弄个经营管理的（培训），专业的（培训）。"（S-2015-居民-24）

"我想听经营管理和接待礼仪的培训，感觉这方面弱。"（S-2015-居民-26）

"增加一些经营管理（培训）吧，咱么（没）文化，也能学习一下。"（S-2019-居民-40）

第三，袁家村农家乐经营者，在 2017 年 7 月的问卷调查过程中，受访者在卫生状况调查"我认为袁家村干净卫生"选项中，均表示了较高的正向评价，对袁家村的卫生环境较为认可，这个结果与 2015 年访谈有所差别。2015 年 7 月的访谈中，很多老村民和新村民的被访者均提到"到处都是垃圾①""不停地收拾②"。2015~2017 年，行政管理方对卫生环境的监管举措，促进袁家村卫生环境得到了改善，获得了老村民和新村民的认可。目前主动清理垃圾，打扫卫生已经融入袁家村服务供给方的日常生活，成为平日的生活习惯。

"现在我们这些商户，一个早上起来，会赶紧收拾，自己打扫卫生，也会有

---

① 样本："S-2015-居民-15"深度访谈记录。
② 样本："S-2015-经营者-10"深度访谈记录。

代表检查，村上也会有检查。这些我们都很支持，开始为了看人检查，要弄（打扫），后来慢慢就习惯了，一个早来了，先弄（打扫）卫生，不然你自己看着脏，也不美气，咱自己弄好了，心情也好，人（旅游者）来了吃着也舒服，我们还都在承诺书上签字，保证食品安全，你这首先卫生肯定要弄好。"（S－2017－经营者－39）

行政管理部门的介入作用使服务供给方主动承担责任，行政管理方还加大了对基础设施的投入，修建了道路，增设了厕所、休闲座椅等，很大程度上提高了旅游者旅游体验。

袁家村的农村社区居民（老村民）袁家村风土人情的重要组成部分，传承袁家村颇具特色的农家菜；外来经营者（新村民）带来了新鲜的理念和经营方式，在人才、资金方面优势明显。二者都是袁家村服务供给方的重要组成部分，可以通过增加培训，扩宽沟通渠道等方式，促进二者的和谐共存，向旅游消费方提供业态更加丰富的旅游产品和服务。

6.2.3 旅游消费方

袁家村自 2007 年发展旅游业以来，旅游接待人数逐年上涨，从最初一年仅接待 3 万人，2016 年接待人次突破 500 万人，发展速度十分迅猛，是咸阳市旅游业发展的重要力量，仅凭一村之力，接待人次约占咸阳市总体接待人次的 1/10。对比分析 2007～2019 年"五一"，袁家村、咸阳市、西安市、陕西省及全国旅游接待人次，可以看出，就一个村而言，袁家村接待人次规模相当大，旅游收入十分可观，详见表 6－13。

表 6－13　　　旅游接待人次对比分析（2007～2019 年"五一"假期）

年份	接待人次（万）				
	袁家村	咸阳市	西安市	陕西省	全国
2007	3	1032	3118	8138	13187
2008	10	1100	3232	9182	184200
2009	50	1257	3862	11555	204800
2010	80	1850	5201	14566	223700
2011	120	2520	6653	18400	277600
2012	180	3200	7978	23300	308900
2013	260	4000	10130	28500	339100
2014	350	4305	12001	33200	373900

续表

年份	接待人次（万）				
	袁家村	咸阳市	西安市	陕西省	全国
2015	450	4800	13601	38600	423300
2016	500	5342	15013	44900	457800
2017	500	4578	18093	52300	502300
2018	500	5730	24739	63025	568120
2019 年春节七天假期	82	639	1652	4766	41500
2019 年"五一"假期	62	413	1303	4105	19500

注：笔者根据公开资料整理。

结合 2015 年 7 月、2017 年 7 月、2019 年 2 月的问卷调查及深度访谈的结果，梳理袁家村的旅游消费方，发现其具有以下特点：

第一，外省旅游者比重快速增长。随着袁家村知名度和美誉度的提升，袁家村的旅游者从 10 年前咸阳、西安等周边地区的旅游者，扩张到湖北、四川、深圳、黑龙江、青海、上海各省市，甚至有外国旅游者慕名而来。2019 年 2 月的调研时值春节，这一现象尤为明显，接受调研的旅游者中，外地旅游者占比达到38.7%，而 2017 年 7 月的调研外地旅游者占比仅为 23.4%，比重上升趋势明显。虽然 2019 年的调研结果受到春节假期的影响，但也和袁家村知名度、美誉度的提升有着密切关联。

第二，停留时间明显延长。2015 年 7 月的问卷调查结果显示，旅游者停留时间基本都集中在"2 小时~半天"这个时间段，基本处于"吃了就走"的状态，这也和对居民所做的访谈相互印证。

"我们这生意不太行，小吃街火，人一吃就走了。"（S-2015-居民-15）

"（旅游者停留）时间有点短，就是个半天，一吃就走了，住宿不行。"（S-2015-居民-35）

2017 年 7 月的问卷调查结果显示，旅游者停留时间明显增长，选择 1 天或 2天的旅游者超过半数。2019 年 2 月在袁家村的调研过程中，时值猪年春节，很多外地旅游者赶来感受袁家村的"年味"，参加"回村儿过大年"活动，踩高跷、社火、关中戏台等关中传统民俗每天都按时上演。关中民俗、关中小吃对外省旅游者产生很强的吸引力，外省旅游者一般会选择在袁家村过夜，在袁家村停留时间多为 2 日，远远高于周边旅游者的停留时间。也有部分外地的旅游者原本到西安市探亲访友，被亲朋介绍到袁家村游玩，吃袁家村关中小吃，是很多"老陕"

招待外地亲朋的必备节目。在实地调研过程中，无论是推荐亲朋来袁家村的周边旅游者，还是被推荐来"看一看"的外地旅游者，均认为在袁家村自己获得了很好的旅游体验。在袁家村，旅游消费者可以沉浸式地感受关中民俗文化，品尝正宗的关中小吃。

第三，旅游体验稳步提升。2015 年 7 月问卷调查的结果，很多旅游者对袁家村的卫生环境并不满意，并且因为除了关中小吃之外，能够吸引旅游者的资源较少。2017 年的问卷调查结果，旅游者对袁家村的卫生环境表示认可，并且随着采摘项目等具有极强参与性项目的增加，旅游者能够参与到旅游过程中，旅游体验质量提升。

2017 年前后袁家村民宿大量营业，旅游者在体验乡村旅游文化的同时，还能享受到现代化的酒店设备。时任西安市委书记王永康视察袁家村时表示，"袁家村是一个外有五千年，内有现代化的地方"，号召西安市引进这类模式推进乡村旅游发展。袁家村的民宿内有游泳池、书吧等配套设施，全棉布草、五星级酒店标准的床品更是起步的标配。香薰灯、按摩仪处处贴心，会客厅、厨房的配备，极大地便利了携带老人、孩子的旅游者。

"我们家的东西都是超好的，绝对住得物有所值。你看冰箱是哈士奇创意冰箱、还配了保险箱、MUJI 的超声波香薰机，音响、乐视电视这咱都不说了。我们这有恒温地暖，希腊顶级品牌 COCOMAT 的枕头、床垫，你这睡眠质量一下就提升了，还有会客厅、厨房啥的，做个团建（团队建设）啊，带个老人孩子（入住）啊，很方便。"（S - 2019 - 经营者 - 50）

袁家村民宿快速布局既为袁家村从乡村旅游向乡村度假升级奠定基础，又提升了旅游者的旅游体验，增加了旅游收入。

6.3　袁家村乡村旅游核心利益相关者利益冲突

十年旅游发展的巨大变化，激起农村社区居民心理的剧烈波动，在发展过程中曾出现过很多意想不到的问题。农村社区居民之间、农村社区居民和旅游经营者之间、新村民和老村民之间、袁家村和邻村之间，各种矛盾错综复杂，利益冲突此起彼伏。

6.3.1　行政管理方与服务供给方利益冲突

1. 长期利益和短期利益冲突

服务供给方注重短期利益，想在最短的时间内获得最多的利益，实现自身利益最大化，竭尽所能地获得尽可能多的有利资源，迅速盈利。行政管理方则需考虑长期利益，需要通盘考虑所有可以发展的点，综合运用各种策略促进经济增长。

袁家村有多种商业业态，其中关中古镇一直备受争议，2015 年 7 月调研时发现，因为经营理念不合袁家村正与关中古镇的经营者谈判，行政管理方希望能够保持"一店一品"并且传承关中文化，关中古镇的店铺老板只考虑卖什么更赚钱。调研期间，通往关中古镇的路口被堆砌了很多沙子和砖头。然而谈判并未成功，2017 年 7 月调研时，通往关中古镇的路面畅通，关中古镇正常经营。2019 年 2 月调研，关中古镇客流量不大，店铺经营品类繁杂，毫无特色可言。

"关中古镇那一片略微差一点，当时是把地给人家让人家盖，人家盖好又卖了房，钱挣了，但是乱七八糟的，卖衣服的，啥的都有。（20）15 年的时候一起和那些商户谈，每家选一种经营项目，确定后，别家不能重复经营。要是不能接受，袁家村在购房价格的基础上，上浮再把房子买回来。但是谁都知道袁家村挣钱，所以谁都不愿意离开，但又没有啥特色，咱也把人家赶不走。就变成了现在卖啥的都有。以后还是要解决，看怎么协调吧。"（G-2017-12）

袁家村 2015 年之后迅速扩张，目前还有祠堂街、南货街、书院街等街区定位均不明晰。2015 年 7 月调研时深度访谈行政管理方时，被告知即将开业的南货街会经营南方的小吃，招商南方人来经营。2019 年 2 月调研，南货街基本都是由袁家村周边人经营"湖南臭豆腐""云南竹筒粽子"这类随处可见的食品，毫无特色。书院街的经营品类，更是与"书院街"的名头相去甚远。祠堂街上有全国各地的小吃，味道并不正宗，特色不突出、定位不准确，祠堂街客流量明显偏少。开业之前没有做好详尽的市场调查与论证分析便仓促上马，开业之后矛盾凸显再去纠正，确实困难重重。行政管理方不能无视与旅游经营方之前签的协议，只能陷入"没法管、管不好"的被动局面。这些街区的旅游经营者，对袁家村归属感不强，只考虑经营什么品类能够快速赚钱，而不是经营什么品类和袁家村整体发展更加契合。

2. 地位权益冲突

作为服务供给方的农村社区居民在乡村旅游发展中具有重要作用，甚至是整个乡村旅游活动的核心，但却对乡村旅游发展规划没有发言权，甚至都没有听说过规划，完全是被动地接受信息。福柯认为"话语即权利"，明确了话语权的重要性。2015 年 7 月访谈中，农村社区居民表现出渴望发表意见，但是对发表意见的后果有所担心，也认为发表意见不会有用。

"我没有意见。咱有意见有啥用呢吗？人家能听你的？提了也是白提，如果你说一提意见就有用，那咱就提，肯定也想弄得更好，咱也挣钱呢么。"（S-

2015 - 居民 - 28)

"从来也没有人问过，你有啥意见，说是有意见可以提，但是啥规定都是开始执行了，你才知道的，你提意见会得罪人的，又不是说开始的时候征求意见呢。"(S - 2015 - 居民 - 38)

经过 4 年的发展，在 2019 年 2 月的访谈中，农村社区居民表现出对郭占武书记信仰般的认可，有的甚至直接放弃了自己的权利，认为只要郭书记认可的项目，跟着做就可以，不需要自己主动参与规划或者征求意见。

"（他）是袁家村的信仰，不是说神话了，把他传神成这样子。而是很多事情，已经让证明了他说的话都是对的，没有个 100% 吧，有个百分之九十七八吧，真的是这样子的，经过无数次验证。就我个人都验证了很多事情，刚开始还觉得他说的话，我以为持反对的意见或者持质疑的意见，但是后来呢，他说的话都是对的，用时间和精力来验证，以后就是他说啥我就直接听，不用考虑。"(S - 2019 - 经营者 - 48)

3. 空间利益冲突

为了发展袁家村的旅游产业，袁家社区的大片农田被征收，用于修建停车场、卫生间等配套设施以及祠堂街、回民街、关中古镇的建设均占据了大量空间，农村社区居民的生活空间受到挤压，多个主体同时争夺有限的空间。

（1）经营空间受到限制，无法扩大经营规模。

"想扩大经营，没有地方。"(S - 2017 - 经营者 - 34)

"我想扩大经营呢，主要没地方，村上也不知道同意不，看以后咋样。"(S - 2015 - 居民 - 05)

（2）影响旅游经营者正常经营活动的开展。

经过问卷调查发现，袁家村旅游者以自驾游出行居多，占比达到82.7%，不过夜的旅游者，车停放在袁家村外的停车场，但在村内过夜的旅游者，因为村内内部空间有限，只能供少量车辆停放，也只能将车放在村外停车场，给旅游者造成不便。旅游者在填写调查问卷中提及此类问题，也与客栈经营者在访谈中的回答，相互印证。

"住宿的客人车不好停，没地方，要求都要停到外面的停车场。"(S - 2017 - 经营者 - 42)

6.3.2 行政管理方与旅游消费方利益冲突

各级政府管理机构需要维护社会公共利益，注重环境保护，实现可持续性发展。袁家村旅游接待人次增长过快，相关基础设施并未完善。特别是节假日旅游者大量集中涌入，给袁家村的接待工作带来很大压力。卫生间数量明显不足，虽然在回民街口、停车场等位置新增了公厕，但依旧不能满足旅游者的需求。同时旅游消费方带来大量的生活污水、垃圾、废气、噪声污染……酒吧街经常被投诉扰民，若去劝阻，旅游者却认为这就是酒吧应该有的氛围。旅游者还会因为排队等餐等琐事争执，影响袁家村正常的营业秩序，其他随地吐痰、乱扔垃圾等现象更是比比皆是。旅游者的大量涌入，对当地治安是一个严峻挑战，不安全因素激增，每逢节假日，礼泉县政府都会调动大量警力在袁家村维持秩序，疏导交通，影响正常执勤安排。

但从根本上说，行政管理方和旅游消费方之间并不存在根本矛盾，没有直接对立的情况，两者直接接触较少，利益冲突并不明显。

6.3.3　服务供给方与旅游消费方利益冲突

1. 空间利益冲突

袁家村乡村旅游快速发展，大批量旅游者到袁家村参观游览，2007 年接待人次为 3 万，2012 年接待人次出现爆发式增长，至今已经突破 500 万人次/年，大量旅游者涌入袁家村，挤占了袁家村社区居民的生产生活空间。袁家村的公共厕所数量远远不能满足旅游者的需求，所有袁家村的农家乐、民宿、客栈都被要求免费提供厕所给旅游者使用，难免会对自身生活造成不便。

"这现在只要是节假日，路上就堵，进不来出不去。娃在外头上学节假日回来都要看时间，要不就是节前回村，要不就是节后，除了长假，娃回来的少多了，确实不方便。"（S－2015－居民－07）

"给咱自己也弄点健身器材啥的，咱自己都没有地方活动。"（S－2015－居民－16）

"地方有限，很多客人没有坐的地方，桌子顾不上收拾，人都是站到跟前等位子，还有端着吃的。人多，排队时间有点长，队伍也没有站的地方，都是直接站到路上了，有时候路都堵上了。"（S－2017－经营者－39）

2. 时间利益冲突

袁家村旅游业的快速发展，吸引了大批旅游者的到来，居民获得经济收益的同时，丧失了对时间的控制权。一年的时间里只有除夕，因为村里举办春晚，会早一点打烊，其他都在连轴转，基本上没有休闲放松的时间。这对于农村社区居民自身的发展十分不利，不会很好地休息就不能很好地生活。在袁家村访谈，大部分经营者都反映：

"人太多了。"（S－2017－经营者－39、S－2017－经营者－45、S－2015－居

民 – 07）

"忙。"（S – 2015 – 经营者 – 11、S – 2017 – 经营者 – 34、S – 2017 – 经营者 – 45）

"和朋友聚会也没时间。"（S – 2015 – 居民 – 01）

"成天就在家忙这农家乐。"（S – 2015 – 居民 – 16）

旅游经营者和农村社区居民因为需要提供旅游供给服务，不可避免地出现了无时间休息的局面。

"居民缺乏生活，因为他们牺牲掉了自己的时间去搞旅游了。"（G – 2019 – 19）

3. 生态利益冲突

旅游者进入乡村旅游目的地之后带来了大量的垃圾、噪声污染，对农村社区居民赖以生存的环境造成破坏。2015 年 7 月调研时，不少受访者多次反映，"有垃圾""很脏""不停地收拾"，详见后文表述。

"你有说困扰的话，就是这个，来的人多的时候，这个垃圾清理，有时候就跟不上，比如说你刚收拾完那就有人往下撇（扔）。尤其是些碎（小）娃娃又不懂事，所以呢就不停地收拾"。（S – 2015 – 经营者 – 10）

"不过咱这垃圾桶有点少，好多游客都是手拿垃圾问我哪可以扔"。（S – 2015 – 经营者 – 19）

"游客人太多，环境脏的，到处是垃圾"（S – 2015 – 居民 – 15）

6.4 袁家村核心利益相关者演化博弈分析

袁家村各个核心利益相关者，在旅游发展的过程中产生了经济利益、空间利益等利益冲突，应对这些不同发展阶段的利益冲突，各方利益相关者需要及时做出反应，通过观察、模仿等措施不断调整自身策略，以增加获益，需要用演化博弈分析各类利益相关者策略的动态变化。

6.4.1 模型构建

结合第 4 章及第 6 章的相关分析，进行以下假设与参数设定：

假设 H19：本书涉及的袁家村核心利益相关者，特指行政管理方、服务供给方、旅游消费方。

假设 H20：假定袁家村核心利益相关者在演化博弈的过程中，行政管理方、服务供给方、旅游消费方具有"有限理性"，即各方遵循惯例行为策略，仅对其他各方现有策略进行分析；选择策略时依赖惯性，不对未来进行预测，并受到外部环境等因素的影响，同时各方信息不完全。各方不会在选择的最开始就找到最佳策略，在博弈中各方经过复杂而漫长的学习、模仿、试错来调整自身策略，逐步确定最优策略。

假设 H21：结合前文分析，袁家村核心利益相关者之一的行政管理方在袁家村乡村旅游发展过程中，发挥着十分重要的作用，介入程度较深，甚至不可替代。所以在分析核心利益相关者博弈时，舍弃行政管理方"不介入"的策略，仅在行政管理方介入的背景下，分析服务供给方和旅游消费方的演化博弈。根据第 3 章的假设，行政管理方会策略将会选择 G_1，行政管理方选择介入的概率为 α（$\alpha = 1$）。

行政管理方介入时，会对诚信经营的乡村旅游发展服务供给方给予物质补贴及精神嘉奖，记为 A_1；对于不诚信经营的服务供给方进行经济处罚和停业整顿，记为 F_1；对于支持乡村旅游发展的旅游消费方给予价格打折或者积分奖励，记为 A_2；对于不参与当地乡村旅游的旅游消费方无任何优惠措施。行政管理方选择介入策略付出的成本，记为 C_1；介入后乡村旅游发展态势好，行政管理方获得的效益，记为 R_1。

假设 H22：袁家村的服务供给方积极参与到乡村旅游发展中，选择发展策略时除了经济利益之外还会综合考量其他因素做出选择。服务供给方在乡村旅游发展中有诚信经营策略，简称诚信，记为 B_1；不诚信经营策略，简称不诚信，记为 B_2。

如果服务供给方出售优质的旅游产品和服务，同时出售的产品和服务与其价格能够匹配，就认为其选择了诚信经营策略 B_1，反之称其选择了不诚信经营策略 B_2。服务供给方选择诚信的概率为 γ，服务供给方选择不诚信的概率为 $1 - \gamma$，（$\gamma \in [0, 1]$），服务供给方对于乡村旅游发展的策略集为 $\{B_1, B_2\}$。服务供给方选择诚信经营所需支付的成本，记为 C_3；获得的收益，记为 R_2，在行政管理方介入背景下获得行政管理方对于诚信经营服务供给方的物质及精神嘉奖，记为 A_1。服务供给方选择不诚信经营，获得的收益，记为 R_3，在行政管理方介入背景下不诚信经营会受到处罚，记为 F_1，当旅游消费方支持乡村旅游发展，但服务供给方不诚信经营时口碑名誉损失，记为 C_4。

假设 H23：旅游消费方在袁家村旅游时，可以采用支持乡村旅游发展策略，简称支持，记为 T_1；不支持乡村旅游发展策略，简称不支持，记为 T_2。旅游消费方以一定概率支持乡村旅游业发展，支持乡村旅游发展的概率为 δ，不支持乡村旅游发展的概率为 $1 - \delta$，（$\delta \in [0, 1]$），旅游消费方对于乡村旅游发展的策略集为 $\{T_1, T_2\}$。

旅游消费方采用支持乡村旅游发展策略 T_1 时，获得的收益为 R_4；在行政管理方介入的背景下获得的行政管理方的相应奖励，记为 A_2；同时需要支付支持乡村旅游发展成本，记为 C_5；旅游消费方采用支持策略时，若服务供给方诚信经营，旅游消费方会获得情感等额外收益，记为 R_5；旅游消费方采用不支持乡村旅游发展策略 T_2，获得的收益，记为 R_6。

根据上述假设，可以得出在行政管理方介入背景下三方的博弈矩阵，见表 6-14。

表 6-14 行政管理方介入背景下核心利益相关者博弈矩阵

博弈参与者			旅游消费方	
			支持 δ	不支持 1-δ
行政管理方	介入 α	服务供给方	诚信 γ	$-A_1-A_2-C_1+R_1$ $R_2+A_1-C_3$ $A_2+R_4-C_5+R_5$	$-A_2-C_1+R_1+F_1$ $R_3-F_1-C_4$ $A_2+R_4-C_5$
			不诚信 1-γ	$-A_1-C_1+R_1$ $R_2+A_1-C_3$ R_6	$-C_1+R_1+F_1$ R_3-F_1 R_6

行政管理方介入背景下三方博弈树模型，如图 6-3 所示。

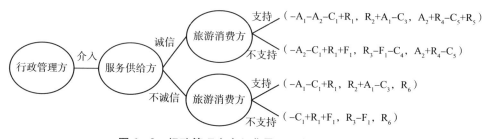

图 6-3 行政管理方介入背景下三方博弈树模型

注：末端收益值依次是行政管理方收益、旅游消费方收益、服务供给方收益。

6.4.2 模型分析

1. 期望收益及平均收益分析

根据前文假设，行政管理方介入乡村旅游发展的概率为 α，（α=1）；服务供给方选择诚信经营的概率为 γ，服务供给方选择不诚信经营的概率为 1-γ；旅游消费方支持乡村旅游业发展的概率 δ，不支持乡村旅游发展的概率为 1-δ（γ，δ∈[0，1]）。

结合表 6 - 14 列出的行政管理方介入背景下三方博弈矩阵，可以计算出行政管理方、服务供给方、旅游消费方各自的期望收益 U 及平均收益 $\overline{U}$。

（1）行政管理方在选择介入策略时，期望收益为 U_G^α。

$$U_G^\alpha = \delta\gamma(-A_1 - A_2 - C_1 + R_1) + (1-\gamma)\delta(-A_2 - C_1 + R_1 + F_1) + \gamma(1-\delta)$$
$$(-A_1 - C_1 + R_1) + (1-\delta)(1-\gamma)(-C_1 + R_1 + F_1) \quad (6.1)$$

$$\overline{U}_G = \alpha U_G^\alpha = \alpha\delta\gamma(-A_1 - A_2 - C_1 + R_1) + \alpha(1-\gamma)\delta(-A_2 - C_1 + R_1 + F_1)$$
$$+ \alpha\gamma(1-\delta)(-A_1 - C_1 + R_1) + \alpha(1-\delta)(1-\gamma)(-C_1 + R_1 + F_1) \quad (6.2)$$

（2）服务供给方选择诚信经营，期望收益为 U_B^γ；选择不诚信经营，期望收益为 $U_B^{1-\gamma}$；平均收益为 $\overline{U}_B$。

$$U_B^\gamma = \delta(R_2 + A_1 - C_3) + (1-\delta)(R_2 + A_1 - C_3) \quad (6.3)$$

$$U_B^{1-\gamma} = \delta(R_3 - C_4 - F_1) + (1-\delta)(R_3 - F_1) \quad (6.4)$$

$$\overline{U}_B = \gamma U_B^\gamma + (1-\gamma)U_B^{1-\gamma} = \gamma\delta(R_2 + A_1 - C_3) + \gamma(1-\delta)(R_2 + A_1 - C_3)$$
$$+ (1-\gamma)\delta(R_3 - C_4 - F_1) + (1-\gamma)(1-\delta)(R_3 - F_1) \quad (6.5)$$

（3）旅游消费方支持乡村旅游业发展，期望收益为 U_T^δ；不支持乡村旅游业发展，期望收益为 $U_T^{1-\delta}$；平均期望收益 $\overline{U}_T$。

$$U_T^\delta = \gamma(A_2 + R_4 - C_5 + R_5) + (1-\gamma)(A_2 + R_4 - C_5)$$
$$= R_5\gamma + R_4 + A_2 - C_5 \quad (6.6)$$

$$U_T^{1-\delta} = R_6 \quad (6.7)$$

$$\overline{U}_T = \delta U_T^\delta + (1-\delta)U_T^{1-\delta} = \delta(R_5\gamma + R_4 + A_2 - C_5) + (1-\delta)R_6 \quad (6.8)$$

2. 基于复制动态方程的演化稳定策略分析

行政管理方介入背景下，服务供给方、旅游消费方的策略选择并不是一成不变，每方的策略会随着对方策略的变化进行调整，是一个不断演化逐步稳定的状态。行政管理方已经选择了介入策略，对其稳定策略分析的实际意义。

（1）服务供给方选择策略的复制动态方程为：

$$F(\gamma) = \frac{d\gamma}{dA_2} = \gamma(U_B^\gamma - \overline{U}_B) = \gamma(1-\gamma)(A_1 + R_2 - C_3 - R_3 + F_1 + C_4\delta) \quad (6.9)$$

观察式（6.9）可知

Ⅰ 若 $\delta = \dfrac{C_3 + R_3 - A_1 - R_2 - F_1}{C_4}$ 时，无论 δ 取值多少，均可得到 $F(\gamma) = 0$，也就是说 γ 在 [0，1] 上取任何值，都是稳定状态。

Ⅱ 若 $\delta \neq \dfrac{C_3 + R_3 - A_1 - R_2 - F_1}{C_4}$ 时，令 $F(\gamma) = 0$，求得 $\gamma_1 = 0$，$\gamma_2 = 1$ 是 γ 的两个稳定点。

根据微分方程稳定性定理，在 γ^* 满足 $F(\gamma) < 0$ 时，γ^* 即为演化稳定策略，对 $F(\gamma)$ 求导得：

$$F'(\gamma) = \frac{dF(\gamma)}{d\gamma} = (1 - 2\gamma)(A_1 + R_2 - C_3 + F_1 - R_3 + C_4\delta) \quad (6.10)$$

ⅰ 若 $R_3 - F_1 - C_4\delta < A_1 + R_2 - C_3$ 即 $\dfrac{C_3 + R_3 - A_1 - R_2 - F_1}{C_4} < 0$，恒有 $\delta > \dfrac{C_3 + R_3 - A_1 - R_2 - F_1}{C_4}$，此时要满足 $F'(\gamma) < 0$，则 $\gamma_2 = 1$ 是稳定点，服务供给方会选择诚信经营策略。因为不诚信获益 R_3，减去不诚信经营处罚 F_1，减去口碑损失 $C_4\delta$ 的值，小于诚信经营获益的 R_2，加上获得政府奖励 A_1，减去付出成本 C_3 的值，有限理性的服务供给方将会选择诚信经营策略，获得更好的收益。服务供给方选择的动态趋势与稳定性，见图 6-4（1）。

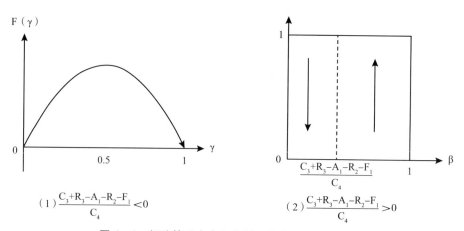

$(1) \dfrac{C_3+R_3-A_1-R_2-F_1}{C_4}<0$ $(2) \dfrac{C_3+R_3-A_1-R_2-F_1}{C_4}>0$

图 6-4　行政管理方介入背景下服务供给方相位图

ⅱ 若 $R_3 - F_1 - C_4\delta < A_1 + R_2 - C_3$，即 $\dfrac{C_3 + R_3 - A_1 - R_2 - F_1}{C_4} > 0$，则有两种情况需要考虑：

ⅰ）若 $\delta > \dfrac{C_3 + R_3 - A_1 - R_2 - F_1}{C_4}$ 时，$F(\gamma) = \dfrac{dF(\gamma)}{d\gamma}\bigg|_{\gamma=1} < 0$，$F(\gamma) = \dfrac{dF(\gamma)}{d\gamma}\bigg|_{\gamma=0} > 0$，此时 $\gamma_2 = 1$ 是稳定点，经过长期的演化博弈，有限理性的服务供给方会选择诚信经营的策略，原因同上，见图 6-4（2）。

ⅱ）若 $\delta < \dfrac{C_3 + R_3 - A_1 - R_2 - F_1}{C_4}$ 时，$F(\gamma) = \dfrac{dF(\gamma)}{d\gamma}\bigg|_{\gamma=0} < 0$，$F(\gamma) = $

$\dfrac{dF(\gamma)}{d\gamma}\Big|_{\gamma=1} > 0$，此时 $\gamma_1 = 0$ 是稳定点，经过长期的演化博弈，有限理性的服务供给方会选择不诚信经营的策略。因为不诚信获益 R_3，减去不诚信经营处罚 F_1，减去口碑损失 $C_4\delta$ 的值，大于诚信经营获益的 R_2，加上获得政府奖励 A_1，减去付出成本 C_3 的值，有限理性的服务供给方将会选择不诚信经营策略，获得更好的收益。服务供给方选择的动态趋势与稳定性，见图 6 - 4（2）。

服务供给方策略选择的动态趋势与稳定性见图 6 - 4（2）。服务供给方会根据行政管理方的策略确定是否诚信经营，行政管理方对于服务供给方介入的概率越大，服务供给方就越可能选择诚信经营策略。

（2）旅游消费方选择策略的复制动态方程为：

$$F(\delta) = \frac{d\delta}{dA_2} = \delta(U_T^\delta \overline{U_T}) = \delta(1-\delta)(R_5\gamma + R_4 + A_2 - C_5 - R_6) \qquad (6.11)$$

观察式（6.11）可知

I 若 $\gamma = \dfrac{C_5 + R_6 - A_2 - R_2}{R_5}$ 时，无论 δ 取值多少，均可得到 $F(\delta) = 0$、$F'(\delta) = 0$，也就是说 δ 在 $[0,1]$ 上取任何值，都是稳定状态。

II 若 $\gamma \neq \dfrac{C_5 + R_6 - A_2 - R_2}{R_5}$ 时，令 $F(\delta) = 0$，求得 $\delta_1 = 0$，$\delta_2 = 1$ 是 δ 的两个稳定点。

根据微分方程稳定性定理，在 δ^* 满足 $F(\delta) < 0$ 时，δ^* 即为演化稳定策略，对 $F(\delta)$ 求导得：

$$F'(\delta) = \frac{dF(\delta)}{d\delta} = (1-2\delta)(R_5\gamma + R_4 + A_2 - C_5 - R_6) \qquad (6.12)$$

ⅰ 若 $\dfrac{C_5 + R_6 - A_2 - R_2}{R_5} < 0$，有 $\gamma > \dfrac{C_5 + R_6 - A_2 - R_2}{R_5}$，此时要满足 $F'(\delta) < 0$，则 $\delta_2 = 1$ 是稳定点，旅游消费方会选择支持乡村旅游发展策略。因为支持乡村旅游发展获得收益 R_4，加上支持乡村旅游服务供给方诚信经营获得的额外收益 $R_5\gamma$，加上获得行政管理方给予的奖励 A_2，减去乡村旅游发展支付成本 C_5 的值，大于不支持乡村旅游发展的收益 R_6。有限理性的旅游者将会选择支持乡村旅游发展策略，获得更好的收益。旅游者策略选择的动态趋势与稳定性，见图 6 - 5（1）。

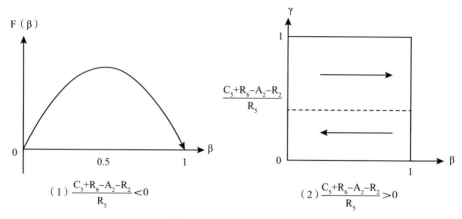

图6-5　行政管理方介入背景下旅游消费方相位图

ⅱ若 $\dfrac{C_5 + R_6 - A_2 - R_2}{R_5} > 0$ 则有两种情况需要考虑：

ⅰ）若 $\gamma > \dfrac{C_5 + R_6 - A_2 - R_2}{R_5}$ 时，$F(\delta) = \dfrac{dF(\delta)}{d\delta}\Big|_{\delta=1} < 0$，$F(\delta) = \dfrac{dF(\delta)}{d\delta}\Big|_{\delta=0} >$

0，此时 $\delta_2 = 1$ 是稳定点，经过长期的演化博弈，有限理性的旅游消费方会选择支持乡村旅游发展策略的策略，原因分析同上，见图6-5（2）。

ⅱ）若 $\gamma < \dfrac{C_5 + R_6 - A_2 - R_2}{R_5}$ 时，$F(\delta) = \dfrac{dF(\delta)}{d\delta}\Big|_{\delta=0} < 0$，$F(\delta) = \dfrac{dF(\delta)}{d\delta}\Big|_{\delta=1} >$

0，此时 $\delta_1 = 0$ 是稳定点，经过长期的演化博弈，有限理性的旅游消费方会选择不支持乡村旅游发展的策略，因为支持乡村旅游发展获得收益 R_4，加上支持乡村旅游同时服务供给方诚信经营获得的额外收益 $R_5\gamma$，加上获得行政管理方给予的奖励 A_2，减去乡村旅游发展支付成本的值，小于不支持乡村旅游发展的收益 R_6。有限理性的旅游者将会选择不支持乡村旅游发展策略，获得更好的收益。旅游者策略选择的动态趋势与稳定性，见图6-5（2）。

3. 均衡点分析及稳定性讨论

根据4.2中求得的行政管理方、服务供给方、旅游消费方的复制动态方程，求演化博弈均衡解。为寻求演化博弈均衡解，首先联立式（6.9）、式（6.11），建立方程组（6.13）。

$$\left.\begin{array}{l} F(\gamma) = \dfrac{d\gamma}{dA_2} = \gamma(U_B^\gamma - \overline{U}_B) = \gamma(1 - \gamma)(A_1 + R_2 - C_3 - R_3 + F_1 + C_4\delta) \\[2mm] F(\delta) = \dfrac{d\delta}{dA_2} = \delta(U_T^\delta - \overline{U}_T) = \delta(1 - \delta)(R_5\gamma + R_4 + A_2 - C_5 - R_6) \end{array}\right\} \quad (6.13)$$

计算博弈主体稳定策略，必须同时满足

$$\left. \begin{array}{l} F(\delta) = \dfrac{\mathrm{d}\delta}{\mathrm{d}A_2} = 0 \\ F(\gamma) = \dfrac{\mathrm{d}\gamma}{\mathrm{d}A_2} = 0 \end{array} \right\} \tag{6.14}$$

经计算，上式存在 5 个局部均衡点 $E_1 = (0, 0)$、$E_2 = (1, 0)$、$E_3 = (0, 1)$、$E_4 = (1, 1)$，$E_5 = \left(\dfrac{C_5 + R_6 - A_2 - R_4}{R_5}, \dfrac{C_3 + R_3 - A_1 - R_3 - F_1}{C_4} \right)$。

根据复制动态方程可得雅可比矩阵，

$$J = \begin{bmatrix} (1 - 2\gamma)(A_1 + R_2 - C_3 - R_3 + F_1 + C_4\delta) & \gamma(1 - \gamma)C_4 \\ \delta(1 - \delta)R_5 & (1 - 2\delta)(R_5\gamma + R_4 + A_2 - C_5 - R_6) \end{bmatrix} \tag{6.15}$$

其均衡点的稳定性可由雅可比矩阵的 Det(J) 和 Tr(J) 确定，当 Det(J) >0，Tr(J) <0 时，则是 ESS 点。

$$\begin{aligned} \mathrm{Det}(J) &= \begin{vmatrix} \dfrac{\partial F(\gamma)}{\partial \gamma} & \dfrac{\partial F(\gamma)}{\partial \delta} \\ \dfrac{\partial F(\delta)}{\delta \gamma} & \dfrac{\partial F(\delta)}{\partial \delta} \end{vmatrix} = \dfrac{\partial F(\delta)}{\partial \gamma} \times \dfrac{\partial F(\gamma)}{\partial \delta} - \dfrac{\partial F(\delta)}{\partial \delta} \times \dfrac{\partial F(\gamma)}{\partial \gamma} \\ &= \delta(1 - \delta)R_5(1 - \gamma)\gamma C_4 - (1 - 2\delta)(R_5\gamma + R_4 + A_2 - C_5 - R_6) \\ &\quad (1 - 2\gamma)(A_1 + R_2 - C_3 - R_3 + F_1 + C_4\delta) \end{aligned}$$

$$\begin{aligned} \mathrm{Tr}(J) &= \dfrac{\partial F(\delta)}{\partial \delta} + \dfrac{\partial F(\gamma)}{\partial \gamma} \\ &= (1 - 2\delta)(R_5\gamma + R_4 + A_2 - C_5 - R_6) + (1 - 2\gamma)(A_1 + R_2 - C_3 - R_3 + F_1 + C_4\delta) \end{aligned}$$

根据雅可比矩阵的局部稳定分析法，稳定性分析结果，详见表 6 – 15。

表 6 – 15　　　　　　　　　　　行政介入背景下稳定性分析

均衡点	Det （J）	符号	Tr （J）	符号	结果	条件
$E_1(0, 0)$	– AB	+	B – A	–	ESS	C >0，D <0
$E_2(1, 0)$	CB	+	C + B	–	ESS	A <0，D <0
$E_3(0, 1)$	AD	+	A + D	–	ESS	A <0，D <0
$E_4(1, 1)$	– CD	+	D – C	–	ESS	C >0，D <0
$E_5 = (X_1, X_2)$	$ABCD/C_4R_5$	+	0		鞍点	任意条件

注：$A = C_5 + R_6 - R_4 - A_2$，$B = A_1 + R_2 - C_3 - R_3 + F_1$，$C = C_5 + R_6 - R_5 - R_4 - A_2$，$D = A_1 + R_2 - C_3 - R_3 + F_1 + C_4$，$X_1 = \dfrac{C_5 + R_6 - A_2 - R_4}{R_5}$，$X_2 = \dfrac{C_3 + R_3 - A_1 - R_3 - F_1}{C_4}$。

根据表 6-15 的稳定性分析结果，在条件合适的时候会出现 4 个 ESS 点，分析如下：

第一，当 A < 0，D < 0，即 $C_5 + R_6 - R_4 - A_2 < 0$ 且 $R_2 + A_1 - C_3 - R_3 + F_1 + C_4 < 0$ 时，意味着旅游消费方支持乡村旅游发展获得的收益大于不支持所得收益，服务供给方诚信经营的收益小于不诚信经营获得的收益，系统最终的稳定策略在点（1，0）和（0，1），因而双方会在（诚信、不支持）和（不诚信、支持）之间完成策略演化，双方会根据对方策略不断调整。

第二，当 C > 0，D < 0，即 $C_5 + R_6 - R_5 - R_4 - A_2 > 0$ 且 $R_2 + A_1 - C_3 - R_3 + F_1 + C_4 < 0$ 时，意味着旅游消费方支持乡村旅游发展同时服务供给方诚信经营时获得的收益，大于不支持乡村旅游发展所得收益；服务供给方诚信经营的收益小于不诚信经营获得的收益，系统最终的稳定策略在点（0，0）和（1，1），因而双方会在（不诚信、不支持）和（诚信、支持）之间完成策略演化。双方在自发行为引导下，只要有一方不作为，另一方就会选择投机，向（0，0）处演化，双方策略若均选择（不诚信、不支持），将会做出破坏生态环境等不利于乡村旅游发展的行为。需要行政管理方的监督，引导两方选择向（1，1），向（诚信、支持）策略演化。在行政管理方监督的背景下，不会放任这种情况的发展，加大对不诚信经营服务供给方的罚款 F_1，引导服务供给方改变策略建立口碑，同时增加对旅游消费方的奖励 A_2，这时旅游消费方支持乡村旅游发展时，会获得额外收益 R_5，最终双方策略向着（诚信、支持）策略演化，策略动态演化如图 6-6 所示。

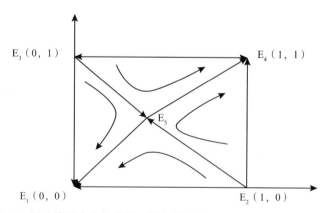

图 6-6 行政管理方介入背景下服务供给方、旅游消费方策略动态演化

6.5　袁家村核心利益相关者利益均衡机制构建

6.5.1　利益协调机制

1. 利益表达协调机制：及时高效的沟通机制

乡村旅游和农村社区居民关系密切，需要得到农村社区居民的大力支持，沟通是必不可少的环节。2007 年袁家村发展旅游时，农村社区居民并不赞同，从起初的 2 家、5 家，到家家搞旅游，再到外来创业者生根袁家村，每一步发展都需要及时高效的沟通机制，同时对旅游者也应该保持高效沟通。

（1）突出行政管理方的绝对权威。

沟通过程中民主化在一定程度上会降低沟通的效率，双方在多次对信息传递和确认的过程中，会造成信息的失真并产生较高的时间成本。袁家村郭占武书记深得民心，在很多关键性问题决策上显示出较好的全局观、发展观，能够果断排除各种干扰因素，把控发展方向，在发展中赢得先机。

袁家村当时要两百亩地建停车场，与政府沟通，让村民入股，整个过程仅耗时 3 天。发挥行政管理方的绝对权威，在沟通时极大地提高了沟通效率，对袁家村的发展有明显的促进作用。袁家村当初计划开进城店时，不少村民反对，觉得"人家在城里吃咧，不来（袁家村）了咋办"。行政管理方利用自身的绝对权威，做了部分沟通工作，2015 年 8 月袁家村第一家进城店开业，600 万元投资仅用 9 个月收回，村民从内心敬佩。突出行政管理方绝对权威的沟通机制，可及时化解各种矛盾、纠纷，极大提高了办事效率，取得了很好的成效。

（2）建立各类沟通渠道。

第一，充分利用线上沟通途径。

在袁家村，郭占武书记的思想能在一天之内传达到每一位村民和每一个商户。如此高的沟通效率，就在于对互联网技术的充分利用，袁家村 2015 年就实现 Wi-Fi 全覆盖，利用微信、QQ 等聊天工具，建立了各种群，平时基本都是微信沟通。各类"群"极大地提高了沟通效率，上传下达都可以在"群"里完成，是各类利益群体表达自身利益的理想途径。在线沟通极大地缩减了反馈时间，信息可以在第一时间传达，也在第一时间被反馈，各类群已经成为袁家村重要的信息获取渠道、利益表达渠道。

"有大群、村民群、客栈群、各街道管理群、股民群，大群就是农家乐群，这些都是管理方式。"（G-2019-19）

"我们祠堂街还有微信群，有什么消息，群里就会通知，都可以及时收到，每天好多条消息。上面有什么指示，哪里需要注意，那个群里很快就有消息。"（S-2019-经营者-50）

袁家村的官方微信公众号经常会发布关于袁家村的各类消息。"回村儿过大年"活动"进城店的招商"活动、"全球招募村长"等引起较大社会反响的活动，均通过微信公众号对外发布，官方微信公众号是袁家村和外界密切联系的桥梁和窗口，并且通过袁家村的微信公众号还可以购买农副产品、洽谈合作。略微遗憾的是袁家村官方微信公众号并不具备留言功能，反馈功能缺失。

第二，多元化线下沟通模式。

除了线上交流的各种群之外，还有线下的各种沟通机会，比如村民大会、股东会、各类座谈会、协商会等相对正式的会议，这些制度化的沟通方式在很大程度上保障了袁家村稳步前行。同时还可以通过村委会调解各种矛盾，每周开讲的农民学校、明理堂等都是有效的沟通渠道。每年除夕的分红大会，大家一起吃年夜饭，村里举办的春晚，初一清晨一起到祠堂祭祖，多元化的沟通形式，提高信息处理效率的同时，也让每一个老村民、新村民感受到袁家村大家庭的温暖。

2. 利益获取协调机制：优势互补的参与机制

（1）利用多种形式旅游资源参与。在袁家村参与乡村旅游的途径多种多样，手工艺品、传统民居、乡风民俗、土地资源、风味小吃都是乡村旅游重要的资源，农村社区居民可以根据自身情况选择，参与旅游开发过程。

第一，手工艺。袁家村四处寻找手工艺人，提供店铺、支付工资，让其免费经营，以保护和传承手工艺文化。

"最早期，寻找周边村落有名的作坊手艺人，传统生产资料及手艺人以发工资等方式引入袁家村。有市场就是最好的保护和传承"。（G-2019-18）

手工艺人既能够从事喜爱的手工艺制作，又有工资，还可以获得较为满意的旅游收益。

"村上给发工资，总体（收入）还可以。"（S-2015-经营者-16）

袁家村获得了很多手工艺人的认可，皮影、打铜等诸多有祖传技能的手工艺人纷纷聚集袁家村。

"祖传手艺50年，袁家村发工资，3000~5000（元）""村上免费给我提供这地方，给我管饭、发工资，支持力度大得很。我只要专心做我的铜（制品）就可以了，其他啥心都不用操。"（S-2015-经营者-21）

第二，传统民居。袁家村农村社区居民尽可能地住在村里，老村民每家都挂了门牌，并从 1 号到 62 号编号，同时注明户主姓名、家训，十分醒目。

"老村民需要经过村里同意才可以进行房屋改造。目前袁家村后续新建的房屋、街道都延续了古朴的关中风格，保持了景观一致性。"（G-2019-19）

"现在这装修也很麻烦，还要找村上审批呢，设计图啥的，害怕你弄成洋楼了（笑），你看，咱这就是咱原始的风格，（村上）一审（批）就通过了"。（S-2015-居民-20）

第三，乡风民俗。袁家村婚丧嫁娶延续以往的习俗，丧事的时候在街上搭灵堂，播放丧乐，办流水席。办喜事的时候敲锣打鼓、抬轿迎亲。民风依旧淳朴，所有农家乐、民宿客栈允许旅游者先看环境，再根据明码标价，决定是否住宿，并且很多农家乐还和客人分享自家种植的蔬菜、水果。

"谁家有个红白喜事，婚丧嫁娶的，还在村里过事呢"。（S-2015-居民-28）

"来人的时候，我这种的菜和水果，随便吃。"（S-2015-居民-14）

第四，风味小吃。袁家村 IP 的三大核心之一就是地道的关中小吃，也是很多旅游者对袁家村的第一印象，农村社区居民和旅游经营者大多都会经营风味小吃，生意非常好。

"特色小吃、住宿、餐饮都有，我家的油泼辣子美得很，还有鸡蛋，人（旅游者）都喜欢"。（S-2015-居民-35）

"农家乐和特色小吃，我们夫妻两个做，弄得干净、味道好"。（S-2015-居民-5）

"（卖）粉汤羊血，店里 8 个人，……，每天排队的人就是宣传"。（S-2017-经营者-39）

（2）建立合作社。村民自愿将土地经营权流转给村集体，并获得相应的股权，享受红利。起初袁家村辣子、油、面、醋、豆腐等作坊具有民俗展示性质，与后来建设的醪糟、粉条、酸奶等作坊一起，同时满足袁家村的农家乐、小吃街、进城店的需求。在袁家村经营的商户必须优先购买各作坊合作社生产的面粉、油、醋等农副产品，所有食材没有任何添加剂确保食品安全，保证食材原生态和食品的最佳风味。农家乐的豆腐、油、醋、粉条、面，都在合作社购买，从源头保证食品安全。小吃街实行统一核算，如果外购同类材料，则需要商家自己掏钱，不能计入村里核算成本，但收益需要分给大家。小吃街生意最火爆的粉汤羊血，羊血是店主从礼泉回民宰杀点采购，豆腐、粉条、辣子、菜籽油都来自袁家村合作社。合作社一年分一次红，酸奶等热门产品收益率能达到 80%～90%，收益低的合作社也有 10% 左右。合作社的参与者包括袁家村村民和周边村庄甚至更远地方的人，2016 年起参与者的姓名、入社金额都在店门口公示。

通过合作社的形式，扩大了生产规模，拓宽了参与途径。这些合作社所用的原料是从周边乃至全国各地农产品中精心挑选的，由于需求大幅增加，酸奶和粉条都已经陆续在外设厂生产。袁家村计划将作坊合作社升级为袁家村的食品工业园，专门生产需要的食品。实现由"三产"（旅游业）带动"二产"（制造业）促"一产"（农业）的产业融合发展，完成产业升级。

（3）低门槛的参与形式。除了民居、风味小吃等旅游资源之外，袁家村还有农耕文化博览园、关中民俗青少年研学基地、乡村生活体验园、关中民俗青少年研学社等多种研学组织，没有文化的农村社区居民只要稍有农耕知识就可以担任"讲师"，与学生、旅游者们交流，参与到旅游发展活动中。2009～2010年袁家村免租金招募小吃街商户，为一些有手艺但是没有资金的经营者提供了非常好的就业机会。

"我（做豆腐脑）手艺是家传的，（袁家村）2010年小吃街招商时，去乾县请我来的，我以前都是白天干农活，晚上走街串巷的叫卖，袁家村给我弄了铺面，不收房租，我这位置也好"（S-2019-经营者-49）。

在废弃的深坑上用门板盖起来，修建酒吧街，2012年酒吧街营业，依然实行免租，很多毕业的大学生选择在酒吧街创业。

"（政府）支持的话，就是不收房租，这点很好"①。

后续艺术长廊开业，继续实行免房租的政策，吸引一批文创项目落地。

（4）惠及周边的扶贫模式。陕西省礼泉县关中民俗文化有限公司，通过"公司+贫困户"的方式，带领周边村100户贫困群众入股，并且在袁家村村口为贫困户提供80多处免费摊点，贫困户可以售卖自家的农产品，或者做点小生意，解决了28个贫困户的就业。

3. 利益共享协调机制：责权对等的分配机制

（1）入股合作社分配制度。菜籽油、辣子、醋、酸奶、豆腐、粉条等作坊以及小吃街，均可通过"合作社+全村众筹+分红"的模式，分配收益，农村社区居民和旅游经营者只要符合条件②，就可根据自身经济条件选择入股比例，同时行政管理方也会根据实际情况调节，均衡各方利益。增加贫困户的入股比例，提高其收入，努力实现共同富裕。酸奶合作社第一年分红利润率高达90%，粉条合作社入股一万元可以获得9100元的分红，收益相当可观。

"（我）觉得这不正常啊，困难的时候让你入（股），你不入（股），现在要

---

① 样本："S-2017-经营者-29"深度访谈记录。

② 袁家村合作社入股需满足以下条件：为袁家村做出一定贡献，留在袁家村大家庭中；愿意为袁家村出一份力的人；品行要端正。

分钱了，（你）再入股。郭书记给（对）我说，'我是让你带着村民一起赚钱'。开始（我）不理解，（我的）钱被（别）人分了，现在都想通了。一个人把钱都给赚了，才不正常。分红大会时，（有村民）拉着（我的）手，说感谢（你），感谢（你），这感觉不一样啊，（我）觉得特别自豪，真的，我全家户口都迁到袁家村了。"（S－2017－经营者－30）

合作社股份由基本股、交叉股、调节股构成，具体详情见表6－16，农村社区居民、旅游经营者自愿入股，同时向收益少的农村社区居民、旅游经营者倾斜。小吃街合作社每户按照3:7、4:6、7:3等比率分配，根据收益情况利润分成，收益高的比率降低，收益低的比率增大。粉条作坊的一年销售产量13万公斤；辣子坊全年收入400万元。油泼辣子年营业收入七百多万元。2017年酸奶销售额超过两千万元，净利润过半。厚德麻花、粉汤羊血，一年营业额三四百万元。对于不挣钱却是小吃街必备的品类，比如蒸馍，合作社给予补贴，最低保障每个家庭每年8万~10万元的收入，比如参股油坊合作社的村民，能领取万元左右的分红。

"我入了20万元到豆腐合作社，现在一年过了百万（元）了。"（S－2019－经营者－47）

表6－16　　　　　　　　　　袁家村合作社股份分类

类别	详情
基本股	38%归集体，62%归集体经济组织成员，每年分红
交叉股	旅游公司、合作社、商铺、农家乐交叉持股460家商铺，村民自主选择入股
调节股	按照全民参与、入股自愿、照顾小户、限制大户原则，调节收入分配

注：笔者根据袁家村提供的资料整理。

（2）总体统筹兼顾效率。行政管理方采用介入策略，从总体统筹兼顾效率和公平。小吃街、康庄老街交20%的收益给村集体，剩下的80%的收益按照比例分红。同时入股的比例会考虑个人经济条件，贫困的村民有机会多入股，增加收益。袁家村客流量大，对饮用水和生活小商品十分需要，周边很多贫困户摆摊销售冷饮等，这些收入都归他们自己所有，村里不收取任何提成，保障小贩的经营收益。

（3）建立共享利益机制。通过利益共享可让外来投资者产生稳定预期，有利于社会资本投资回报时间较长的项目，并且因为未来和自己密切相关，会主动承担起社会责任，维护赖以生存的环境，综合提升社会效益、生态效益、经济效益,获利后,又会再次对其产生激励机制,形成良性循环。袁家村通过不断的探索,保障了村民的财产权益,已经能够基本实现 2018 年中央一号文件提出的"构建乡村治理新体系"的要求。同时从 2016 年开始,每年有 10 名贫困大学生接受袁家村的资助,每人每年 3000 元,袁家村集体在获得经济利益的同时,承担了社会责任,将利益共享给更多需要帮助的人,实现了利益共享。

4. 利益确认协调机制:合理完善的保障机制

(1)教育培训保障。

第一,外出学经验。行政管理方带着村干部、村民陆续参观西安周边、秦岭农家乐、成都锦里和宽窄巷子、大理丽江、日本,并参观由私人投资建造的马嵬驿,学习其成本控制。

"去日本(参观学习),是村里出钱,主要看看人家咋(怎么)待人接物、咋(怎么)和人交流"。(S-2017-居民-44)

北京民俗旅游协会怀柔分会会长李玉荣,2018 年曾两次到袁家村调研。他认为"他们(袁家村)不是关上门自己搞,而是不断地学习,那种开放的心态表现在方方面面"。

第二,自身不断学习。(1)村民学校。袁家村常年开办村民学校,起初郭占武亲自给村民讲课,设有"道德讲堂"和"明理堂",任何问题都可以说出来评理,村上德高望重的老者主持,村干部、村民和商户代表参加,讲明道理,化解矛盾,解决问题。通过抚今追昔的"自省"与"自醒",明辨是非的"讲理"和"明理"。创办"袁家村美丽乡村建设培训中心",陆续开办"乡村旅游培训学校""三农工作村干部培训学校"和"乡村振兴研习社"。2010 年组建"袁家村发展战略和总体规划课题组",2015 年又成立"中国新农村建设袁家村课题组",2017 年更名为"中国乡村振兴袁家村课题组"。(2)袁家村夜校。2018 年开始每周三 19 点举办一期,有"服务英语课程""垃圾分类课程",也有"新民宿经验分享";有村民之间经验交流,也有外部专家的讲课,取长补短,很有意义。68 岁的新村民曹培峰大爷因为自身文化程度不高坚持去听课,学习服务态度、商品经营的理念,之后都被曹大爷运用到实践中,感觉效果不错。(3)外部专家引入。2015 年首届古村大会,郭占武明确表示很有危机感,希望更多的专家来袁家村多做尝试。2016 年 10 月 27~28 日,举办中国袁家村乡村旅游高峰论坛,2018 年 8 月开始面向全球招聘实习村长(任期一个月),实习村长发挥自己的专业经验和技术,参与和协助村长的各项工作,每周写一篇实习报告。

(2)食品质量保障。

为确保袁家村食品安全,坚守品质底线,形成了一个多层次的管理模式,礼泉县景区综合管理办公室—袁家村村委会—旅游管理公司—小吃（农家乐、酒吧）协会多层次管理模式。袁家村小吃街协会、袁家村旅游管理公司、袁家村村民委员会共同监督保证食品质量安全。

（3）产业链延伸保障。

第一，加入故事性。袁家村可以在旅游者品尝关中小吃的同时，为大家讲述关中小吃的故事、小吃的历史，是否是非物质文化遗产，经过组织编写，开发文创配套产品。第二，建立特色性。针对前文分析的部分街区没有特色的问题，需要通过产业调整重新规划，确保每个街区有自身特色，才有可能吸引客流。每个街区首先具备各自特色，每个街区的店铺也需要具备自身特色。2019 年 2 月袁家村调研时，虽然时值春节，但是祠堂街的人流量明显少于小吃街，亟须打造鲜明特色吸引客流。第三，做好产业性。袁家村的产业链通过进城店迅速向外延伸，很多旅游者在进城店现场品尝袁家村小吃后，还会大量购买送人。通过进城店的不断开业，打响了袁家村的知名度，拓宽了袁家村农产品的销售渠道，同时深化了产品产业链。

"很多客人都说在袁家村能吃到小时候的味道，尤其像咱们的馒头呀、锅盔呀，他们都根本不计成本地，把这个当礼品送。他们说把这当礼品送，特别给（有）面子，特别的能代表陕西。他们会把那馒头逢年过节（购买）几百个几百个，发那个顺丰快递寄到他们的朋友，或者是客户身边，让他们品尝。"（S-2019-经营者-48）

第四，建立袁家村的视觉识别系统，袁家村每家店铺都有"头戴帕帕"的关中女性，"头戴帕帕"是关中地区农村女性的生活习俗，可以此形象为核心，建立自己的视觉识别系统。从颜色、形象多方面开发立体化的 IP 产品，不断衍生，打造袁家村 IP 体系。袁家村可以利用 IP 知名度、开发"头戴帕帕"关中女性的卡通形象、配以不同的字体和颜色，用于农产品外包装、伴手礼印制包装袋等，使袁家村品牌更加立体化、系统化。只有将袁家村这个蛋糕做大，才可以使行政管理方、服务供给方、旅游消费方获得更多收益，实现各方利益协调。

6.5.2 利益均衡策略

结合第 3 章的分析可知，行政管理方、服务供给方、旅游消费方均为有限理性，会根据其他各方策略选择对自己最为有利的策略，第 4 章演化博弈的结果明确行政管理方选择介入策略之后，服务供给方选择诚信经营策略，有利于均衡状态的实现。

行政管理方采用介入策略，奖励支持乡村旅游发展的旅游消费方，诚信经营的服务供给方；惩戒破坏环境，损害公共利益的行为，甚至诉诸法律，最大程度保证各方利益均衡。服务供给方为了获益，需要开发适销对路的旅游产品，诚信经营树立口碑，提升销量，满足旅游消费方的需求。旅游消费方支持乡村旅游发展，对于诚信经营的服务供给方提供宣传，带来更多的客流，也可以增加自己的选择空间。三方选择后呈现出最佳的均衡状态，具体如图6-7所示。

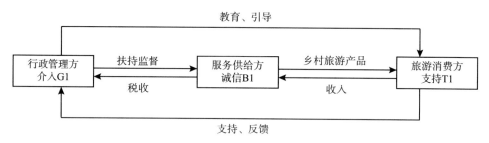

图 6 - 7　袁家村核心利益相关者博弈均衡状态

1. 行政管理方策略

政府通过修订法律确定私营企业可以建筑并经营，但因资源有限对私营企业的监管不甚到位，通过建立有效的监管体系可以增加利益相关者对政府的信任和支持（Randle and Hoye，2016）。在乡村旅游发展初期，如果行政管理方不介入，服务供给方为了较快获得利益，选择不诚信经营，市场调解作用失灵，旅游消费方利益受损，环境遭到破坏。行政管理方采用介入策略，对不诚信经营的服务供给方给予惩罚，同时对诚信经营的服务供给方给予补贴，两相对比，服务供给方选择诚信经营的可能性增大。行政管理方采用介入策略，可以促使服务供给方、旅游消费方的策略转向对三方均有利的均衡状态。行政管理方为了实现各方利益均衡，需要从以下四个方面实现：

第一，监督旅游经营者的行为，避免短线投资攫取利润，而牺牲乡村旅游地环境，破坏生态，促使服务供给方诚信经营。结合第4章稳定性分析，行政管理方介入后，服务供给方选择诚信经营策略，最终形成稳定状态。同时充分认识乡村社区居民参与的重要性，依据《乡村振兴战略规划（2018~2022）》的要求，坚持农民主体地位、维护农民根本利益、促进农民共同富裕，不断提升农民获得感、幸福感、安全感。为农村社区居民提供就业岗位，袁家村在村口为周边贫困居民免费提供摊点，不收租金，帮助周边贫困居民脱贫致富。同时还需要满足服务供给方追求利润的根本目的，袁家村对小吃街、酒吧街的经营者给予房租减免，还提供免费英语、管理、营销等培训课程，开办袁家村夜校，提高服务供给方经营服务水平，有利于其获得稳定经济收入，从而采用诚信经营策略。

第二，教育引导旅游消费方，旅游消费方应当文明游览。乱刻乱画、乱扔垃圾的行为，破坏了乡村旅游地原有景致，旅游消费方应当对自己的不文明行为负责，通过缴纳罚款、在乡村旅游地做义工等形式加以惩戒。将恶劣的破坏行为，列入乡村旅游地黑名单。2019 年袁家村的垃圾桶相比 2015 年增加了 4 倍，道路清扫人员数量也大幅增加，同时通过媒体宣传、使旅游消费方具有良好的旅游消费行为，保护乡村旅游地环境。旅游消费方将服务供给方的不诚信经营行为，向媒体、行政管理机构反馈，有助于行政管理方对服务供给方的监管。游客因排队购买粉汤羊血产生纠纷，行政管理方及时处理，引导游客文明游览与消费，促进均衡发展状态的实现。

第三，协调利益相关者之间的关系。袁家村成立专门的运营公司开发乡村旅游，同时成立了袁家村课题组，既有多年记者生涯的宰建伟老师，也有旅游专业博士关晶，既有文创联盟创始人谷文卓，还有设计师陈嘎……运用专业化知识发展乡村旅游，提高乡村旅游发展效益，注重效率与公平、数量与质量的平衡。获得乡村旅游发展经济收益的同时，注重社会收益、生态收益，不断完善公共基础设施建设，提高农村社区居民的生活质量、旅游消费方的体验质量。

第四，推进合作进程顺利进行。以市场力量为主导建立合作框架，消除利益主体之间的冲突与隔阂。通过引导、监督、支持等环节处理利益冲突，并注重保持中立，不偏袒某方以免丧失自身公信力，袁家村的"明理堂"、村委会都可以进行冲突调节，综合考量经济利益、社会利益、生态利益，促成多方面合作。

2. 服务供给方策略

服务供给方为了短期内获得更多利润，会不考虑生态效益、社会效益，甚至选择不诚信经营的手段赚取利润，这一选择会损害长远发展利益。服务供给方如果以长远发展眼光来看待，则会通过降低成本、提高产能，扩大利润空间，走诚信经营的道路，为旅游消费方提供富有特色的乡村旅游产品，与旅游消费方实现共赢。袁家村的服务供给方均能诚信经营，从小吃街店门外高悬的"毒誓"，到自家农家乐住满后，将客人送到下一家，直至安全入住，从餐饮到住宿均提供高品质的服务。

袁家村通过向全球招募村长的活动，招徕全球精英为袁家村的发展提供指导。第一届村长刘晓兰指导服务供给方改进包装，从细节提升质感。袁家村避免低层次的重复建设，研究旅游消费方多层次的消费需求，按照旅游市场细分推出不同档次的食、住、行、游、购、娱旅游服务，就住宿而言，从每晚 100～120元的农家乐住宿，到每晚 300～500 元的客栈，再到 800～1200 元的精品民宿，旅游者在袁家村可以有很多种选择。袁家村提供层次丰富、内容立体、标准化与特色化相结合的旅游服务，获得了旅游消费方认可，建立了良好的口碑，实现主客互动。按照为旅游消费方提供优质旅游经历、优质服务为目标，转换经营思路，整体提升服务供给方的经营水平，2019 年 7 月被列为"首批全国乡村旅游重点村"。但袁家村后来开办的南货街、祠堂街生意冷清，同关中古镇的利益纠葛依然存在，都需要通过协调机制协调解决。

3. 旅游消费方策略

旅游消费方是乡村旅游产品的最终消费者，服务供给方提供的乡村旅游服务通过旅游消费方的消费才能够体现物质价值。行政管理方介入后，服务供给方提供诚信经营服务，旅游消费方获得优质的旅游经历、旅游服务，再反馈给行政管理方和服务供给方，自己选择支持乡村旅游发展的策略，形成良性循环。旅游者在袁家村，可以借用任何一家农村社区居民的卫生间，入住农家乐时还可以品尝农户自家种植的瓜果蔬菜。旅游消费方享受旅游服务时，应当注意保护生态环境，不乱写乱画、不随地乱扔垃圾，做到文明游览，对乡村旅游地的民俗秉持尊重态度。当然服务供给方也可提供多样化的旅游产品供不同旅游消费者选购，降低因民俗与旅游者生活习惯差异造成的不便，提升旅游者对乡村旅游发展的支持度（Liu，2006），袁家村各类饮食、住宿均有不同档次供消费者选择，满足消费者差异化需求，袁家村的旅游者获得了旅游经营者和当地政府的尊重（WTO，1999），如若发现不诚信的经营行为，可以及时向袁家村行政管理方反馈，共同维护袁家村的旅游环境，提升旅游体验。

6.6 本章小结

本章选取袁家村对乡村旅游核心利益相关者利益协调机制进行实证分析，得出以下三点结论：

第一，袁家村的行政管理方各级政府机构介入当地乡村旅游发展，袁家村的服务供给方由原住民"老村民"和外来经营者"新村民"，以及袁家村集体的两大公司，共三部分组成。其农村社区居民全部主动投入到乡村旅游供给服务当中，这和其他乡村旅游地有所不同，绝大多数直接从事农家乐经营，获取收益，少部分居民以承包的形式转租给其他经营者获得租金收益，间接享受旅游发展红利。旅游经营者阵营由原村民和新村民两部分组成，新村民和老村民经营的领域、经营的主业不甚相同，存在很多利益纠葛。袁家村的旅游消费方增长速度迅猛，也给袁家村带来了环境、安全等问题，通过利益协调机制处理行政管理方、服务供给方、旅游消费方的利益冲突，对于袁家村稳定发展具有重要意义。

第二，袁家村的行政管理方在其乡村旅游发展过程中，发挥了不可替代的作用，介入效果明显，甚至部分农村社区居民愿意主动放弃自己的参与权，直接按照"领导"指示行动。因而在关系博弈分析时，仅分析行政管理方选择"介入"策略的情况，通过博弈分析，在行政管理方介入背景下，会通过加大对不诚信经营服务供给方的罚款。袁家村甚至采用每家悬挂"毒誓"的方式，引导服务供给方诚信经营，建立口碑。同时，袁家村为支持袁家村乡村旅游发展的旅游者提供了丰富多彩的娱乐活动，如涂鸦墙、文创活动、社火表演等一系列免费活动，旅游消费者获得了额外收益，最终旅游消费方和服务供给方的策略向着（诚信、支持）演化，这也与第四部分分析结果相同，实证检验了动态博弈模型。

第三，袁家村行政管理方通过监督经营者行为、教育引导旅游者、"明理堂"协调矛盾等措施介入乡村旅游发展过程。袁家村服务供给方诚信经营提供优质的产品与服务，确保品质特色和差异化供给，并有自己反馈意见的渠道。袁家村旅游消费方有表达途径和良好的旅游体验，支持袁家村乡村旅游发展。通过利益表达、利益获取、利益共享、利益确认机制解决袁家村利益相关者各类利益冲突。通过协调机制解决袁家村祠堂街、南货街特色不突出，品质有待提升的问题，兼顾协调袁家村行政管理方、服务供给方、旅游消费方各方利益，提升社会效益、生态效益、经济效益，同步稳定发展，实现乡村振兴。

第7章

研究结论与展望

7.1　研究结论

本书选取乡村旅游利益相关者关系博弈及协调机制为研究对象，针对开篇提出的四个问题，围绕乡村旅游核心利益相关者界定、利益诉求分析、利益冲突、利益博弈等问题展开研究，分析利益协调机制均衡状态的影响因素、构建机理之后，构建乡村旅游利益相关者利益协调机制，并通过了实证检验。主要得出以下四点结论：

结论一：乡村旅游利益相关者由边缘层、外围层、核心层三部分构成，可以从管理维度、供给维度、需求维度整合分析行政管理方、服务供给方、旅游消费方核心利益相关者。

构建乡村旅游利益相关者关系图谱，并从三个维度重新整合核心利益相关者。结合文献分析，按照影响力、合法性、紧迫性三种属性（Mitchell et al.，1997）的重要性程度，依据专家打分法，确定非政府组织、新闻媒体等是边缘层利益相关者；旅游教学科研机构、行业协会属于外围层利益相关者；各级政府管理机构、农村社区居民、旅游者、旅游经营者为核心层利益相关者，建立了乡村旅游利益相关者关系图谱。从管理维度、供给维度、需求维度三个维度分析行政管理方、服务供给方、旅游消费方核心利益相关者。行政管理方即各方行政管理机构是管理者、调控者、监督者，服务供给方即农村社区居民和旅游经营者是服务提供者、文化传承者，旅游消费方即旅游者是消费者、体验者。

结论二：乡村旅游核心利益相关者群体——行政管理方、服务供给方、旅游消费方内部及彼此之间存在利益联系与利益纠葛。

行政管理方的各级政府管理机构，向服务供给方、旅游消费方提供行政管理、政策支持、基础设施保障，获得税收收入和服务支撑。旅游消费方的旅游者消费服务供给方提供的旅游产品与服务，并向行政管理方提供反馈。服务供给方内部，农村社区居民为旅游经营者提供劳动力，自身获得收入。三方相互联系的同时还存在诸如土地利益、环境利益、经济利益等利益冲突，这些冲突的解决对于实现乡村振兴具有重要意义，亟须建立利益协调机制加以解决。

结论三：建立了动态演化博弈模型，分析乡村旅游核心利益相关者的策略选择。行政管理方选择"介入"策略是实现三方均衡状态的有力保障，行政管理方选择"介入"策略，对服务供给方是否选择"诚信"策略具有显著影响，但对旅游消费方是否选择"支持"策略影响并不突出。

乡村旅游核心利益相关者行政管理方、服务供给方、旅游消费方可以从"介入/不介入""支持/不支持""诚信/不诚信"的策略集中选择，共组成8种策略组合，三方均为有限理性，受到认知等限制，策略选择是一个动态调整过程，同时受到并影响其他两方的策略选择。构建行政管理方、服务供给方、旅游消费方三方动态演化博弈模型，并基于复制动态方程进行演化稳定策略分析，最后加以数值模拟。行政管理方需要选择"介入"策略，否则无法实现稳定状态。行政管理方选择"介入"策略，对服务供给方是否选择"诚信"策略具有显著影响，但对旅游消费方是否选择"支持"策略影响并不突出。行政管理方选择"介入"策略之后，推进服务供给方"诚信"经营的进程、加大对旅游消费方"支持"乡村旅游发展的奖励力度，最终实现三方利益均衡。旅游消费方是整个乡村旅游活动的实践方，但却缺乏主导权，处于弱势地位，旅游消费方策略改变仅可能在一定程度上对演化趋势产生影响，并不能改变演化结果。

结论四：依据利益相关者理论、行动者网络理论、社会交换理论、公平理论，结合统计分析的结果，构建乡村旅游核心利益相关者利益协调机制。多元化、立体化的利益协调机制由利益表达协调机制即及时高效沟通机制、利益获取协调机制即优势互补参与机制、利益共享协调机制即权责对等分配机制、利益确认协调机制即合理完善保障机制构成，在袁家村通过实证检验，验证其可协调乡村旅游核心利益相关者利益关系，具有可行性，对其他乡村旅游地核心利益相关者的利益协调加以指导。

根据行动者网络理论增加"桥梁"的要求，结合增强正向参与感知、公平感知的目标，从信息分享渠道、利益表达渠道、信息反馈渠道着手建立及时高效的沟通机制，解决乡村旅游核心利益相关者利益表达问题，形成正向的认同感知与参与感知。根据行动者网络理论各结点平等的要求，结合增强正向公平感知、参与感知的目标，从培养参与意识、增加就业机会、拓宽参与渠道建立优势互补的参与机制，解决乡村旅游核心利益相关者利益获取问题，形成服务供给方正向的参与感知。根据社会交换理论，结合公平理论，从满足被忽视的利益诉求、合理的分配方式、建立发展保护基金三方面建立责权对等的分配机制，解决乡村旅游核心利益相关者利益共享问题，形成正向的公平感知。根据利益相关者理论，社会交换理论，从法律、制度、监管、财政、设施、人才、宣传、教育八方面构建合理完善的保障机制，解决乡村旅游核心利益相关者利益确认问题，形成正向的认同感知、参与感知、公平感知。最终构建由利益表达机制、利益获取机制、利益共享机制、利益确认机制构成的立体多元化的利益协调机制，促进服务供给方形成正向的旅游感知，有助于均衡状态的实现。

7.2 研究局限

在国内外相关文献研究基础上，找到研究切入点，通过规范的研究方法得到本书研究结论，研究过程中数据真实可信、方法规范。由于理论功底、学术视野、研究敏感性的不足，本书在还存在一些局限，具体如下。

局限一：研究深度略显不足。

本书尝试建构一套关于乡村旅游核心利益相关者利益协调机制，但在研究过程中，对乡村旅游地核心利益相关者的特征研究挖掘不够，未能更加深入地发掘乡村旅游地核心利益相关者的典型特征，仅从三个维度分析 4 个方面乡村旅游核心利益相关者的关系，使得本书在尝试拓展乡村旅游地核心利益相关者利益协调机制的类型学研究方面贡献降低。应进一步厘清各方之间关系，从多维度进行分析，建立更为细化的利益协调机制。

局限二：实证案例地略显单一。

本书选择袁家村进行实地调研，具有一定代表性和典型性。2015 年 7 月，2017 年 7 月，2019 年 2 月多次前往袁家村调研，以 1200 份问卷调查、127 次深度访谈的形式，深入分析了袁家村核心利益相关者角色诉求、利益冲突、各方策略，形成了一条历时研究路线。但由于精力、资金、时间等条件的限制，没有进行同类案例地对比研究和分析，降低了研究的普适性。

局限三：演化博弈方法使用不够熟稔。

研究中提出了动态演化博弈模型，以演化博弈方法动态分析行政管理方、服务供给方、旅游消费方三方博弈的动态过程。受自身水平局限，仅分析了三方动态博弈过程，虽说相对于以往研究的两两主体博弈已有提升，但忽略了其他利益主体，弱化了博弈结果的科学性。

7.3 研究展望

根据乡村旅游核心利益相关者研究现状及本书的研究成果与研究局限，未来研究方向有以下三点：

（1）进行多案例对比研究。

不同乡村旅游地具有自身发展的特殊性，不同乡村旅游地所处的生命周期阶段不同、不同乡村旅游地所用的开发模式不同、不同乡村旅游地的所处旅游区位不同，这些都可能影响乡村旅游核心利益相关者的角色、利益关系、利益冲突，需要不同的利益协调机制解决问题。今后应当选择具有不同特点的案例地进行对比研究，验证本书建立的乡村旅游核心利益相关者关系模型、博弈模型、乡村旅游核心利益相关者利益协调机制是否具有跨旅游发展阶段、跨旅游区位、跨开发模式等方面的普适性。

（2）加深研究的理论性。

加深研究的理论性，可以从以下三方面展开：首先，通过扎根理论深入研究乡村旅游核心利益相关者的特征，实现理论创新；其次，找寻更有力、更全面的理论依据，支撑乡村旅游核心利益相关者利益协调机制；最后，在乡村旅游核心利益相关者利益演化博弈时，引入随机性的动态参数，纵深层次进一步深化。

（3）进一步拓展研究内容。

乡村旅游核心利益相关者的关系随着发展阶段、发展动态的不同，会发生变化，甚至部分外围利益相关者、边缘利益相关者会在特定时段，转化为核心利益相关者。注意开展持续跟进的历时研究，分析非核心利益相关者向核心利益相关者转化的条件、时机，及转化后各方的利益博弈等，补充乡村旅游核心利益相关者关系博弈与协调机制的相关理论，拓展研究内容。

附录一 袁家村各级管理机构
深度访谈记录①

访谈提纲：

1. 袁家村发展乡村旅游之后，经济、生态、文化方面有哪些改变？是否满意这些改变？如果不满意，为什么？

2. 袁家村乡村旅游发展时，如何对传统文化进行保护和传承？对自然环境保护采取了哪些措施？

3. 各级政府管理机构有没有提供支持？具体是什么支持？还在哪方面需要获得支持？

4. 居民对袁家村发展乡村旅游，持什么态度？物价涨幅情况如何？是否会直接参与旅游经营活动？居民的就业、人均收入情况怎么样？居民还有没有其他诉求？怎么解决？

5. 招徕外来经营者的方式有哪些？怎么管理？是否服从管理？对当地经济、文化、生态各方面的影响？

6. 旅游者对袁家村的影响有哪些方面？对旅游者有没有什么要求？

访谈内容：

访谈编号：G－2019－18
访谈对象：郭先生，行政管理者，男，大专，31～40岁

1. 袁家村发展乡村旅游之后，经济、生态、文化方面有哪些改变？是否满

---

① 2015年7月18～27日，2017年7月9～10日、14～17日，2019年2月6～8日，调研小组多次在袁家村实地调研，共深度访谈各级政府管理机构人员20人次。因为篇幅限制，这里列举了7份袁家村各级政府管理机构的访谈，约占访谈数量的1/3，具有一定的代表性。在征得被访者同意的前提下，采用录音和速记相结合的方式，访谈当天即完成整理工作，最大程度保证访谈的准确性。为便于读者理解，对部分口语以括号的形式注解，尽可能还原被访者的真实意愿。

意这些改变？如果不满意，为什么？

答：市场的影响力变大，忠实客户群积累起来。制定袁家村产品标准，下一步会建立大型食品加工园。

2. 袁家村乡村旅游发展时，如何对传统文化进行保护和传承？对自然环境保护采取了哪些措施？

答：最早期，寻找周边村落有名的作坊手艺人，传统生产资料及手艺人以发工资等方式引入袁家村，有市场就是最好的保护和传承。对自然环境没有损坏。

3. 各级政府管理机构有没有提供支持？具体是什么支持？还在哪方面需要获得支持？

答：（政府）没有直接帮助，书记郭占武带领下自己发展。

4. 居民对袁家村发展乡村旅游，持什么态度？物价涨幅情况如何？是否会直接参与旅游经营活动？居民的就业、人均收入情况怎么样？居民还有没有其他诉求？怎么解决？

答：一年就是 30 万～50 万元（收入）不等。物价涨幅不大，可以承受。

5. 招徕外来经营者的方式有哪些？怎么管理？是否服从管理？对当地经济、文化、生态各方面的影响？

答：比如说招徕作坊的经营者，原本不是袁家村的人，后来来（袁家村）开了腐竹作坊，这是个别情况，（腐竹作坊）也不是联合管理。一般的（作坊合作社）社长是经过社员表决产生，不存在服从问题。袁家村各产业和集体、群众之间关联密切，也不是一成不变。（他们的）任务就是坚守袁家村生产标准，带领社员，也就是老百姓致富。

6. 旅游者对袁家村的影响有哪些方面？对旅游者有没有什么要求？

答：旅游者暂时没有参与到作坊手工艺的传承当中，都是体验为主。

访谈编号：G－2019－19

访谈对象：郭先生，行政管理者，男，本科，31～40 岁

1. 袁家村发展乡村旅游之后，经济、生态、文化方面有哪些改变？是否满意这些改变？如果不满意，为什么？

答：袁家村最难能可贵的是在于干了，在那种（2007 年）恶劣的环境中还是选择干了，这很难得，这个决心不一般。记得印度合伙人上面有一句话"一个人就是在不断地解决问题，如果没有问题，那他也就不在了"。一定要打造非标品质化的标准，这是农村发展的出路。钱赚的多了，但时间少了。

2. 袁家村乡村旅游发展时，如何对传统文化进行保护和传承？对自然环境保护采取了哪些措施？

答：农村就是一所学校，认识五谷也是学习传统文化。老村民需要经过村里同意才可以进行房屋改造，目前袁家村后续新建的房屋、街道都延续了古朴的关中风格，保持了景观一致性。

3. 各级政府管理机构有没有提供支持？具体是什么支持？还在哪方面需要获得支持？

答：社区吧，发展足够配套设施做社区，袁家村为了产业发展其实已经牺牲掉了生活，社区建设刻不容缓。郭占武书记是神人，当年在绝望之中的逆袭，胜利之后继续无私奉献，得人心了。不拘一格考虑问题，总能透过现象看到本质，带领袁家村成功。（上级）政府也提供了非常多的支持，比如：路网、电力、土地指标，也非常重要。

4. 居民对袁家村发展乡村旅游，持什么态度？物价涨幅情况如何？是否会直接参与旅游经营活动？居民的就业、人均收入情况怎么样？居民还有没有其他诉求？怎么解决？

答：物价基本没有涨幅啊，可以承受。教育、医疗是目前准备考虑满足的，旁边有了中学。看后面的医疗，农村的医疗可能会有一个中医，应该不走西医这条路。我们周边有个神医，娃头疼发烧啥的，贴一个丸丸就搞定。袁家村村口摆摊是给周围贫困户的，但是摊少贫困户多，也会有问题。新老村民之间、挣钱与不挣钱、各街区之间、村民与村民之间（老村民内部、新村民内部）、发展与生活的矛盾。居民缺乏生活，因为他们牺牲掉了自己的时间去搞旅游了。

5. 招徕外来经营者的方式有哪些？经营者是否服从管理？对当地经济、文化、生态各方面的影响？

答：留下的人都服从管理呢，毕竟都有些许投资，要对得住自己的投资么。有的经营不下去，就自己走了。袁家村自己创业的，可能房租没有多少钱，但时间、精力成本高，自己觉得做不下去就走了。袁家村卖水的，收入全归自己。经营者之间有的会因为收入多少不均匀有点矛盾，但也都没有说不服从管理。有微信群，包括大群、村民群、客栈群、各街道管理群、股民群，大群就是农家乐群，这些都是管理方式。

6. 旅游者对袁家村的影响有哪些方面？

答：带来了收益，也带来了纷争；有钱赚，没有时间生活，都在发展旅游。

7. 很好奇，袁家村的干部真的没有工资吗？郭书记公开说20年不拿工资，你们也不拿吗？那怎么生活？

答：没有工资，自己赚钱养活自己。袁家村是一个平台，你在这个平台上，剩下的要靠自己的本事呢，这里的关系不是雇佣关系。

访谈编号：G – 2019 – 20

访谈对象：王先生，行政管理者，男，大专，31 ~ 40 岁

1. 袁家村发展乡村旅游之后，经济、生态、文化方面有哪些改变？是否满意这些改变？如果不满意，为什么？

答：袁家村的模式很好，发展很迅速，目前各方面发展都还可以，现在也在寻找升级的途径，也暴露出一些矛盾。

2. 袁家村乡村旅游发展时，如何对传统文化进行保护和传承？对自然环境保护采取了哪些措施？

答：这里有老房子、老物件，你看着春节的社火热闹的很，小时候常见，现在很多地方都看不见了，春节有很多人从外地赶来就为了看这个。今后还会对民俗继续传承吧，村里的春晚也是一种传承，大年初一去祠堂也是传承。

3. 各级政府管理机构有没有提供支持？具体是什么支持？还在哪方面需要获得支持？

答：有支持但是还是靠郭书记带着大家走向成功，资金和土地吧，能再多点。

4. 居民对袁家村发展乡村旅游，持什么态度？物价涨幅情况如何？是否会直接参与旅游经营活动？居民的就业、人均收入情况怎么样？居民还有没有其他诉求？怎么解决？

答：刚开始的时候，村民不愿意，因为改造房子经营农家乐，要花钱。村上说给补贴，都不愿意弄。后来看人家农家乐赚钱了，不用村上说，马上就跟上，因为可以赚钱啊。

5. 招徕外来经营者的方式有哪些？怎么管理？是否服从管理？对当地经济、文化、生态各方面的影响？

答：对于外来经营者首先会严格的筛选，你看我们在西安和咸阳开了进城店，首先这些档口的经营，就需要通过比赛选拔，公开报名。如果 5 个人报名想卖凉皮，那在所有原材料完全相同的条件下，从报名者中胜出的人，才能经营，同时要保持一店一品，不能说全部经营粉汤羊血，这就避免了恶性竞争。从一开始就按照这个规则招，大家都很服气，管理也容易。

6. 旅游者对袁家村的影响有哪些方面？对旅游者有没有什么要求？

答：旅游者很关键，郭书记说过，"袁家村所有的这些最后都是以人（旅游者）来不来为核心"，目前基本每年来的游客超过 500 万。你看春节这人，小吃街根本走不动，今天估计（接待人次）过 15 万了。欢迎来袁家村，有啥意见也尽管提，人太多，难免招待不周。

访谈编号：G - 2017 - 12

访谈对象：崔先生，行政管理者，男，本科，41～60 岁

1. 袁家村发展乡村旅游之后，经济、生态、文化方面有哪些改变？是否满意这些改变？如果不满意，为什么？

答：现在业态基本丰富了，袁家村是礼泉（县）旅游发展非常重要的增长点，咱也是花大力气重点抓袁家村的各项发展，特别是这两年，停车场也建好了，路也修好了，观光车也配套了，厕所、班车（发往西安市、咸阳市的公交中巴车）都比之前好了许多，节假日袁家村的安全问题都是礼泉关注的重点之一。说完全满意吧，也不是，袁家村发展速度过快，村民的文化素质低，部分村民心态需要调整，个别人有点膨胀。之前的主要在基础设施上不断完善，现在主要是从软件上发展袁家村，思想觉悟等方面。

2. 袁家村乡村旅游发展时，如何对传统文化进行保护和传承？对自然环境保护采取了哪些措施？

答：袁家村这个做得还不错，那个左右客的餐厅，本来之前弄的以前公社那种，那是最早从山西整体迁来的老建筑。现在基本能做到外表都是古朴的，关中古镇那一片略微差一点，当时是把地给人家让人家盖，人家盖好又卖了房，钱挣了，但是乱七八糟的，卖衣服的，啥的都有。（20）15 年的时候一起和那些商户谈，每家选一种经营项目，确定后，别家不能重复经营。要是不能接受，袁家村在购房价格的基础上，上浮再把房子买回来。但是谁都知道袁家村挣钱，所以谁都不愿意离开，但又没有啥特色，咱也把人家赶不走。就变成了现在卖啥的都有。以后还是要解决，看怎么协调吧。

3. 各级政府管理机构有没有提供支持？具体是什么支持？还在哪方面需要获得支持？

答：肯定支持了啊，（礼泉）县上对袁家村很重视，评奖啥的都是推的袁家村，就是想袁家村尽快在全国打开知名度，袁家村得了好多的奖。（咸阳）市上也是很重，全域旅游当时第一批评选的时候，咸阳就是袁家村一个点。省上都要推广袁家村模式呢，你说重视不，不可能不重视、不支持。县上财政就是个这情况，你要说一下给你多少钱，也不现实，我们都是以奖代补的形式，比如之前每年 50 万元的奖励给袁家村，我们也希望省上、市上各方能给予资金支持，特别是在小额贷款这块，老百姓还是有需求。

4. 居民对袁家村发展乡村旅游，持什么态度？物价涨幅情况如何？是否会直接参与旅游经营活动？居民的就业、人均收入情况怎么样？居民还有没有其他诉求？怎么解决？

答：都是支持的，（旅游）发展了一段时间后，收入差距非常大。好的人家收入几百万，也有 10 万～20 万元的，大家会攀比，你挣 20 万元，他挣 200 万元，你肯定不平衡，就有了矛盾，还是我刚说的，文化素质低，他（村民）只能想到那（对比收入差距）。袁家村开设农民学校来解决这些问题，还有明理堂，村委会也可以解决问题。不行还有县上、市上，有问题从正常渠道反映，都会解决的。

5. 招徕外来经营者的方式有哪些？怎么管理？是否服从管理？对当地经济、文化、生态各方面的影响？

答：袁家村推行的是百年袁家村，要实现共同富裕。2015 年我们组织成立了袁家社区，就是袁家村及其周边 9 各村组成袁家社区，以袁家村的力量带动周边村的发展，你看那个停车场，就基本都是周边村的人入股搞的，这样大家都赚钱了，就不会因为眼红而发生矛盾。同时周边村也给袁家村带去了劳动力，一举两得。周边村的人现在在袁家村开店的多得很，都是经营者，他们也被袁家村叫新村民，会服从管理的，主要目的是赚钱，不会不服从管理。

6. 旅游者对袁家村的影响有哪些方面？对旅游者有没有什么要求？

答：旅游者为袁家村带来了大量收入，一年接待 500 多万人（次），一个人到袁家村消费，咱不多说，你就按照 50（元）算，这数字都害怕得很。希望旅游者来袁家村好好玩，离开的时候高高兴兴地走，回去也多做宣传。

访谈编号：G－2017－15
访谈对象：宋先生，行政管理者，男，大专，31～40 岁

1. 袁家村发展乡村旅游之后，经济、生态、文化方面有哪些改变？是否满意这些改变？如果不满意，为什么？

答：满意，现在村民的生活都丰富多了，开发旅游并没有对生态环境造成什么伤害。2015 年开始着手做农业观光园，除了给村民及商户提供必需的蔬菜水果等优质的农产品之外，还划分区域实现旅游功能，游客可以看见农作物的生长过程，可以采摘，可以学习农业知识，参与到过程中来，实现自己地头采摘，直接端上餐桌。

2. 袁家村乡村旅游发展时，如何对传统文化进行保护和传承？对自然环境保护采取了哪些措施？

答：有很多，比如织布机，袁家村的织布机可以用，交一元钱就能体验织布。油坊的油葫芦，是东汉时期发明的，现在油坊每天都在用，你去买油就能看见，它的侧面有两个孔，一个孔进油，一个孔出气，一下刚好是一斤，这是非物质文化遗产，在使用的过程中，旅游者进门就能看见，传统文化就实现了保护和传承。

3. 各级政府管理机构有没有提供支持？具体是什么支持？还在哪方面需要获得支持？

答：主要是修路吧，这几年路修的多，看以后教育和医疗能不能跟上。

4. 居民对袁家村发展乡村旅游，持什么态度？物价涨幅情况如何？是否会直接参与旅游经营活动？居民的就业、人均收入情况怎么样？居民还有没有其他诉求？怎么解决？

答：物价基本没有涨幅，都很支持。有啥矛盾到村上来说一说，都能解决。有啥想不通，说出来，大家一起想。后来也就没有啥矛盾了。村上为了避免贫富差距太大，又搞了合作社，加入这个合作社之后，调节了分配，贫富差距缩小了，大家心理上平衡多了，矛盾就不会激化。

5. 招徕外来经营者的方式有哪些？怎么管理？是否服从管理？对当地经济、文化、生态各方面的影响？

答：从卫生、例会等方面管理，提供了很多免费的创业平台，赚了钱，一起分，根据营业额。很多来开店创业的有的是慕名而来，有的是来这里玩一下就不想走了，有的是周边村出去的大学生，都服从管理，毕竟我们也是想帮助他们赚钱，管理都是正面的。

6. 旅游者对袁家村的影响有哪些方面？对旅游者有没有什么要求？

答：袁家村很多时候被叫网红村，很多人来"打卡"，其实也不全面，现在袁家村除了小吃，民宿啥的也发展得很好，很多人会住，消费也就增加了。还是希望有较好的口碑吧，我们都是靠口碑，自己不宣传。

访谈编号：G－2015－01

访谈对象：何先生，行政管理者，男，高中，31～40岁

1. 袁家村发展乡村旅游之后，经济、生态、文化方面有哪些改变？是否满意这些改变？如果不满意，为什么？

答：袁家村从（20）07年开始发展旅游，之前的发展速度比较缓慢，我看，主要是从（20）13年，从（20）13年一下来袁家村的游客就多了，主要好多媒体（对袁家村）做了报道，（袁家村的）知名度一下上来了，开始有外地的（旅游者）来（袁家村），不像之前基本都是西安、咸阳周边的（旅游者）。人多了对环境有影响，有时候会吵闹或者有垃圾，但是基本还好，主要是赚钱了，咱的关中小吃也宣传了。

2. 袁家村乡村旅游发展时，如何对传统文化进行保护和传承？对自然环境保护采取了哪些措施？

答：关中小吃就是传统文化，现在（旅游者）可以直接看见制作过程，还能吃，这就是最好的保护和传承。对自然环境没有影响，又没有工业污染啥的。

3. 各级政府管理机构有没有提供支持？具体是什么支持？还在哪方面需要获得支持？

答：有，修了路，通了公交，比之前方便了很多。政策和资金吧，毕竟修路、水、电、管网啥的，钱就跟（像）泼出去一样（需要大量资金的意思）。

4. 居民对袁家村发展乡村旅游，持什么态度？物价涨幅情况如何？是否会直接参与旅游经营活动？居民的就业、人均收入情况怎么样？居民还有没有其他诉求？怎么解决？

答：直接参加了，现在在村里的村民都是经营农家乐，也有部分转包给别人做的。收入就是一年20万~30万元吧，目前没有啥诉求，肯定还希望赚钱。

5. 招徕外来经营者的方式有哪些？怎么管理？是否服从管理？对当地经济、文化、生态各方面的影响？

答：小吃街、酒吧街，还有马上准备开的南货街、回民街，都是外来的（经营者），除去成本的情况下，利润分成。当然如果亏损的话，给补贴，一般是5000元一个月。我们希望更多的人来袁家村，这样袁家村才能发展壮大，当然人多了，管理也是个问题，目前还没有啥专门的机制。

6. 旅游者对袁家村的影响有哪些方面？对旅游者有没有什么要求？

答：袁家村现在就是靠旅游发展，希望越多越好，但是有时候人多了也有安全隐患，节假日都会加派人手疏导啥的。

访谈编号：G－2015－05

访谈对象：张先生，行政管理者，男，高中，31~40岁

1. 袁家村发展乡村旅游之后，经济、生态、文化方面有哪些改变？是否满意这些改变？如果不满意，为什么？

答：经济增长快，解决了周边村的就业，山底村有40~50人在袁家村打工，东周村估计有100~200人，农闲时候，打工挣钱还能照顾家里，很方便。现在人都活泛（灵活）了，也见世面了，想法也多。还是挺满意的，经济收益大幅增长。

2. 袁家村乡村旅游发展时，如何对传统文化进行保护和传承？对自然环境保护采取了哪些措施？

答：有布坊、铜铺啥的，保护（传统文化）呢，你可能也看见在游客中心门口有杂耍表演，在今年春节初一到十五，举行庙会，和专门的演艺公司联系，请了这河南的杂耍班子，反响不错，暑假再次邀请他们来袁家村，这就是对传统文化的保护。

3. 各级政府管理机构有没有提供支持？具体是什么支持？还在哪方面需要获得支持？

答：那肯定支持，路、电、水都是政府弄的，还减免工商、税务等费用。希望能多有上层政府的支持，通过办节庆提升知名度，吸引旅游者，打造美丽乡村。

4. 居民对袁家村发展乡村旅游，持什么态度？物价涨幅情况如何？是否会直接参与旅游经营活动？居民的就业、人均收入情况怎么样？居民还有没有其他诉求？怎么解决？

答：基本都支持啊，你看都是农家乐，收入都是几十万一年，肯定还想多挣钱么。有的觉得地没了，也是少数。

5. 招徕外来经营者的方式有哪些？怎么管理？经营者是否服从管理？对当地经济、文化、生态各方面的影响？

答：外头来的有的是承包了村民的（院子），有的来开店，还可以（服从管理）吧，都是为了挣钱的。不过，你别说，外头来的人就是有脑子，弄的东西精致，想法多，咱村民跟上看，现在也一套套的。

6. 旅游者对袁家村的影响有哪些方面？对旅游者有没有什么要求？

答：人越来越多，这几天太热了，人还少，凉快一点，人就多了，人一来啥都解决了，买吃的，玩的，大家都能挣钱。设施还有点不到位，垃圾桶少，也没有坐的地方，旅游者多的时候，有的都蹲着吃。不过真的是让村民挣钱了。袁家村来的人多了，跟着必捷滑雪场上人能起来（发展好），张山村也跟着挣钱。

附录二 袁家村旅游经营者利益诉求深度访谈记录①

访谈提纲：

1. 在袁家村乡村旅游开发中，您参与何种经营服务？您目前的参与程度如何？全家有多少人参与？经营过程中有没有打算扩大规模或者转向经营？有没有打算做营销推广？如何做？

2. 收入情况怎么样？满意吗？满意或者不满意的地方有哪些？

3. 各级政府管理机构有没有提供支持？比如培训、各项优惠政策等。对于政府支持是否满意？满意和不满意分别有哪些？您希望得到政府的哪些方面的支持？对政府有什么意见和建议？

4. 袁家村乡村旅游开发中，您觉得您对当地居民产生了什么影响？积极影响和消极影响各有哪些？

5. 旅游者给您带来的收益和困扰分别是什么？

6. 经营过程中有没有出现什么矛盾（包括其他经营者、政府、袁家村村民等）？当您利益受损时，您会如何解决的？

7. 怎样看待袁家村乡村旅游发展状况与您企业发展之间的关系？

访谈内容：

访谈编号：S－2015－经营者－10
访谈对象：小吃街某店铺老板，女，大专，31～40 岁，经营 2 年

1. 在袁家村乡村旅游开发中，您参与何种经营服务？您目前的参与程度如

---

① 2015 年 7 月 18～27 日，2017 年 7 月 9～10 日、14～17 日，2019 年 2 月 6～8 日，调研小组多次在袁家村实地调研，共深度访谈旅游经营者 59 人次。因为篇幅限制，这里列举了 15 份袁家村经营者的访谈记录，约占访谈数量的 1/4，具有一定的代表性。被访者使用了大量陕西话口语和省略，在征得被访者同意的前提下，采用录音和速记相结合的方式，访谈当天即完成整理工作，最大程度保证访谈的准确性。为便于读者理解，对部分口语以括号的形式注解，尽可能还原被访者的真实意愿。

何？全家有多少人参与？经营过程中有没有打算扩大规模或者转向经营？有没有打算做营销推广？如何做？

答：我经营的主要是庆阳羊肉，就我一个，雇了两个人。也不需要推广，我们这个口碑好。陇东黑山羊肉很好吃，你尝。

2. 收入情况怎么样？满意吗？满意或者不满意的地方有哪些？

答：收入还是很满意的，平时嘛，这就是接待个 100 人左右。节假日的话，就能接待个 500 多人，我们这个小碗儿的一碗 28 块钱，大碗的是 48 块钱。

3. 各级政府管理机构有没有提供支持？比如培训、各项优惠政策等。对于政府支持是否满意？满意和不满意分别有哪些？您希望得到政府的哪些方面的支持？对政府有什么意见和建议？

答：会有参加过，么有参加过啥培训。不需要支持。也就是希望袁家村可以扩大规模，合理布局。

4. 袁家村乡村旅游开发中，您觉得您对当地居民产生了什么影响？积极影响和消极影响各有哪些？

答：我这么，主要是卫生方面，人多的时候呢，那就有点儿脏。再（另外）你要说，对当地居民，那基本是没有影响的。

5. 旅游者给您带来的收益和困扰分别是什么？

答：来了也有两年了，想这味道质量方面都是没有问题，你有说困扰的话，就是这个，来的人多的时候，这个垃圾清理，有时候就跟不上，比如说你刚收拾完那就有人往下撒（扔）。尤其是些碎（小）娃娃又不懂事，所以呢就不停地收拾。

6. 经营过程中有没有出现什么矛盾（包括其他经营者、政府、袁家村村民等）？当您利益受损时，您会如何解决的？

答：那么有矛盾，这儿吗，每一家都不一样，你看家家经营的种类，啥都有区别。所以基本是没啥冲突的。

访谈编号：S - 2015 - 经营者 -11
访谈对象：小吃街某店铺老板，女，初中，41～60 岁，经营 6 年

1. 在袁家村乡村旅游开发中，您参与何种经营服务？您目前的参与程度如何？全家有多少人参与？经营过程中有没有打算扩大规模或者转向经营？有没有打算做营销推广？如何做？

答：锅盔夹辣子、夹肉，家里 5 个人都在这里，咱这是最早的一家，现在这规模就可以了。

2. 收入情况怎么样？满意吗？满意或者不满意的地方有哪些？

答：满意，平常就是卖80～100块馍，馍是（卖）3元，馍夹辣子是（卖）5元，夹肉是（卖）10元。我这味道好，材料都是有保证的，有的客人一次吃好几个，吃了还要带走。

3. 各级政府管理机构有没有提供支持？比如培训、各项优惠政策等。对于政府支持是否满意？满意和不满意分别有哪些？您希望得到政府的哪些方面的支持？对政府有什么意见和建议？

答：参加过卫生、安全食品培训，还期待参加经营管理培训。希望政府在这些方面多加强。

4. 袁家村乡村旅游开发中，您觉得您对当地居民产生了什么影响？积极影响和消极影响各有哪些？

答：节假日的时候忙不过来，会在周边村雇人帮忙，他们也能有个零花钱。

5. 旅游者给您带来的收益和困扰分别是什么？

答：有的客人凑得太近，闻味道，咱这是吃的东西，我每回都会阻止，要注意卫生。

6. 经营过程中有没有出现什么矛盾（包括其他经营者、政府、袁家村村民等）？当您利益受损时，您会如何解决的？

答：小吃花样很多，吃了这个就吃不下那个，还是有压力，但是基本没有啥矛盾。

访谈编号：S－2015－经营者－16
访谈对象：某手工艺老艺人，男，初中及以下，63岁，经营6～7年

1. 在袁家村乡村旅游开发中，您参与何种经营服务？您目前的参与程度如何？全家有多少人参与？经营过程中有没有打算扩大规模或者转向经营？有没有打算做营销推广？如何做？

答：咱这里主要是做陕西皮影儿，基本一个人在店里连做带卖。平时还罢了，节假日人多，有点忙。没有推广，咱这手工的多了也做不出来。

2. 收入情况怎么样？满意吗？满意或者不满意的地方有哪些？

答：收入不稳定，小件一般卖300～400元，我这驴皮是河南采购的，质量好，成本也高。大件我不卖。村上给发工资，总体（收入）还可以。

3. 各级政府管理机构有没有提供支持？比如培训、各项优惠政策等。对于政府支持是否满意？满意和不满意分别有哪些？您希望得到政府的哪些方面的支持？对政府有什么意见和建议？

答：没参加过，我给村上提过意见，针对咱皮影，希望大力宣传皮影，带上演出,不过没有采纳。

4. 袁家村乡村旅游开发中,您觉得您对当地居民产生了什么影响?积极影响和消极影响各有哪些?

答:手工皮影工序复杂,细节上讲究,皮影背后还都有故事。我给你说,皮影是失落的文化、不朽的国粹、戏曲之父,你知道不?做一件小的(皮影)要2~3天,现在的年轻人都不愿意学,我娃(儿子)就不学这。咱就是想通过咱这个小店,让人都了解皮影,看有没有人喜欢这(行当),能跟我(拜师学艺),让我这门手艺有人继承。

5. 旅游者给您带来的收益和困扰分别是什么?

答:游客来了带来的收入,就是人多的时候会围过来看,把我的光(工作台灯)都挡住了,还要停下活搭话。来店里的大多数都是看看,有些爱好者,会买回去收藏。

6. 经营过程中有没有出现什么矛盾(包括其他经营者、政府、袁家村村民等)?当您利益受损时,您会如何解决的?

答:没有啥矛盾,咱这是手艺活,靠的是质量,弄得好,人家买了也觉得值得。

7. 怎样看待袁家村乡村旅游发展状况与您企业发展之间的关系?

答:现在弄得越来越好了,人越来越多,把人家跟上,做好咱的皮影,不能因为咱影响村上的名声。

访谈编号:S - 2015 - 经营者 - 19

访谈对象:某作坊老板,男,初中及以下,69 岁,经营 8 年

1. 在袁家村乡村旅游开发中,您参与何种经营服务?您目前的参与程度如何?全家有多少人参与?经营过程中有没有打算扩大规模或者转向经营?有没有打算做营销推广?如何做?

答:卖面粉,家里 2 人在店里。我没有推广,咱这没有添加剂,使用安全,都是回头客买。村上好像用微信推广的。

2. 收入情况怎么样?满意吗?满意或者不满意的地方有哪些?

答:满意。10 斤(装)的 25(元),20 斤(装)的 50(元)。一天(收入)就是 500~600 元。

3. 各级政府管理机构有没有提供支持?比如培训、各项优惠政策等。对于政府支持是否满意?满意和不满意分别有哪些?您希望得到政府的哪些方面的支持?对政府有什么意见和建议?

答:参加过管理和卫生的培训。希望多有些专业的培训,比如经营管理(方面）的培训。文化程度不行，跟年轻人还是差距大，也没人家搞得好。

4. 袁家村乡村旅游开发中，您觉得您对当地居民产生了什么影响？积极影响和消极影响各有哪些？

答：村里人都在我这里买面，他们开的农家乐用的面都是我家的，近，也方便。而且都知道咱这面啥都不加，吃得也放心。

5. 旅游者给您带来的收益和困扰分别是什么？

答：人流量可以，收入增加了，有时候也有客人逛累了进来聊一会儿，我就会给他们说说咱这面粉都有啥好的地方，也是个宣传。不过咱这垃圾桶有点少，好多游客都是手拿垃圾问我哪可以扔。

6. 经营过程中有没有出现什么矛盾（包括其他经营者、政府、袁家村村民等）？当您利益受损时，您会如何解决的？

答：没有矛盾。

访谈编号：S－2015－经营者－20
访谈对象：手工艺老艺人，男，高中或中专，41~60 岁，经营 8 年

1. 在袁家村乡村旅游开发中，您参与何种经营服务？您目前的参与程度如何？全家有多少人参与？经营过程中有没有打算扩大规模或者转向经营？有没有打算做营销推广？如何做？

答：传统手工粗布，家里 5 个人在店里。现在这行当都是稀缺了，我这粗布都是棉线，天然的，做工扎实，回头客也多，就靠质量就行，不用推广。

2. 收入情况怎么样？满意吗？满意或者不满意的地方有哪些？

答：能维持经营，平常就是 30~50（元），节假日就是 800（元）左右。手织粗布，天然的原材料，实在的做工。咱这不像那些小吃那样赚钱，来钱快。

3. 各级政府管理机构有没有提供支持？比如培训、各项优惠政策等。对于政府支持是否满意？满意和不满意分别有哪些？您希望得到政府的哪些方面的支持？对政府有什么意见和建议？

答：参加过收钱的培训，还想参加文化知识的培训，咱这是传统手工，有历史，我不太会讲，知识不够。提了意见，人家没采纳。

4. 袁家村乡村旅游开发中，您觉得您对当地居民产生了什么影响？积极影响和消极影响各有哪些？

答：手工粗布现在很少见了，村里人会带小娃，年轻人来看，也算是一种传承，村里很多中老年人都用我的粗布床单。

5. 旅游者给您带来的收益和困扰分别是什么？

答：有的小娃会拿着吃的东西进来，一不注意就会用手摸，油呀、汤汁啥的会粘在布上，得有人专门看着，脏了比较麻烦。织布机很多人感兴趣，花1元钱体验一下，能收点钱。

6. 经营过程中有没有出现什么矛盾（包括其他经营者、政府、袁家村村民等）？当您利益受损时，您会如何解决的？

答：没有矛盾。

7. 怎样看待袁家村乡村旅游发展状况与您企业发展之间的关系？

答：村上的发展现在很好，来这里体验关中民俗，手工粗布比较有代表性，有的客人会买好几个，希望用的人越来越多。

访谈编号：S - 2015 - 经营者 - 21
访谈对象：某手工艺老艺人，男，初中及以下，41~60岁，经营2.5年

1. 在袁家村乡村旅游开发中，您参与何种经营服务？您目前的参与程度如何？全家有多少人参与？经营过程中有没有打算扩大规模或者转向经营？有没有打算做营销推广？如何做？

答：（卖）手工铜制品、茶壶、茶盘啥的，目前两个人在店里，现在这规模还可以，没想过扩大规模，娃们都在网上给卖呢。

2. 收入情况怎么样？满意吗？满意或者不满意的地方有哪些？

答：咋说呢，平时一天大概有三四个买主，能卖300~400元，节假日稍微能多点，加上村上的工资，差不多一个月3、5千元，平时我这是管饭的，10：30早饭，14：30午饭，20：00晚饭，22：00下班。满意。

3. 各级政府管理机构有没有提供支持？比如培训、各项优惠政策等。对于政府支持是否满意？满意和不满意分别有哪些？您希望得到政府的哪些方面的支持？对政府有什么意见和建议？

答：村上免费给我提供这地方，给我管饭、发工资，支持力度大得很。我只要专心做我的铜（制品）就可以了，其他啥心都不用操。

4. 袁家村乡村旅游开发中，您觉得您对当地居民产生了什么影响？积极影响和消极影响各有哪些？

答：现在手工打铜基本上不见了，咱这是祖传的手艺，已经50多年了，质量没啥说的，有特色，但是还是要琢磨亮点，吸引人，很多年轻人都没见过这些。

5. 旅游者给您带来的收益和困扰分别是什么？

答：手工铜制品现在用的人少，收益一般。我这个店在生活客栈旁边，这家一到节假日都是满的，人多得很，平时进店看人多，买的少，我一般都低头干活也顾不上和人说话。我的买主（顾客）都是老客（熟客），总在我家买壶，经常网上订。

6. 经营过程中有没有出现什么矛盾（包括其他经营者、政府、袁家村村民等）？当您利益受损时，您会如何解决的？

答：有啥矛盾呢，没有的。大家都忙着做事呢，顾不上。

7. 怎样看待袁家村乡村旅游发展状况与您企业发展之间的关系？

答：这现在名气大，我这祖传的手艺有越来越多的人知道，好得很。

访谈编号：S－2017－经营者－29

访谈对象：某酒吧老板，男，大专，18～30 岁，经营 5 年

1. 在袁家村乡村旅游开发中，您参与何种经营服务？您目前的参与程度如何？全家有多少人参与？经营过程中有没有打算扩大规模或者转向经营？有没有打算做营销推广？如何做？

答：酒吧，我开这就是个兴趣，大专（毕业）工作（待遇）也都不好，还不如自己玩，就开了个酒吧，目前家里两个人在这里帮忙。

2. 收入情况怎么样？满意吗？满意或者不满意的地方有哪些？

答：满意。人均在店里消费就是 30～50 元，来这就是感受这个氛围。

3. 各级政府管理机构有没有提供支持？比如培训、各项优惠政策等。对于政府支持是否满意？满意和不满意分别有哪些？您希望得到政府的哪些方面的支持？对政府有什么意见和建议？

答：参加过食品安全、消防的培训，希望有外语的培训，有时候调酒会用到外国的酒，还是需要加强培训。（政府）支持的话，就是不收房租，这点很好。酒吧街管理不行，游客也少，没有人引导游客过来，现在天气也热，6（月）、7（月）、8（月）是淡季，你看这白天基本没人。

4. 袁家村乡村旅游开发中，您觉得您对当地居民产生了什么影响？积极影响和消极影响各有哪些？

答：袁家村本地的居民那肯定赚钱了，不像我们这些外来的经营者。

5. 旅游者给您带来的收益和困扰分别是什么？

答：进来酒吧消费的大多是年轻人和中年人，人均消费 30～50 元，（消费）不高，聊天，喝点东西，我这里的格调还是很有特点的。确实会有噪音，有过客栈客人的投诉。

6. 经营过程中有没有出现什么矛盾（包括其他经营者、政府、袁家村村民等）？当您利益受损时，您会如何解决的？

答：基本没有啥矛盾，大家各有风格，各做各的生意。

7. 怎样看待袁家村乡村旅游发展状况与您企业发展之间的关系？

答：村里对酒吧街的管理，我个人觉得有时候跟不上，我给村上提出过意见，被采纳了，希望管理越来越好。

访谈编号：S - 2017 - 经营者 - 34

访谈对象：小吃街某店铺老板，男，高中，31～40岁，经营5年以上

1. 在袁家村乡村旅游开发中，您参与何种经营服务？您目前的参与程度如何？全家有多少人参与？经营过程中有没有打算扩大规模或者转向经营？有没有打算做营销推广？如何做？

答：卖铁锅鸡，淡季7个人，旺季8个人，做了2年了。不需要推广，现在都忙不过来。想扩大经营，没有地方。

2. 收入情况怎么样？满意吗？满意或者不满意的地方有哪些？

答：非常满意，一年70万～80万元的收入，利润就是一半的样子。人（旅游者）太多了，忙不过来，上菜之后，后续的服务跟不上。

3. 各级政府管理机构有没有提供支持？比如培训、各项优惠政策等。对于政府支持是否满意？满意和不满意分别有哪些？您希望得到政府的哪些方面的支持？对政府有什么意见和建议？

答：参加过服务培训，希望能有一些经营管理方面的培训。袁家村发展太快了，抓紧建高星级酒店。

4. 袁家村乡村旅游开发中，您觉得您对当地居民产生了什么影响？积极影响和消极影响各有哪些？

答：袁家村的村民挣钱了，我都是给他们挣钱（笑）。袁家村的居民也会经常来吃，也会买回去给他们农家乐的客人吃。

5. 旅游者给您带来的收益和困扰分别是什么？

答：我这里的鸡和调料都是严格把关的，味道也好，这平均一天能接待100多人，节假日有300多人，外头4张桌子都要等位子、拼桌子。就是人多的时候，服务啥的有点跟不上，客人等的时间长，我们还没收拾桌子，客人都坐下了。

6. 经营过程中有没有出现什么矛盾（包括其他经营者、政府、袁家村村民等）？当您利益受损时，您会如何解决的？

答：竞争有一点压力，没有矛盾，有矛盾的（人）都是闲的，忙的（人）根本没时间有矛盾。

7. 怎样看待袁家村乡村旅游发展状况与您企业发展之间的关系？

答：没有村里的发展，就没有我这里的生意，还是要跟着村里走，做好自己的质量。

访谈编号：S‐2017‐经营者‐35

访谈对象：某作坊经营者，女，高中，41~60岁，经营5年以上

1. 在袁家村乡村旅游开发中，您参与何种经营服务？您目前的参与程度如何？全家有多少人参与？经营过程中有没有打算扩大规模或者转向经营？有没有打算做营销推广？如何做？

答：菜油，家里5个人，在这里做了5年多了。不推广，东西好，农村人朴实，自然人（旅游者）就来了。想扩大经营，做深加工，提高品质，不然赚不了钱。

2. 收入情况怎么样？满意吗？满意或者不满意的地方有哪些？

答：不满意，纯菜籽原料价格高，要保证质量，村上还要菜油限价，我们这需要的人手也多，保不住本，后来我加上油饼，稍微能好一点，村上知道我不赚钱，也就没有限制，同意我卖油饼了，这也是唯一一个袁家村卖两样东西的店（笑）。淡季也就是1000~2000人来，旺季有3（千）、5千人。

3. 各级政府管理机构有没有提供支持？比如培训、各项优惠政策等。对于政府支持是否满意？满意和不满意分别有哪些？您希望得到政府的哪些方面的支持？对政府有什么意见和建议？

答：参加过服务培训，看啥时候有外语（培训）、电脑（培训）、语文（培训），外国人来了都不知道说啥，还有些人在网上买，我想知道在网上咋弄的。

4. 袁家村乡村旅游开发中，您觉得您对当地居民产生了什么影响？积极影响和消极影响各有哪些？

答：每天都在油坊里，忙完了累得不想动，很少跟街坊邻居像以前那样聊天，碰上了打个招呼就各干各的事情了，旅游者太多了，现在袁家村商业化严重，已经和以前不一样了，不过就是人都挣钱了。

5. 旅游者给您带来的收益和困扰分别是什么？

答：菜油味道好，我家用的油葫芦还有油撇子，每天都有很多人围观咋样倒油，经常都是一边倒一边给（旅游者）讲，让人（旅游者）看老祖宗是怎么倒油的，这（是）非物质文化遗产，（我们）也想通过演示让更多的人知道。游客进来参观，看得见咱的质量，油卖得快。袁家村商业化太浓了，不像以前了。

6. 经营过程中有没有出现什么矛盾（包括其他经营者、政府、袁家村村民等）？当您利益受损时，您会如何解决的？

答：没有矛盾，都是各经营各的，没有啥冲突。

7. 怎样看待袁家村乡村旅游发展状况与您企业发展之间的关系？

答：村里发展得越来越好，来的人就多，我的生意也就越来越好。

访谈编号：S－2017－经营者－39

访谈对象：小吃街某店铺打工者，女，初中，41～60 岁，经营 5 年

1. 在袁家村乡村旅游开发中，您参与何种经营服务？您目前的参与程度如何？全家有多少人参与？经营过程中有没有打算扩大规模或者转向经营？有没有打算做营销推广？如何做？

答：（卖）粉汤羊血，店里 8 个人，想扩大规模，没地方。不宣传，每天排队的人就是宣传。

2. 收入情况怎么样？满意吗？满意或者不满意的地方有哪些？

答：收入很满意。一年（营业额）大概 400 万元～500 万元。

3. 各级政府管理机构有没有提供支持？比如培训、各项优惠政策等。对于政府支持是否满意？满意和不满意分别有哪些？您希望得到政府的哪些方面的支持？对政府有什么意见和建议？

答：没参加过，但我很支持村里发展旅游，没有村里发展旅游，哪里来的这么多人来这，大家也都能挣钱。现在我们这些商户，一个早上起来，会赶紧收拾，自己打扫卫生，也会有代表检查，村上也会有检查。这些我们都很支持，开始为了看人检查，要弄（打扫），后来慢慢就习惯了，一个早来了，先弄（打扫）卫生，不然你自己看着脏，也不美气，咱自己弄好了，心情也好，人（旅游者）来了吃着也舒服，我们还都在承诺书上签字，保证食品安全，你这首先卫生肯定要弄好。

4. 袁家村乡村旅游开发中，您觉得您对当地居民产生了什么影响？积极影响和消极影响各有哪些？

答：旅游者多了，生意挺好的，店里需要人手，雇周边村上的人，我就是雇来的，农闲的时候，挣点小钱。

5. 旅游者给您带来的收益和困扰分别是什么？

答：收益确实不错，每天都是排长队，人太多，接待能力跟不上，地方有限，很多客人没有坐的地方，桌子顾不上收拾，人都是站到跟前等位子，还有端着吃的。人多，排队时间有点长，队伍也没有站的地方，都是直接站到路上了，有时候路都堵上了。

6. 经营过程中有没有出现什么矛盾（包括其他经营者、政府、袁家村村民等)？当您利益受损时，您会如何解决的？

答：没有矛盾，就是和你刚说的，店里排长队，节假日更长，会影响道路通行，但大家都能理解，没有发生过啥矛盾。

7. 怎样看待袁家村乡村旅游发展状况与您企业发展之间的关系？

答：村里发展得太快了，节假日人太多了，我觉得咱这里的接待能力还是有点跟不上，影响客人的心情，没有地方坐，希望尽快能跟上，让人高高兴兴来，开开心心走，下次还想来。

访谈编号：S-2017-经营者-42

访谈对象：某客栈老板，女，大专，31~40 岁，经营 3 年

1. 在袁家村乡村旅游开发中，您参与何种经营服务？您目前的参与程度如何？全家有多少人参与？经营过程中有没有打算扩大规模或者转向经营？有没有打算做营销推广？如何做？

答：主要是民宿，家里只有我一个人在这里，雇了 2 个附近的人。

2. 收入情况怎么样？满意吗？满意或者不满意的地方有哪些？

答：不满意，一个月营业额 1 万元，还有水电、人工啥的。平常没什么客人，1~2 个住宿的，节假日基本能住满，基本能维持(经营)。

3. 各级政府管理机构有没有提供支持？比如培训、各项优惠政策等。对于政府支持是否满意？满意和不满意分别有哪些？您希望得到政府的哪些方面的支持？对政府有什么意见和建议？

答：我们来这快 3 年了，参加过一些培训，希望有接待礼仪方面的培训，好好管理袁家村。现在发展太快了，管理有点跟不上。住宿的客人车不好停，没地方，要求都要停到外面的停车场，村上对我们这些外来的经营者支持力度不大。

4. 袁家村乡村旅游开发中，您觉得您对当地居民产生了什么影响？积极影响和消极影响各有哪些？

答：我这就是个住宿的，安静，对村里没有啥影响。住店客人会去小吃街吃饭，也有的人进来一看价格，觉得贵，就去住村民的农家乐了，村民也就是主要靠农家乐和分红啥的赚钱。

5. 旅游者给您带来的收益和困扰分别是什么？

答：住宿呢，有的客人休息的晚，说话大声，会影响到别人，偶尔会有客人让我们去说一下，注意不要扰民。基本上收益不是很好，希望慢慢好起来，之前装修花了好多钱，慢慢往回挣。

6. 经营过程中有没有出现什么矛盾(包括其他经营者、政府、袁家村村民等)？当您利益受损时，您会如何解决的？

答：基本没有。村上不太管我们，不关心。说是有矛盾可以去明理堂明理，你说谁会去？这么大人，在所有人面前说那些鸡毛蒜皮的事，反正我是不会去。

7. 怎样看待袁家村乡村旅游发展状况与您企业发展之间的关系？

答：来的客人倒是不少，但是过夜的少，没有啥娱乐活动，留不住人。尤其是节假日，水泄不通的，都是来吃饭的，感觉乱糟糟的，但是晚上也没有几个客人住宿，希望能开发一些让人（愿意）留下来的项目。

访谈编号：S－2017－经营者－45

访谈对象：小吃街某店铺老板，男，高中，31～40 岁，经营 7 年

1. 在袁家村乡村旅游开发中，您参与何种经营服务？您目前的参与程度如何？全家有多少人参与？经营过程中有没有打算扩大规模或者转向经营？有没有打算做营销推广？如何做？

答：只做麻花，这都忙不过来，店里现在 12 个人。

2. 收入情况怎么样？满意吗？满意或者不满意的地方有哪些？

答：非常满意，每天大概也就是 3000～4000 根麻花，22 块一包，一人只能买 20 根，卖完就关门，天天排长队。

3. 各级政府管理机构有没有提供支持？比如培训、各项优惠政策等。对于政府支持是否满意？满意和不满意分别有哪些？您希望得到政府的哪些方面的支持？对政府有什么意见和建议？

答：消防知识、对客服务培训，还想参加一些经营管理、接待礼仪、文化知识的培训，客人多，店员也多，希望能把管理和服务提升一下。我提了提升产品质量的建议，严抓管控，村上采纳了。以后注重卫生、安全、防火等基础设施的完善。

4. 袁家村乡村旅游开发中，您觉得您对当地居民产生了什么影响？积极影响和消极影响各有哪些？

答：最直接的就是带动就业，雇了 8 个人，我这里下班比较早，卖完就关门，早的时候中午 12 点就卖完了，不影响娃们干其他啥。不过排队的游客太多了，经常就把路都给堵了，这也给居民造成了不便。

5. 旅游者给您带来的收益和困扰分别是什么？

答：挣钱了。但是人太多了，相关的服务跟不上。

6. 经营过程中有没有出现什么矛盾（包括其他经营者、政府、袁家村村民等）？当您利益受损时，您会如何解决的？

答：道路太窄，不畅通，节假日，人挤人，生意好的店门口排队太长，客人抱怨也多，向村里反映过这个问题，有的时候我都不好意思这么多人排队，把旁边酱菜的门口全占了，还把往茶馆去的路也堵了。大家都能理解没人说啥，咱心里觉得有时候过意不去。

7. 怎样看待袁家村乡村旅游发展状况与您企业发展之间的关系？

答：对村里发展旅游非常支持，希望越来越好，我们店铺做好产品质量，跟着一起赚钱。

访谈编号：S－2019－经营者－47

访谈对象：小吃街某店铺老板，男，初中及以下，41～60 岁，经营 8 年

1. 在袁家村乡村旅游开发中，您参与何种经营服务？您目前的参与程度如何？全家有多少人参与？经营过程中有没有打算扩大规模或者转向经营？有没有打算做营销推广？如何做？

答：卖豆腐，咱这是老豆腐。你知道啥叫老豆腐不？就是做豆腐的水，发酵之后，第二天点豆腐，不添加任何防腐剂，豆腐耐拍耐摔，适合水煮、油炸、凉拌、烩菜、啥都可以，没有任何的添加剂、防腐剂。不扩大了，雇了 10 几个人。

2. 收入情况怎么样？满意吗？满意或者不满意的地方有哪些？

答：非常满意，2009 年也就是 3000～4000 元（一年），我入了 20 万元到豆腐合作社，现在一年过了百万（元）了。

3. 各级政府管理机构有没有提供支持？比如培训、各项优惠政策等。对于政府支持是否满意？满意和不满意分别有哪些？您希望得到政府的哪些方面的支持？对政府有什么意见和建议？

答：食品安全知识，还想参加一些经营管理的培训。村（袁家村）上对我很好，让我免费在这里开店，我不是袁家村人，是邻村的，村（袁家村）上出钱，不但弄好店铺还弄好灶台啥的，给我发工资，请我来的。我要感谢村（袁家村）上。

4. 袁家村乡村旅游开发中，您觉得您对当地居民产生了什么影响？积极影响和消极影响各有哪些？

答：大家都赚钱了，还带动就业，光我就雇了 10 几个人。现在弄了豆腐合作社，大家入股的都挣钱，最少的入股 2000 元，就能分红。开始我也不想弄合作社，你想呀，都来分我的钱，我肯定不愿意。后来村上找我儿子，让我儿子给我做工作，我就答应了，入了 20 万，门口那牌子上都有每个人（入股）的钱数。

5. 旅游者给您带来的收益和困扰分别是什么？

答：全靠旅游，我现在收入好得很，没有困扰。

6. 经营过程中有没有出现什么矛盾（包括其他经营者、政府、袁家村村民等）？当您利益受损时，您会如何解决的？

答：我没有矛盾，我卖我的豆腐，做我的生意，村上这都买我的豆腐，你看那羊血（粉汤羊血）了，农家乐了，进城店了都是（购买）我这里的豆腐，好吃，没有矛盾。

7. 怎样看待袁家村乡村旅游发展状况与您企业发展之间的关系？

答：支持，肯定支持，和我这生意直接相关，希望越来越好，大家都赚钱。

访谈编号：S-2019-经营者-48

访谈对象：某作坊老板，女，大专，31~40岁，经营4年

1. 在袁家村乡村旅游开发中，您参与何种经营服务？您目前的参与程度如何？全家有多少人参与？经营过程中有没有打算扩大规模或者转向经营？有没有打算做营销推广？如何做？

答：做腐竹，我是袁家村的新村民，当时也是一个偶然的机会，和郭书记结缘，也是无心插柳柳成荫，一试两不试，就把这个作坊店给做成了。每一步都听他（郭书记）的，真的，每一步都听他（郭书记）的。我们腐竹作坊做到现在，做的口碑非常好。不光是村里，进城店的销量也很好。

2. 收入情况怎么样？满意吗？满意或者不满意的地方有哪些？

答：满意，我们家的腐竹进城店卖40（元）一斤，村里卖38（元），我们的成本都非常非常高的，几乎就是利润很少，但好在量不错。有些老年人呢，他们不会用那些个微信支付呀，或什么呀，但他们也会需要我的腐竹，就会留我的号码，让我给邮寄。很多客人都说在袁家村能吃到小时候的味道，尤其像咱们的馒头呀、锅盔呀，他们都根本不计成本的，把这个当礼品送。他们说把这当礼品送，特别给（有）面子，特别地能代表陕西。他们会把那馒头逢年过节（购买）几百个几百个，发那个顺丰快递寄到他们的朋友，或者是客户身边，让他们品尝。

3. 各级政府管理机构有没有提供支持？比如培训、各项优惠政策等。对于政府支持是否满意？满意和不满意分别有哪些？您希望得到政府的哪些方面的支持？对政府有什么意见和建议？

答：特别要感谢郭书记，真的，他没有一点私心，全部都是为了袁家村着想，他可以说不分昼夜，在为袁家村着想，没有一点儿私心，全部在为我们袁家村的发展作贡献，不计余力地作贡献。哎呀，我都不知道该怎么说他了，真的是，有他在我们袁家村肯定会发展得很好很好，所以呢我希望我们的郭书记身体健康，有点小激动（笑）。可以这么说，（他）是袁家村的信仰，不是说神话了，把他传神成这样子。而是很多事情，已经证明了他说的话都是对的，没有个100%吧，有个百分之九十七八吧，真的是这样子的，经过无数次验证。就我个人都验证了很多事情，刚开始还觉得他说的话，我以为持反对的意见或者持质疑的意见，但是后来呢，他说的话都是对的，用时间和事实来验证，以后就是他说啥我就直接听，不用考虑。成为袁家村人的信仰，不是说是袁家村某一部分人，而是全村的人加上外来的村民。我就是外来村民。所以说所有人都是这样说这一个人，你想想。而不是说大家是为了某种目啊，把他神话了，真不是这样子的。

4. 袁家村乡村旅游开发中，您觉得您对当地居民产生了什么影响？积极影响和消极影响各有哪些？

答：我们腐竹坊也是合作社的性质，只不过限于祠堂街，祠堂街的资源入股。这也没有投入太大，主要要把那个祠堂街部分那个商户呀，村民啊带动起来。

5. 旅游者给您带来的收益和困扰分别是什么？

答：全靠旅游，我现在收入好得很，没有困扰。

6. 经营过程中有没有出现什么矛盾（包括其他经营者、政府、袁家村村民等）？当您利益受损时，您会如何解决的？

答：我们外来的，来袁家村投资做生意，来共同建设袁家村的都是新村民，我们（郭）书记说了，"你要是光想着来袁家村，来提着两个拳头啥也不干，光想蹭钱的那没有你的机会，你要是踏踏实实就在这儿俯下身子，好好的干，好好的做你自己应该做的事情，袁家村不会亏待任何人的"。我就是咱们西安人。袁家村好得很，过年还有春晚，气氛好得很。

7. 怎样看待袁家村乡村旅游发展状况与您企业发展之间的关系？

答：旅游越好，人越多，生意越好。不忘初心踏踏实实地往前走。借用于我们（郭）书记，大年三十晚上在全村春晚上的讲话，只要我们每个人就是好好的，做自己的事情，不要随随便便地参与别人的事情，把自己的每一项工作干好，就等于说给袁家村帮忙了。然后呢袁家村现在已经，也不能说这个网红村吧，它现在是跟着网红也好，带政治色彩也好，反正是比较标杆的一个村庄，特色小镇。所以说我在我们书记的带领下。往前迈、往前走，应该会有很好很好的发展。

访谈编号：S-2019-经营者-50

访谈对象：某精品酒店经营者，女，大专，31~40岁，经营2年

1. 在袁家村乡村旅游开发中，您参与何种经营服务？您目前的参与程度如何？全家有多少人参与？经营过程中有没有打算扩大规模或者转向经营？有没有打算做营销推广？如何做？

答：做精品民宿，2个人经营，还有清扫的阿姨。

2. 收入情况怎么样？满意吗？满意或者不满意的地方有哪些？

答：还行吧，我们现在有15间客房。平时（生意）一般，人不太多，节假日人还挺多的，需要提前预订。目前的房间从300（元/间/夜）多到1000（元/间/夜）多的都有，周内入住的话可以优惠。我们家的东西都是超好的，绝对住的物有所值。你看冰箱是哈士奇创意冰箱、还配了保险箱、MUJI的超声波香薰机，音响、乐视电视这咱都不说了。我们这有恒温地暖，希腊顶级品牌COCO-MAT的枕头、床垫，你这睡眠质量一下就提升了，还有会客厅、厨房啥的，做个团建（团队建设）啊，带个老人孩子（入住）啊，很方便。

3. 各级政府管理机构有没有提供支持？比如培训、各项优惠政策等。对于政府支持是否满意？满意和不满意分别有哪些？您希望得到政府的哪些方面的支持？对政府有什么意见和建议？

答：培训都有，现在还有夜校，有时间就会去听一下。我们祠堂街还有微信群，有什么消息，群里就会通知，都可以及时收到，每天好多条消息。上面有什么指示，哪里需要注意，那个群里很快就有消息。要是可以多宣传祠堂街就好了，人都是去了小吃街就走了，拐过来的少，祠堂街客流少。

4. 袁家村乡村旅游开发中，您觉得您对当地居民产生了什么影响？积极影响和消极影响各有哪些？

答：大家都在赚钱，没有觉得对他们有什么影响。老村民做的农家乐和我们这个精品酒店，定位也不一样，目标人群也不一样，根本不存在竞争。

5. 旅游者给您带来的收益和困扰分别是什么？

答：我们有自己的微信公众那个号，可以通过公号和旅游者互动。2018年和××站做了活动，网上能查到相关报道。西安××学院（出于科研伦理，做隐藏处理）在我们这里举办年会，知名度慢慢开始起来了，希望越多越好啊。

6. 经营过程中有没有出现什么矛盾（包括其他经营者、政府、袁家村村民等）？当您利益受损时，您会如何解决的？

答：目前没有什么矛盾，都是在袁家村赚钱，大家各自忙各自的，现在客栈、民宿、精品酒店越来越多了，竞争肯定是有，但没有啥矛盾，都是为了赚钱，和气生财。

7. 怎样看待袁家村乡村旅游发展状况与您企业发展之间的关系？

答：旅游发展了，来的人多，自然我们的知名度也就高了，明显现在浏览我公众号的人都多了，肯定希望袁家村旅游能够发展，我们也能在这个大蛋糕中分享利益。

附录三 袁家村居民利益诉求
深度访谈记录^①

访谈提纲：

1. 您参与本地旅游服务了吗（包括经营、管理等各种服务）？如果参与了，具体做什么服务？家里有几个人参与？如果没有参与，是不想参与还是没有参与的方式，为什么？

2. 您对目前的参与程度，满意吗？收入情况怎么样？不满意的地方有哪些？经营过程中有没有打算扩大规模或者转向经营？有没有打算做营销推广？如何做？

3. 各级政府管理机构有没有提供支持？比如培训、各项优惠政策等。对于政府支持是否满意？满意和不满意分别有哪些？对政府有什么意见和建议？

4. 本地经营者之间有没有矛盾？经营者和居民之间有没有矛盾？居民和居民之间有没有矛盾？外来经营者和本地经营者之间有没有矛盾，表现在哪些方面？怎么解决？

5. 旅游者给您带来的收益和困扰分别是什么？

访谈内容：

访谈编号：S－2015－居民－01
访谈对象：某农家乐经营人员，男，高中或中专，18～30岁，经营3～5年
1. 您参与本地旅游服务了吗（包括经营、管理等各种服务）？如果参与了，

① 2015年7月18～27日，2017年7月9～10日、14～17日，2019年2月6～8日，调研小组多次在袁家村实地调研，共深度探访袁家村居民48人次。因为篇幅限制，这里列举了16份袁家村居民的访谈记录，这16位居民分别来自不同的16户家庭，约占访谈数量的1/3，具有一定的代表性。被访者使用了大量陕西话口语和省略，在征得被访者同意的前提下，采用录音和速记相结合的方式，访谈当天即完成整理工作，最大程度保证访谈的准确性。为便于读者理解，对部分口语以括号的形式注解，尽可能还原被访者的真实意愿。

具体做什么服务？家里有几个人参与？如果没有参与，是不想参与还是没有参与的方式，为什么？

答：我就（只）做的农家乐，平时就我、我爸我妈 3 个人，就是住宿、餐饮。平日能有 3 ~ 9 人住（宿），节假日每天就是 5 ~ 20（人住宿）。

2. 您对目前的参与程度，满意吗？收入情况怎么样？不满意的地方有哪些？经营过程中有没有打算扩大规模或者转向经营？有没有打算做营销推广？如何做？

答：满意，每月营业额 2 万 ~ 3 万元，餐饮的比例大，能占到 70 ~ 80（营业额的 70% ~ 80%）。希望能够通过网络推广。比如微信、微博啥的。

3. 各级政府管理机构有没有提供支持？比如培训、各项优惠政策等。对于政府支持是否满意？满意和不满意分别有哪些？对政府有什么意见和建议？

答：没参加过，好像有啥培训，我那段时间有事没去，我爸妈没文化去了也白去。希望政府能够给予良好的指导，增加娱乐设施留住人，不然人（旅游者）吃个饭就走了，不住，就挣不了钱。人待的时间长，才能赚钱。把路呀、垃圾处理站呀修好，不然环境不好也没有办法留人。

4. 本地经营者之间有没有矛盾？经营者和居民之间有没有矛盾？居民和居民之间有没有矛盾？外来经营者和本地经营者之间有没有矛盾，表现在哪些方面？怎么解决？

答：咋说呢，乡里乡亲的好着呢，就是有时候咱（大家）都是弄农家乐的，难免（旅游者）住这家不住那一家，有时候（面子）不太好看，大家差不多能过去就行了。外来的弄得高级，价格也贵，比咱这挣钱。

5. 旅游者给您带来的收益和困扰分别是什么？

答：收入增加了，但是垃圾也增多了，一天要倒好几回垃圾。忙的时候我都顾不上吃饭，跑上跑下，和朋友聚会也没时间。

访谈编号：S－2015－居民－05

访谈对象：某农家乐经营人员，女，高中或中专，31 ~ 40 岁，经营 5 年以上

1. 您参与本地旅游服务了吗（包括经营、管理等各种服务）？如果参与了，具体做什么服务？家里有几个人参与？如果没有参与，是不想参与还是没有参与的方式，为什么？

答：农家乐和特色小吃，我们夫妻两个做，弄得干净、味道好，人（旅游者）还可以。平日平均就是 5 人左右（住宿），节假日就是 10 ~ 15（人住宿）。

2. 您对目前的参与程度，满意吗？收入情况怎么样？不满意的地方有哪些？经营过程中有没有打算扩大规模或者转向经营？有没有打算做营销推广？如何做？

答：满意，每月营业额 15000 元，餐饮的比例大，住宿人比较少。我想扩大经营呢，主要没地方，村上也不知道同意不，看以后咋样。用微信推广呢。

3. 各级政府管理机构有没有提供支持？比如培训、各项优惠政策等。对于政府支持是否满意？满意和不满意分别有哪些？对政府有什么意见和建议？

答：参加过培训，给政府没有建议，我从来不给政府提意见（笑）。

4. 本地经营者之间有没有矛盾？经营者和居民之间有没有矛盾？居民和居民之间有没有矛盾？外来经营者和本地经营者之间有没有矛盾，表现在哪些方面？怎么解决？

答：都是农家乐，有竞争压力，但是没有恶性竞争，都是乡亲。其他矛盾我也不太清楚，个人把个人事弄好，不管其他。

5. 旅游者给您带来的收益和困扰分别是什么？

答：收入增加了，停的时间太短了，基本就是吃个饭，看咋样让（旅游者）待的时间长一点，才能赚钱。

访谈编号：S - 2015 - 居民 - 07

访谈对象：某农家乐经营人员，男，高中或中专，41~60 岁，经营 8 年

1. 您参与本地旅游服务了吗（包括经营、管理等各种服务）？如果参与了，具体做什么服务？家里有几个人参与？如果没有参与，是不想参与还是没有参与的方式，为什么？

答：2 个人参与，住宿、餐饮、小吃。3 间房，每天 120~150 元。

2. 您对目前的参与程度，满意吗？收入情况怎么样？不满意的地方有哪些？经营过程中有没有打算扩大规模或者转向经营？有没有打算做营销推广？如何做？

答：平日接待 2~3 个人，节假日就是 6~7 个人，收入就是二八开，餐饮占80%，住宿 20%，维持现状就可以了，年龄大了不想推广。

3. 各级政府管理机构有没有提供支持？比如培训、各项优惠政策等。对于政府支持是否满意？满意和不满意分别有哪些？对政府有什么意见和建议？

答：带我们到别的村参观了，看能不能增加电脑的培训，我是根本不会，跟不上形式了。我提了意见，管理、宣传、卫生，我感觉都改善了，不知道村上是不是因为听了我的建议（改变了）。

4. 本地经营者之间有没有矛盾？经营者和居民之间有没有矛盾？居民和居民之间有没有矛盾？外来经营者和本地经营者之间有没有矛盾，表现在哪些方面？怎么解决？

答：竞争压力大，人家有先进的想法，咱都没见过。看村上能不能协调，看咋发展。

5. 旅游者给您带来的收益和困扰分别是什么？

答：节假日人太多了，一下来一大堆，吃个饭就走了，不待（在这）。这现在只要是节假日，路上就堵，进不来出不去。娃在外头上学节假日回来都要看时间，要不就是节前回村，要不就是节后，除了长假，娃回来得少多了，确实不方便。

访谈编号：S－2015－居民－08

访谈对象：某农家乐经营人员，女，大专，18~30 岁，经营 5 年以上

1. 您参与本地旅游服务了吗（包括经营、管理等各种服务）？如果参与了，具体做什么服务？家里有几个人参与？如果没有参与，是不想参与还是没有参与的方式，为什么？

答：农家乐，全家 3 口人做，还有我哥做管理（关于景区运营的管理），平日平均就是 8 人左右（住宿），节假日就是 15~20（人住宿）。我家菜好吃（笑）。

2. 您对目前的参与程度，满意吗？收入情况怎么样？不满意的地方有哪些？经营过程中有没有打算扩大规模或者转向经营？有没有打算做营销推广？如何做？

答：满意，每月营业额 2 万元，餐饮 15000 元，住宿 5000 元。我准备扩大经营，你搜微信 185×××9313（出于科研伦理，这里隐去部分信息，下同）就可以，你用百度搜××农庄也能找到。

3. 各级政府管理机构有没有提供支持？比如培训、各项优惠政策等。对于政府支持是否满意？满意和不满意分别有哪些？对政府有什么意见和建议？

答：参加过食品（安全）的培训，希望政府可以加子女教育的配套，医疗，这些目前都没有保障。政府最好应该有资金支持，不是光靠说。还有就是把旁边村外面的摆摊的管理一下，门口摆摊乱哄哄的，跟赶集一样，卖的都是小商品，我觉得把袁家村的档次一下拉低了。

4. 本地经营者之间有没有矛盾？经营者和居民之间有没有矛盾？居民和居民之间有没有矛盾？外来经营者和本地经营者之间有没有矛盾，表现在哪些方面？怎么解决？

答：有一些（矛盾）吧，毕竟周边每家都是做农家乐的，会竞争。但也还好，都是熟人，平日游客少，会挑选住哪家（农家乐），节假日房间紧张，游客没有挑的，也就不存在拉客啥的，总体还行。外头来搞住宿的，弄的洋火（洋气），价格就高，一间房挣咱4~5间的（钱）。

5. 旅游者给您带来的收益和困扰分别是什么？

答：节假日饭点的时候，游客太多了，实在是忙不过来，有的时候也照顾不周。平时又没人，淡旺差别太大。怎么能引导游客均衡来袁家村，可以更好地提供服务。

访谈编号：S - 2015 - 居民 - 14

访谈对象：某农家乐经营人员，女，高中或中专，41~60 岁，经营 5 年

1. 您参与本地旅游服务了吗（包括经营、管理等各种服务）？如果参与了，具体做什么服务？家里有几个人参与？如果没有参与，是不想参与还是没有参与的方式，为什么？

答：餐饮，咱这正餐小吃都有，住宿，还能打牌（麻将）。就我夫妻俩。

2. 您对目前的参与程度，满意吗？收入情况怎么样？不满意的地方有哪些？经营过程中有没有打算扩大规模或者转向经营？有没有打算做营销推广？如何做？

答：满意，每个月 2 万元收入，餐饮能占到 60~70（60%~70%），住宿还是能少些。就这样子吧，也不扩大也不弄其他，现在就好着呢。不会推广，没有那技术。

3. 各级政府管理机构有没有提供支持？比如培训、各项优惠政策等。对于政府支持是否满意？满意和不满意分别有哪些？对政府有什么意见和建议？

答：2~3 个月有一次，食品安全的培训。电脑培训可以增加不，咱这电脑啥都不会，娃在外头上学呢，我俩个弄不了。我以前提了其他建议，人家（村上）没有采纳，算了不说了，咱提的可能也不对。

4. 本地经营者之间有没有矛盾？经营者和居民之间有没有矛盾？居民和居民之间有没有矛盾？外来经营者和本地经营者之间有没有矛盾，表现在哪些方面？怎么解决？

答：其他人我不知道，我这自己的房，自己经营，没有成本啥的，好着呢。其他也没有听说啥大矛盾、小矛盾，几天就过去了。外来的经营者好着呢，能带来新东西，你看新开的外些（那些）客栈，弄的洋气的很，不像咱这。人家（外来的经营者）来了，咱可以去学习么。

5. 旅游者给您带来的收益和困扰分别是什么？

答：平时人少，节假日又太多了（笑），真的，你都忙不过来，平时人可少得很，一天两天没人。咱这自己的房，没人也无所谓，来人的时候我这种的菜和水果，随便吃。

访谈编号：S - 2015 - 居民 - 15

访谈对象：某农家乐经营人员，男，初中及以下，31～40 岁，经营 1～2 年

1. 您参与本地旅游服务了吗（包括经营、管理等各种服务）？如果参与了，具体做什么服务？家里有几个人参与？如果没有参与，是不想参与还是没有参与的方式，为什么？

答：正餐和住宿，3 个人左右吧，看忙闲呢。

2. 您对目前的参与程度，满意吗？收入情况怎么样？不满意的地方有哪些？经营过程中有没有打算扩大规模或者转向经营？有没有打算做营销推广？如何做？

答：满意，淡季一天就是 400～500 元，旺季就是 1000～2000 元。餐饮就是 60%～70%，我家川菜做的好，特色。有 7 间房。维持现状，用微信推广。

3. 各级政府管理机构有没有提供支持？比如培训、各项优惠政策等。对于政府支持是否满意？满意和不满意分别有哪些？对政府有什么意见和建议？

答：有例会培训，食品安全、强调质量啥的。我们这大部分文化程度不高，意识也不一样，统一培训有困难。我提了共同改善经营环境的建议，被采纳了。希望能改变（收入）分配方式。

4. 本地经营者之间有没有矛盾？经营者和居民之间有没有矛盾？居民和居民之间有没有矛盾？外来经营者和本地经营者之间有没有矛盾，表现在哪些方面？怎么解决？

答：各家有各家的特色，也没有啥争的。

5. 旅游者给您带来的收益和困扰分别是什么？

答：游客人太多，环境脏的，到处是垃圾，路都么（没）法走了，都是车。我们这生意不太行，小吃街火，人一吃就走了。

访谈编号：S - 2015 - 居民 - 16

访谈对象：某农家乐经营人员，男，高中或中专，18～30 岁，经营 5 年以上

1. 您参与本地旅游服务了吗（包括经营、管理等各种服务）？如果参与了，具体做什么服务？家里有几个人参与？如果没有参与，是不想参与还是没有参与的方式，为什么？

答：住宿、餐饮、小吃，卖自己家的鸡蛋。

2. 您对目前的参与程度，满意吗？收入情况怎么样？不满意的地方有哪些？经营过程中有没有打算扩大规模或者转向经营？有没有打算做营销推广？如何做？

答：满意，（卖）鸡蛋（收入）能占10%，餐饮（收入）是个50%~60%，剩下是住宿，都是标间。我家的炒菜味道好，主要是接待散客多。一般一个人40元的标准做。想扩大经营。用的大众点评网和携程网，（网站）提成8%。

3. 各级政府管理机构有没有提供支持？比如培训、各项优惠政策等。对于政府支持是否满意？满意和不满意分别有哪些？对政府有什么意见和建议？

答：关于服务方面的培训参加过，完善旅游设施吧，啥都没有，就是来吃个饭。给咱自己也弄点健身器材啥的，咱自己都没有地方活动，成天就在家忙这农家乐。

4. 本地经营者之间有没有矛盾？经营者和居民之间有没有矛盾？居民和居民之间有没有矛盾？外来经营者和本地经营者之间有没有矛盾，表现在哪些方面？怎么解决？

答：外来的弄了酒吧啥的，也没有什么人去消费，如果人多了，可能住宿的（旅游者）就多了。

5. 旅游者给您带来的收益和困扰分别是什么？

答：今年人少了，没有去年多，天也热。

访谈编号：S－2015－居民－20

访谈对象：某农家乐经营人员，男，高中或中专，60岁以上，经营5年

1. 您参与本地旅游服务了吗（包括经营、管理等各种服务）？如果参与了，具体做什么服务？家里有几个人参与？如果没有参与，是不想参与还是没有参与的方式，为什么？

答：特色小吃，农家乐正在装修，原来只有3个标间，装修好就是7个（标间）。全家4口都在这里。

2. 您对目前的参与程度，满意吗？收入情况怎么样？不满意的地方有哪些？经营过程中有没有打算扩大规模或者转向经营？有没有打算做营销推广？如何做？

答：一个月就是1万~2万元，还可以吧，说不上满意不满意，村上有人比我多，有人少，就是比上不足比下有余。没有推广，顾不上弄。

3. 各级政府管理机构有没有提供支持？比如培训、各项优惠政策等。对于政府支持是否满意？满意和不满意分别有哪些？对政府有什么意见和建议？

答：参加了食品安全的培训。我给提了加强管理的建议，采纳了。卫生状况不行，我都看不过眼（觉得不满意）。

4. 本地经营者之间有没有矛盾？经营者和居民之间有没有矛盾？居民和居民之间有没有矛盾？外来经营者和本地经营者之间有没有矛盾，表现在哪些方面？怎么解决？

答：我给你说，农家乐竞争激烈得很，所以我装修了，现在这装修也很麻烦，还要找村上审批呢，设计图啥的，害怕你弄成洋楼了（笑），你看，咱这就是咱原始的风格，（村上）一审（批）就通过了。矛盾么，倒没有啥。有矛盾，找村上，给调解呢。

5. 旅游者给您带来的收益和困扰分别是什么？

答：游客来了，肯定赚钱了么。就是游客停（留）的时间太短了，就是来吃个饭，看以后能住不，我这装修刚好能用上。

访谈编号：S - 2015 - 居民 - 24

访谈对象：某农家乐经营人员，女，高中或者中专，18～30岁，经营2～3年

1. 您参与本地旅游服务了吗（包括经营、管理等各种服务）？如果参与了，具体做什么服务？家里有几个人参与？如果没有参与，是不想参与还是没有参与的方式，为什么？

答：住宿、餐饮、还卖冷饮。

2. 您对目前的参与程度，满意吗？收入情况怎么样？不满意的地方有哪些？经营过程中有没有打算扩大规模或者转向经营？有没有打算做营销推广？如何做？

答：满意，一个月2万元吧，差不多。住宿能占6成，有6个标间，5个大床，生意一直可以。我家主要干净，你可以去看，洗得很干净。维持现状就好，平时用微信推广。

3. 各级政府管理机构有没有提供支持？比如培训、各项优惠政策等。对于政府支持是否满意？满意和不满意分别有哪些？对政府有什么意见和建议？

答：餐饮培训去过，其实没有啥必要培训，自己开自己的就行了。要是要搞（培训），就弄个经营管理的（培训），专业的（培训），不然都是自己弄，不正规。我不提建议，看人家咋弄。

4. 本地经营者之间有没有矛盾？经营者和居民之间有没有矛盾？居民和居民之间有没有矛盾？外来经营者和本地经营者之间有没有矛盾，表现在哪些方面？怎么解决？

答：外来的（经营者）还是有影响，我本来这个住宿还能更好一些，外来的开了客栈，抢走了一些生意。村里其他农家乐影响不大，乡亲没有啥矛盾。

5. 旅游者给您带来的收益和困扰分别是什么？

答：数量感觉不行，比去年少，说是经济影响，我也不知道，希望（天气）不这么热了，能好一些。

访谈编号：S－2015－居民－25

访谈对象：某农家乐经营人员，女，高中或中专，18～30 岁，经营 6 年

1. 您参与本地旅游服务了吗（包括经营、管理等各种服务）？如果参与了，具体做什么服务？家里有几个人参与？如果没有参与，是不想参与还是没有参与的方式，为什么？

答：淡季的时候就是 3 个人弄（参与），旺季的时候要 5～6 个人吧。就是住宿、餐饮。

2. 您对目前的参与程度，满意吗？收入情况怎么样？不满意的地方有哪些？经营过程中有没有打算扩大规模或者转向经营？有没有打算做营销推广？如何做？

答：咱家的服务态度好。我想再装修一下，不然跟不上形势了。没有推广过，还是用传统的方式，网上的咱弄不了。

3. 各级政府管理机构有没有提供支持？比如培训、各项优惠政策等。对于政府支持是否满意？满意和不满意分别有哪些？对政府有什么意见和建议？

答：参加过会议培训，增加经营管理（培训）吧。没有啥建议，看看能不能多带我们出去考查，看一看。

4. 本地经营者之间有没有矛盾？经营者和居民之间有没有矛盾？居民和居民之间有没有矛盾？外来经营者和本地经营者之间有没有矛盾，表现在哪些方面？怎么解决？

答：淡季的时候谁的生意都不好，去年的时候都是供不应求，今年都不太行。外来的（经营者）开始不理解，凭啥来这抢生意，现在能接受了。听村上的，说是做好自己的事，村上就有安排。村上应该不会坑咱的，希望能大家一起赚钱。

5. 旅游者给您带来的收益和困扰分别是什么？

答：淡旺季差的太多了，能匀匀的来就好了（笑），希望可以。有的（客人）素质不行，乱扔垃圾，都有垃圾筐，他就给你随手丢。还有的（客人）半夜不睡觉，多大的声，影响别人休息。

访谈编号：S－2015－居民－26

访谈对象：某农家乐经营人员，男，大专，18～30岁，经营1～2年以上

1. 您参与本地旅游服务了吗（包括经营、管理等各种服务）？如果参与了，具体做什么服务？家里有几个人参与？如果没有参与，是不想参与还是没有参与的方式，为什么？

答：住宿、餐饮，晚上有烧烤，不过没有早餐，早餐太早了，起不来弄。3个人参与。平日接待4～5个人吧，平均。节假日就是10几个，住满了。5个房间。

2. 您对目前的参与程度，满意吗？收入情况怎么样？不满意的地方有哪些？经营过程中有没有打算扩大规模或者转向经营？有没有打算做营销推广？如何做？

答：生意一般，不满意，收入就是个15000元，餐饮1万元，住宿5千元，不如人家多。我想多元化弄呢，所以才加了烧烤，看咋样。这也是才开的。村上让管理人员每家品尝，挑选了10家味道好的批准开业。现在每天羊肉现杀现吃，80元一斤。村里规定如果发现有坏肉，停业一周，现在营业一般就是到2点。我在去哪上做了推广，去哪来的客人，给去哪提成10%。

3. 各级政府管理机构有没有提供支持？比如培训、各项优惠政策等。对于政府支持是否满意？满意和不满意分别有哪些？对政府有什么意见和建议？

答：参加过餐饮、消毒培训。我想听经营管理和接待礼仪的培训，感觉这方面弱。卫生情况太差，人（旅游者）太多了，跟不上收拾（清洁），感觉脏。进村的路太窄，旺季的时候大堵车，人（旅游者）半天进不来，这么热的天，肯定影响心情，看村上能不能跟政府申请下，把交通改善了。

4. 本地经营者之间有没有矛盾？经营者和居民之间有没有矛盾？居民和居民之间有没有矛盾？外来经营者和本地经营者之间有没有矛盾，表现在哪些方面？怎么解决？

答：揽客的情况多，有的时候都站到门口来叫人（招徕旅游者）了，没办法，都是乡亲，有的还是长辈，也不好说，都叫姨呢，张不开口。外来的有影响，也会有矛盾，看村上咋解决。

5. 旅游者给您带来的收益和困扰分别是什么？

答：平时没啥人，节假日人多的很，忙不过来，人都觉得木乱（烦躁）。

访谈编号：S－2015－居民－28

访谈对象：某农家乐经营人员，男，初中及以下，41～60岁，经营5年以上

1. 您参与本地旅游服务了吗（包括经营、管理等各种服务）？如果参与了，具体做什么服务？家里有几个人参与？如果没有参与，是不想参与还是没有参与的方式，为什么？

答：住宿、餐饮，咱这有早餐，有好些（农家乐）都没有（早餐），黑了（晚上）咱还有烧烤，院子还有新鲜的水果和蔬菜。5个人参与。

2. 您对目前的参与程度，满意吗？收入情况怎么样？不满意的地方有哪些？经营过程中有没有打算扩大规模或者转向经营？有没有打算做营销推广？如何做？

答：满意，一个月就是1万元的利润吧，餐饮占7成，住宿占3成，有4个房间，能住10个人，两个大房间住的多。

3. 各级政府管理机构有没有提供支持？比如培训、各项优惠政策等。对于政府支持是否满意？满意和不满意分别有哪些？对政府有什么意见和建议？

答：参加过培训，看能不能增加经营和管理的（培训），没有意见，我没有意见。咱有意见有啥用呢吗？人家能听你的？提了也是白提，如果你说一提意见就有用，那咱就提，肯定也想弄的更好，咱也挣钱呢么。

4. 本地经营者之间有没有矛盾？经营者和居民之间有没有矛盾？居民和居民之间有没有矛盾？外来经营者和本地经营者之间有没有矛盾，表现在哪些方面？怎么解决？

答：肯定有竞争，有矛盾，不过都是乡亲还可以，没有啥。谁家有个红白喜事，婚丧嫁娶的，还在村里过事呢，不会弄得（关系）不美（好）。好多客人都被外头来的开客栈的抢走了，人家会经营。

5. 旅游者给您带来的收益和困扰分别是什么？

答：人倒是多着呢，就是（只停留）个一顿饭的时间，其他（时间）没有人。

访谈编号：S - 2015 - 居民 - 35

访谈对象：某农家乐经营人员，女，高中或中专，41 ~ 60 岁，经营 5 年以上

1. 您参与本地旅游服务了吗（包括经营、管理等各种服务）？如果参与了，具体做什么服务？家里有几个人参与？如果没有参与，是不想参与还是没有参与的方式，为什么？

答：特色小吃、住宿、餐饮都有，我家的油泼辣子美得很，还有鸡蛋，人（旅游者）都喜欢，4 ~ 5 个人忙活呢。

2. 您对目前的参与程度，满意吗？收入情况怎么样？不满意的地方有哪些？经营过程中有没有打算扩大规模或者转向经营？有没有打算做营销推广？如何做？

答：一个月就是 1 万 ~ 2 万元，餐饮能占 8 成，剩下就是住宿，4 间房。不扩大了，好着呢。我不会推广，回头问一下我儿子，看咋弄。

3. 各级政府管理机构有没有提供支持？比如培训、各项优惠政策等。对于政府支持是否满意？满意和不满意分别有哪些？对政府有什么意见和建议？

答：餐饮服务培训，无所谓（培训），我也弄不了，我儿子给我教就行了。咱不提建议，没有啥提的。

4. 本地经营者之间有没有矛盾？经营者和居民之间有没有矛盾？居民和居民之间有没有矛盾？外来经营者和本地经营者之间有没有矛盾，表现在哪些方面？怎么解决？

答：不管人家，不招示（理睬），邪不压正，看他能咋。小吃街估计矛盾大一些，分配不均，咱这还可以。

5. 旅游者给您带来的收益和困扰分别是什么？

答：（旅游者停留）时间有点短，就是个半天，一吃就走了，住宿不行。

访谈编号：S－2015－居民－38

访谈对象：某农家乐经营人员，女，高中和中专，31 ~ 40 岁，经营 2 ~ 3 年

1. 您参与本地旅游服务了吗（包括经营、管理等各种服务）？如果参与了，具体做什么服务？家里有几个人参与？如果没有参与，是不想参与还是没有参与的方式，为什么？

答：住宿、餐饮，3 个人经营。还有 2 个在村上管理。

2. 您对目前的参与程度，满意吗？收入情况怎么样？不满意的地方有哪些？经营过程中有没有打算扩大规模或者转向经营？有没有打算做营销推广？如何做？

答：一般吧，一个月就是 1 万元利润，餐饮 6000 元，住宿 4000 元，有 7 间房。用微信推广。

3. 各级政府管理机构有没有提供支持？比如培训、各项优惠政策等。对于政府支持是否满意？满意和不满意分别有哪些？对政府有什么意见和建议？

答：没有参加过培训，也没有意见。从来也没有人问过，你有啥意见，说是有意见可以提，但是啥规定都是开始执行了，你才知道的，你提意见会得罪人的，又不是说开始的时候征求意见呢。

4. 本地经营者之间有没有矛盾？经营者和居民之间有没有矛盾？居民和居民之间有没有矛盾？外来经营者和本地经营者之间有没有矛盾，表现在哪些方面？怎么解决？

答：外来的（经营者）经营乱得很，啥人都有，不像咱这乡党，谁都知道谁，谁是个啥情况都知道，外来的应该好好管理。一下承包一个院子，就开始装修，吵得很，对咱生意影响也大，管理也不好弄，哎。

5. 旅游者给您带来的收益和困扰分别是什么？

答：来的太多了，有时真的吵得很，中午都不能休息。

访谈编号：S－2019－居民－40

访谈对象：某农家乐经营人员，男，初中及以下，41～60 岁，经营 9 年

1. 您参与本地旅游服务了吗（包括经营、管理等各种服务）？如果参与了，具体做什么服务？家里有几个人参与？如果没有参与，是不想参与还是没有参与的方式，为什么？

答：住宿和餐饮，2 个人在农家乐干。

2. 您对目前的参与程度，满意吗？收入情况怎么样？不满意的地方有哪些？经营过程中有没有打算扩大规模或者转向经营？有没有打算做营销推广？如何做？

答：满意，我这店位置好，就在村头上，显眼，人多。一个月收入就是个 2 万～3 万元，基本上餐饮和住宿对半，住宿还能略微高一些，人（旅游者）一进村就看见（我家），一下就住下了（笑）。我这不需要推广，生意好得很。

3. 各级政府管理机构有没有提供支持？比如培训、各项优惠政策等。对于政府支持是否满意？满意和不满意分别有哪些？对政府有什么意见和建议？

答：基本上经常有培训吧，服务（培训）了，质量（培训）了，火灾（培训）了啥都有。没有意见，啥都好。增加一些经营管理（培训）吧，咱么（没）文化，也能学习一下。

4. 本地经营者之间有没有矛盾？经营者和居民之间有没有矛盾？居民和居民之间有没有矛盾？外来经营者和本地经营者之间有没有矛盾，表现在哪些方面？怎么解决？

答：无所谓，人家弄人家的，咱弄咱的，我就当消磨（打发）时间呢，挣不挣钱就是那事了。矛盾可以找村上协调，其实没有必要，弄那事（有矛盾）干啥，都是乡党。

5. 旅游者给您带来的收益和困扰分别是什么？

答：人来了好么，咱能挣钱，不来了也行，我就歇下了（休息）。

访谈编号：S - 2019 - 居民 - 46

访谈对象：某农家乐经营人员，女，高中，41~60 岁，经营 12 年

1. 您参与本地旅游服务了吗（包括经营、管理等各种服务）？如果参与了，具体做什么服务？家里有几个人参与？如果没有参与，是不想参与还是没有参与的方式，为什么？

答：现在刚包（承包）出去，本来是有住宿和餐饮。最近在家闲着呢，没有啥事，我掌柜的去青海西宁那个项目了（袁家村的品牌输出项目），就我在呢。

2. 您对目前的参与程度，满意吗？收入情况怎么样？不满意的地方有哪些？经营过程中有没有打算扩大规模或者转向经营？有没有打算做营销推广？如何做？

答：满意啊，咱这是最早的农家乐，村上支持开的，水泥免费用，还给出一半改造的钱。2007 年国庆开业的，我当时还是村上水泥厂的化验员，如果有人（旅游者）来，我就跑回来弄上一桌，都是家常菜，快得很。当时村干部让把饭菜质量弄好，我就好好弄，人多的时候，我就叫我娘家人来（帮忙）。那个时候一个人收 15（元），一天就挣 200~300（元），钱挣的太利（快）了。开始村上让弄农家乐的时候，别人不愿意干，一看我家不到一年就收回了（改造的成）本，都开始弄了。2011 年我又把房子改造了，弄了 22 间房，生意一直很好。

3. 各级政府管理机构有没有提供支持？比如培训、各项优惠政策等。对于政府支持是否满意？满意和不满意分别有哪些？对政府有什么意见和建议？

答：培训一直都有，支持力度大。现在村上要求人最好在袁家村生活，如果要把房子租出去，人还要住到里头，所以你看我这是两个门，这边我住，那边人家用。

4. 本地经营者之间有没有矛盾？经营者和居民之间有没有矛盾？居民和居民之间有没有矛盾？外来经营者和本地经营者之间有没有矛盾，表现在哪些方面？怎么解决？

答：我们这农家乐隔壁都是自己村上人，没有矛盾，外来的开了民宿的，人家弄得确实好，咱这跟不上形势了，落伍了。人家一天的房价顶咱这 4~5 天的，比不成。刚好央视来拍节目，采访我了，我把咱这情况一说，本来想着是看，有人愿意出主意给咱改造一下不？或者看谁愿意租不？电视一播，找的人多的很，就干脆直接租出去了，人也松泛（轻松）。不过就是本来忙忙碌碌都习惯了，一下闲下来还有点不适应，看要不要再弄个啥，咱这就是劳碌命。

5. 旅游者给您带来的收益和困扰分别是什么?

答：旅游的人多了，咱这生意好啊，本来咱这住宿餐饮都有，人一来一住，一吃。现在这人改造了，比以前还洋火（上档次），肯定好么。晚上有的游客回来的晚，你就要等，回来吵吵闹闹的，不过挣钱呢么，啥都不容易。

附录四 袁家村旅游者旅游体验
质量调查问卷

您好！我是西北大学学生，通过调研袁家村旅游情况，从而更好地促进本地旅游发展。本次调研完全是为了研究所用，您的填写是匿名的，并且是完全自愿的。谢谢您的配合！

西北大学

填写说明：请根据实际情况，在相应的□内打"√"，或直接在_____上填写

Q1：您来自？

□咸阳市　　　　□西安市　　　　□省内其他地区　　□外省

Q2：您的性别是？

□男　　　　　　□女

Q3：您的年龄？

□18~30岁　　　□31~45岁　　　□46~59岁　　　□60岁及以上

Q4：您的受教育程度？

□初中及以下　　□高中或中专　　□大专　　　　　□本科

□研究生及以上

Q5：您的职业？

□学生　　　　　□政府公务人员　□企事业管理人员　□家庭主妇

□工人/职员　　　□文教科技人员　□专业技术人员　□离退休人员

□自由职业　　　□其他

Q6：到袁家村游览次数

□第1次　　　　□2~3次　　　　□4次以上

Q7：袁家村基础设施评价

□非常不满意　　□不满意　　　　□一般　　　　　□满意

□非常满意

Q8：袁家村环境质量评价

□ 非常不满意　　□ 不满意　　　　□ 一般　　　　□ 满意
□ 非常满意

Q9：袁家村旅游资源评价

□ 非常不满意　　□ 不满意　　　　□ 一般　　　　□ 满意
□ 非常满意

Q10：袁家村诚信经营评价

□ 非常不满意　　□ 不满意　　　　□ 一般　　　　□ 满意
□ 非常满意

Q11：袁家村居民友好度评价

□ 非常不满意　　□ 不满意　　　　□ 一般　　　　□ 满意
□ 非常满意

Q12：袁家村整体氛围评价

□ 非常不满意　　□ 不满意　　　　□ 一般　　　　□ 满意
□ 非常满意

Q13：消费支出和旅游体验匹配

□ 非常不满意　　□ 不满意　　　　□ 一般　　　　□ 满意
□ 非常满意

Q14：袁家村整体氛围评价

□ 非常不满意　　□ 不满意　　　　□ 一般　　　　□ 满意
□ 非常满意

Q15：您到袁家村的目的（可多选）

□ 感受关中民俗　　□ 品尝关中小吃　　□ 采摘蔬果　　□ 研学旅游
□ 休闲娱乐　　　　□ 带孩子增长知识　□ 体育旅游　　□ 探亲访友
□ 其他

Q16：您计划逗留时间：

□ 2 小时以内　　□ 2 小时至半天　　□ 1 天　　　□ 2 天
□ 3 天及以上

Q17：您认为袁家村哪些方面有待提高？（多选）

□ 交通　　　　　　□ 基础设施　　　　□ 景点的创新
□ 工作人员的服务意识　　　　　　□ 整体的宣传力度

Q18：您对目前袁家村的现状有哪些意见？对未来袁家村的发展有哪些期待？

附录五 袁家村居民、经营者旅游 影响感知调查问卷

您好！我是西北大学学生，通过调研袁家村旅游情况，从而更好地促进本地旅游发展。本次调研完全是为了研究所用，您的填写是匿名的，并且是完全自愿的。谢谢您的配合！

西北大学

一、旅游影响感知测项

填表说明：您是否同意下列关于当地旅游业发展的描述？请在对应的□内"√"

（1表示非常不同意，2表示不同意，3表示中立，4表示同意，5表示非常同意）

序号	题项	1 非常不同意	2 不同意	3 中立	4 同意	5 非常同意
1	我认为袁家村干净卫生					
2	我认为政府介入增加了就业途径与方式					
3	我认为袁家村道路整洁、交通便捷					
4	我认为袁家村民风淳朴，					
5	我认为政府介入解决了信息不对称问题					
6	我认为同行之间的竞争压力小					
7	我认为政府介入优化了旅游经营环境					
8	我认为袁家村旅游发展势头强劲					
9	我对当前的收益状况感到满意					
10	我会提供高效优质服务					

序号	题项	1 非常不同意	2 不同意	3 中立	4 同意	5 非常同意
11	我的经营非常需要专业支持及方法指导					
12	我对目前袁家村村委会或政府的管理感到满意					
13	我主动关心村里的事务					
14	在这里生活是快乐的、愉悦的					
15	我可以对旅游发展提出建议					
16	我可以更多地参加村集体各项活动					
17	我很愿意给游客讲解当地的民俗风情与历史文化					
18	我可以得到友善和周到的对待					
19	我可以发表不同意见,并具有申诉的权力					
20	旅游发展决策会照顾每个人的利益					
21	我为自己是乡村旅游地的一员感到自豪					
22	相对于我的付出,我得到报酬是公平的					
23	我愿意参与旅游服务					
24	我认为这里有独特的文化和氛围					
25	我会遵守各项法律法规					
26	我目前有扩大经营的想法					
27	我会尊重旅游消费者权益					
28	我会维护员工和股东的合法权益					
29	我认为袁家社区支持力度大					
30	我认为政府介入完善了旅游基础设施					

二、经营情况(请根据实际情况,在相应的□内打"√",或直接在_____上填写)

Q1:您在袁家村从事经营时间是____

□1 年以内　　　□1~2 年　　　□2~3 年　　　□3~5 年

□5 年以上

Q2:您经营的产品类型是(多选)?

□正餐　　　　　□农家特色小吃 □住宿　　　　□其他_____

Q3：如不清楚店铺收入，请跳过 Q3，直接填写 Q4

您的店铺每月平均营业额_____元，其中餐饮收入约占_____元，

住宿收入约占_____元，出售自家产品收入约占_____元

Q4：您的月收入_____

□3000 元以下　　□3000 ~ 5000 元□5000 ~ 8000 元□8000 元以上

三、个人基本信息（请根据实际情况，在相应的□内打"√"，或直接在_____上填写）

Q1：您是_____

□袁家村人　□烟霞镇_____村　□礼泉县_____镇

□咸阳市_____县　□陕西省_____市　□_____省_____市

Q2：您的性别是_____

□男　　　　　　□女

Q3：您的年龄_____

□18 ~ 30 岁　□31 ~ 45 岁　□46 ~ 59 岁　□60 岁及以上

Q4：您的受教育程度_____

□初中及以下　□高中或中专　□大专　□本科　□研究生及以上

感谢您的参与！请留下您宝贵的意见和建议，再次感谢您与我们分享您的观点！

_____

参 考 文 献

［1］ Aas C. , Ladkin A. , Fletcher J. Stakeholder collaboration and heritage management ［J］. *Annals of Tourism Research*, 2005, 32 (1): 28 – 48.

［2］ Abreu N. M. , Ruhanen L. , Arcodia C. Destination competitiveness: A phenomenographic study ［J］. *Tourism Management*, 2018, 64 (1): 324 – 334.

［3］ Alazaizeh M. M. , Hallo J. C. , Backman S. J. et al. Value orientations and heritage tourism management at Petra Archaeological Park, Jordan ［J］. *Tourism Management*, 2016, 57 (6): 149 – 158.

［4］ Altinay L. , Sigala M. , Waligo V. Social value creation through tourism enterprise ［J］. *Tourism Management*, 2016 (54): 404 – 417.

［5］ Amaro S. , Antunes A. , Henriques C. A closer look at Santiago de Compostela's pilgrims through the lens of motivations ［J］. *Tourism Management*, 2018 (64): 271 – 280.

［6］ Anastasopoulos, N. P. , Anastasopoulos, M. P. The evolutionary dynamics of audit ［J］. *European Journal of Operational Research*, 2012, 216 (2): 469 – 476.

［7］ Andereck K. , Mcgehee N. G. , Lee S. et al. Experience Expectations of Prospective Volunteer Tourists ［J］. *Journal of Travel Research*, 2012, 51 (2): 130 – 141.

［8］ Ap J. Residents' perceptions on tourism impacts ［J］. *Annals of Tourism Research*, 1992, 19 (4): 665 – 690.

［9］ Araujo L. M. D. , Bramwell B. Partnership and regional tourism in Brazil ［J］. *Annals of Tourism Research*, 2002, 29 (4): 1138 – 1164.

［10］ Armenski T. , Dwyer L. , Pavluković V. Destination Competitiveness: Public and Private Sector Tourism Management in Serbia ［J］. *Journal of Travel Research*, 2018, 57 (3): 384 – 398.

［11］ Arnaboldi M. , Spiller N. Actor-network theory and stakeholder collaboration: The case of Cultural Districts ［J］. *Tourism Management*, 2011, 32 (3): 641 – 654.

［12］ Badola R. , Hussain S. A. , Dobriyal P. , et al. Institutional arrangements for managing tourism in the Indian Himalayan protected areas ［J］. *Tourism Management*, 2018, 66（3）: 1 – 12.

［13］ Bandura A. The Self System in Reciprocal Determinism ［J］. *American Psychologist*, 1978, 33（4）: 344 – 358.

［14］ Bergami M. , Bagozzi R. P. Self-categorization, affective commitment, and group self-esteem as distinct aspects of social identity in the organization ［J］. *British Journal of Social Psychology*, 2000, 39（4）: 555 – 577.

［15］ Bhattacharya C. B. , Sen S. Consumer-company identification: A framework for understanding consumers' relationships with companies. ［J］. *Journal of Marketing*, 2003, 67（2）: 76 – 88.

［16］ Bimonte S. , Punzo L. F. Tourist development and host-guest interaction: An economic exchange theory ［J］. *Annals of Tourism Research*, 2016, 58（3）: 128 – 139.

［17］ Bies, R. J. and Moag, J. S. Interactional Justice: Communication Criteria of Fairness. *Research on Negotiation in Organizations*, 1986（1）: 43 – 55.

［18］ Bornhorst T. , Ritchie J. R. B. , Sheehan L. Determinants of tourism success for DMOs & destinations: An empirical examination of stakeholders' perspectives ［J］. *Tourism Management*, 2010, 31（5）: 572 – 589.

［19］ Bowen D. , Zubair S. , Altinay L. Politics and Tourism Destination Development: The Evolution of Power ［J］. *Journal of Travel Research*, 2017, 56（6）: 725 – 743.

［20］ Bramwell B. , Sharman A. Collaboration in local tourism policy making ［J］. *Annals of Tourism Research*, 1999（2）: 392 – 415.

［21］ Briedenhann J, Wickens E. Tourism routes as a tool for the economic development of rural areas-vibrant hope or impossible dream? ［J］. *Tourism Management*, 2004, 25（1）: 71 – 79.

［22］ Brougham J. E. , Butler R. W. A segmentation analysis of resident attitudes to the social impact of tourism ［J］. *Annals of Tourism Research*, 1981, 8（4）: 569 – 590.

［23］ Buckley R. C. , Guitart D. , Shakeela A. Contested surf tourism resources in the Maldives ［J］. *Annals of Tourism Research*, 2017, 64（3）: 185 – 199.

［24］ Buhalis D. Marketing the competitive destination of the future ［J］. *Tourism Management*, 2000, 21（1）: 97 – 116.

［25］ Burby, Raymond J. Making Plans that Matter: Citizen Involvement and Government Action ［J］. *Journal of the American Planning Association*, 2003, 69 (1): 33 – 49.

［26］ Burns G. L. , Howard P. When wildlife tourism goes wrong: A case study of stakeholder and management issues regarding Dingoes on Fraser Island, Australia ［J］. *Tourism Management*, 2003, 24 (6): 699 – 712.

［27］ Byrd E. T. , Bosley H. E. , Dronberger M G. Comparisons of stakeholder perceptions of tourism impacts in rural eastern North Carolina ［J］. *Tourism Management*, 2009, 30 (5): 693 – 703.

［28］ Casey S. Okinawan heritage and its polyvalent appropriations ［J］. *Annals of Tourism Research*, 2013, 42 (3): 130 – 149.

［29］ Cawley M. , Gillmor D. A. Integrated rural tourism: Concepts and practice ［J］. *Annals of Tourism Research*, 2008, 35 (2): 316 – 337.

［30］ Chien P. M. , Ritchie B. W. , Shipway R. , et al. I Am Having a Dilemma: Factors Affecting Resident Support of Event Development in the Community ［J］. *Journal of Travel Research*, 2012, 51 (4): 451 – 463.

［31］ Chiu Y. T. H. , Lee W. I. , Chen T. H. Environmentally responsible behavior in ecotourism: Antecedents and implications ［J］. *Tourism Management*, 2014 (40): 321 – 329.

［32］ Choi H. S. C. , Sirakaya E. Sustainability indicators for managing community tourism ［J］. *Tourism Management*, 2006, 27 (6): 1274 – 128.

［33］ Cohen – Charash Y. , Spector P. E. The Role of Justice in Organizations: A Meta – Analysis ［J］. *Organizational Behavior & Human Decision Processes*, 2001, 86 (2): 278 – 321.

［34］ Cole S. Implementing and evaluating a code of conduct for visitors ［J］. *Tourism Management*, 2007, 28 (2): 443 – 451.

［35］ Cole S. A political ecology of water equity and tourism: A case study from bali ［J］. *Annals of Tourism Research*, 2012, 39 (2): 1221 – 1241.

［36］ Colquitt J. A. , Conlon D. E. , Wesson M. J. , et al. Justice at the millennium: A meta-analytic review of 25 years of organizational justice research. ［J］. *Journal of Applied Psychology*, 2001, 86 (3): 425 – 445.

［37］ Cornet C. Tourism development and resistance in China ［J］. *Annals of Tourism Research*, 2015, 52 (3): 29 – 43.

[38] Currie R. R. , Seaton S. , Wesley F. Determining stakeholders for feasibility analysis [J]. *Annals of Tourism Research*, 2009, 36 (1): 41 –63.

[39] D'Angella F. , Go F. M. Tale of two cities' collaborative tourism marketing: Towards a theory of destination stakeholder assessment [J]. *Tourism Management*, 2009, 30 (3): 429 –440.

[40] Dedeke A. Creating sustainable tourism ventures in protected areas: An actor-network theory analysis [J]. *Tourism Management*, 2017, 61 (8): 161 –172.

[41] Deller S. Rural poverty, tourism and spatial heterogeneity [J]. *Annals of Tourism Research*, 2010, 37 (1): 180 –205.

[42] Dickinson J. E. , Robbins D. K. Representations of tourism transport problems in a rural destination [J]. *Tourism Management*, 2008, 29 (6): 1110 –1121.

[43] Domínguez – Gómez J. A. , González – Gómez T. Analysing stakeholders' perceptions of golf-course-based tourism: A proposal for developing sustainable tourism projects [J]. *Tourism Management*, 2017, 63 (6): 135 – 143.

[44] Douglas A. , Lubbe B. A. Identifying value conflicts between stakeholders in corporate travel management by applying the soft value management model: A survey in South Africa [J]. *Tourism Management*, 2006, 27 (6): 1130 – 1140.

[45] Duboisa C. , Cawleyb M. , Schmitza S. The tourist on the farm: A 'muddled' image [J]. *Tourism Management*. 2017, 59 (2): 298 – 311.

[46] Elsbach K. D. , Elofson G. How the packaging of decision explanations affects perceptions of trustworthiness. [J]. *The Academy of Management Journal*, 2000, 43 (1): 80 – 89.

[47] Encarnação S. , Santos F. P. , Santos F. C. , et al. Paradigm shifts and the interplay between state, business and civil sectors [J]. *Royal Society Open Science*, 2016, 3 (12): 1 – 9.

[48] Fallon L. D. , Kriwoken L. K. Community involvement in tourism infrastructure-the case of the Strahan Visitor Centre, Tasmania [J]. *Tourism Management*, 2003, 24 (3): 289 – 308.

[49] Fan D. X. F. , Zhang H. Q. , Jenkins C. L. , et al. Does Tourist – Host Social Contact Reduce Perceived Cultural Distance? [J]. *Journal of Travel Research*, 2017, 56 (9): 998 – 1010.

[50] Flanigan S. , Blackstock K. , Hunter C. Agritourism from the perspective of providers and visitors: A typology-based study [J]. *Tourism Management*, 2014, 40

（1）：394 - 405.

［51］Fonta X. , Guix M. , Bonilla - Priego M. J. Corporate social responsibility in cruising: Using materiality analysis to create shared value ［J］. *Tourism Management*, 2016, 53 (2): 175 - 186.

［52］Freeman R. E. *Strategic management: A stakeholder approach* ［M］. Boston: Pitman/Ballinger, 1984.

［53］Friedman A. L. , Miles S. Developing Stakeholder Theory ［J］. *Journal of Management Studies*, 2002, 39 (1): 1 - 21.

［54］Fuller D. , Buultjens J. , Cummings E. Ecotourism and indigenous micro-enterprise formation in northern Australia opportunities and constraints ［J］. *Tourism Management*, 2005, 26 (6): 891 - 904.

［55］Garay L. , Font X. , Pereira - Moliner J. Understanding sustainability behaviour: The relationship between information acquisition, proactivity and performance ［J］. *Tourism Management*, 2017, 60 (3): 418 - 429.

［56］García D. , Tugores M. Optimal choice of quality in hotel services ［J］. *Annals of Tourism Research*, 2006, 33 (2), 456 - 469.

［57］Garrod B. , Fyall A. , Leask A. , et al. Engaging residents as stakeholders of the visitor attraction ［J］. *Tourism Management*, 2012, 33 (5): 1159 - 1173.

［58］Gibson K. The Moral Basis of Stakeholder Theory ［J］. *Journal of Business Ethics*, 2000, 26 (3): 245 - 257.

［59］Gómez M. , Lopez C. , Molina A. A model of tourism destination brand equity: The case of wine tourism destinations in Spain ［J］. *Tourism Management*, 2015, 51 (6): 210 - 222.

［60］Greenberg J. A Taxonomy of Organizational Justice Theories ［J］. *Academy of Management Review*, 1987, 12 (1): 9 - 22.

［61］Gunn C. A. *Tourism planning: Basics, concepts, cases* ［M］. Fourth edition, New York: Routledge, 2002.

［62］Guo X. , Ling L. , Dong Y. , et al. Cooperation contract in tourism supply chains: The optimal pricing strategy of hotels for cooperative third party strategic websites ［J］. *Annals of Tourism Research*, 2013, 41 (1): 20 - 41.

［63］Gursoy D. , Rutherford D. G. Host attitudes toward tourism: An Improved Structural Model ［J］. *Annals of Tourism Research*, 2004, 31 (3): 495 - 516.

［64］Haywood K. M. Responsible and responsive tourism planning in the community [J]. *Tourism Management*, 1988, 9 (2): 105 – 118.

[65] Healy N. , Van Riper C. J. , Boyd S. W. Low versus high intensity approaches to interpretive tourism planning: The case of the Cliffs of Moher, Ireland [J]. *Tourism Management*, 2016, 52 (1): 574 – 583.

[66] He, He, Xu. Evolutionary analysis of sustainable tourism [J]. *Annals of Tourism Research*, 2018, 69 (2): 76 – 89.

[67] Heugens P. P. M. A. R. , Van d B. F. A. J. , Van R. C. B. M. Stakeholder Integration: Building Mutually Enforcing Relationships [J]. *Business & Society*, 2002, 41 (1): 36 – 60.

[68] Higgins – Desbiolles F. The Hotel Bauen's challenge to cannibalizing capitalism [J]. *Annals of Tourism Research*, 2012, 39 (2): 620 – 640.

[69] Hillebrand B. , Driessen P. H. , Koll O. Stakeholder marketing: Theoretical foundations and required capabilities [J]. *Journal of the Academy of Marketing Science*, 2015, 43 (4): 411 – 428.

[70] Horn C. , Simmons D. Community adaptation to tourism: Comparisons between Rotorua and Kaikoura, New Zealand [J]. *Tourism Management*, 2002, 23 (2): 133 – 143.

[71] Huang, G. Q. , Song, H. , Zhang, X. A comparative analysis of quantity and price competitions in tourism supply chain networks for package holidays [J]. *Service Industries Journal*, 2010, 30 (10), 1593 – 1606.

[72] Hultman J. , Hall C. M. Tourism place-making: Governance of Locality in Sweden [J]. *Annals of Tourism Research*, 2012, 39 (2): 547 – 570.

[73] Hummon D. M. Community Attachment – Local Sentiment and Sense of Place [J]. *Human Behavior & Environment Advances in Theory & Research*, 1992 (12): 253 – 278.

[74] Imran S. , Alam K. , Beaumont N. Environmental orientations and environmental behaviour: Perceptions of protected area tourism stakeholders [J] . *Tourism Management*, 2014, 40 (1): 290 – 299.

[75] Jeuring G. J. H. Weather perceptions, holiday satisfaction and perceived attractiveness of domestic vacationing in The Netherlands [J] . *Tourism Management*, 2017, 61 (4): 70 – 81.

[76] Joelle S. , Whitney K. , Bynum B. B. , et al. Social capital and destination strategic planning [J]. *Tourism Management*, 2018, 69 (6): 189 – 200.

［77］Juan A. García，Mar Gómez，Molina A. A destination-branding model：An empirical analysis based on stakeholders［J］. *Tourism Management*，2012，33（3）：646 – 661.

［78］Kline C. ，Mcgehee N. ，Delconte J. Built Capital as a Catalyst for Community – Based Tourism［J］. *Journal of Travel Research*，2018，57（7）：856 – 870.

［79］Kelliher F. ，Reinl L. ，Johnson T. G. ，et al. The role of trust in building rural tourism micro firm network engagement：A multi-case study［J］. *Tourism Management*，2018，68（5）：1 – 12.

［80］Kim K. ，Uysal M. ，Sirgy M. J. How does tourism in a community impact the quality of life of community residents？［J］. *Tourism Management*，2013，36（6）：527 – 540.

［81］Kimbu A. N. ，Ngoasong M. Z. Centralised decentralisation of tourism development：A Network Perspective［J］. *Annals of Tourism Research*，2013，40（1）：235 – 259.

［82］Ko D. W. ，Stewart W. P. A Structural Equation Model of Residents' Attitudes for Tourism Development［J］. *Tourism Management*，2002，23（5）：521 – 530.

［83］Komppula R. ，The role of individual entrepreneurs in the development of competitiveness for a rural tourism destination – A case study［J］. *Tourism Management*，2014，40（1）：361 – 371.

［84］Lai P. H. ，Hsu Y. C. ，Nepal S. K. Representing the landscape of Yushan National Park［J］. *Annals of Tourism Research*，2013，43（4）：37 – 57.

［85］Lai P. H. ，Morrison – Saunders A. ，Grimstad S. Operating small tourism firms in rural destinations：A social representations approach to examining how small tourism firms cope with non-tourism induced changes［J］. *Tourism Management*，2017，58（1）：164 – 174.

［86］Lane B. What is rural tourism？［J］. *Journal of Sustainable Tourism*，1994，2（1）：7 – 21.

［87］Latour B. The powers of association［J］. *Sociological Review*，1986，32（S1）：264 – 280.

［88］Leask A. Progress in visitor attraction research：Towards more effective management［J］. *Tourism Management*，2010，31（2）：155 – 166.

［89］Lee I. ，Arcodia C. ，Lee T. J. Benefits of visiting a multicultural festival：

The case of South Korea [J]. *Tourism Management*, 2012, 33 (2): 334 – 340.

[90] Li D. F. *Decision and Game Theory in Management With Intuitionistic Fuzzy Sets* [M]. Berlin, Heidelberg: Springer, 2014.

[91] Li P., Ryan C., Cave J. Chinese rural tourism development: Transition in the case of Qi Yunshan, Anhui – 2008 – 2015 [J]. *Tourism Management*, 2016, 55 (4): 240 – 260.

[92] Li S. Regional Competition and Sustainable Development: A Game Theory Model for Tourism Destinations [J]. *European Planning Studies*, 2011, 19 (4): 669 – 681.

[93] Li W. J. Community decisionmaking participation in development [J]. *Annals of Tourism Research*, 2006, 33 (1): 132 – 143.

[94] Line N. D., Wang Y. Market – Oriented Destination Marketing: An Operationalization [J]. *Journal of Travel Research*, 2015, 56 (1): 122 – 135.

[95] Liu A. Tourism in rural areas: Kedah, Malaysia [J]. *Tourism Management*, 2006, 27 (5): 878 – 889.

[96] Lockwood M. Good governance for terrestrial protected areas: A framework, principles and performance outcomes [J]. *Journal of Environmental Management*, 2010, 91 (3): 754 – 766.

[97] Lv Q. C., Xie X. Community involvement and place identity: The role of perceived values, perceived fairness, and subjective well-being [J]. *Asia Pacific Journal of Tourism Research*, 2017, 22 (1): 1 – 14.

[98] March R., Wilkinson I. Conceptual tools for evaluating tourism partnerships [J]. *Tourism Management*, 2009, 30 (3): 455 – 462.

[99] Markwick M. C. Golf tourism development, stakeholders, differing discourses and alternative agendas: The case of Malta [J]. *Tourism Management*, 2000, 21 (5): 515 – 524.

[100] Marzano G., Scott N. Power in destination branding [J]. *Annals of Tourism Research*, 2009, 36 (2): 247 – 267.

[101] Matarrita – Cascante D. Beyond growth: Reaching Tourism – Led Development [J]. *Annals of Tourism Research*, 2010, 37 (4): 1141 – 1163.

[102] Matilainen A., Suutari T., Lähdesmäki M., Koski P. Management by boundaries-Insights into the role of boundary objects in a community-based tourism development project [J]. *Tourism Management*, 2018, 67 (4): 284 – 296.

[103] Mcmillan D. W. , Chavis D. M. Sense of community: A definition and theory [J]. *Journal of Community Psychology*, 1986, 14 (1): 6 – 23.

[104] Mcgehee N. G. , Lee S. , O'Bannon T. , et al. Tourism-related Social Capital and Its Relationship with Other Forms of Capital: An Exploratory Study [J]. *Journal of Travel Research*, 2010, 49 (4): 486 – 500.

[105] Mekawy M. A. Responsible slum tourism: Egyptian experience [J]. *Annals of Tourism Research*, 2012, 39 (4): 2092 – 2113.

[106] Merinero – Rodríguez R. , Pulido – Fernández J. I. Analysing relationships in tourism: A review [J]. *Tourism Management*, 2016, 54 (3): 122 – 135.

[107] Mitchell, R. K. , Agle, B. R. , Wood, D. J. Toward a Theory of Stakeholder Identification and Salience: Defining the Principle of who and What Really Counts [J]. *Academy of Management Review*, 1997, 22 (4): 853 – 886.

[108] Murphy P. E. , Murphy A. E. *Strategic Management for Tourism Communities: Bridging the Gaps* [M]. Bristol: Channel View Publications, 2004.

[109] Murphy P. , Pritchard M. P. , Smith B. The destination product and its impact on traveller perceptions [J]. *Tourism Management*, 2000, 21 (1): 43 – 52.

[110] Needham M. , Rollins R. Interest group standards for recreation and tourism impacts at ski areas in the summer [J]. *Tourism Management*, 2005, 26 (1): 1 – 13.

[111] Nicholas N. L. , Thapa B. , Ko Y. J. Residents' perspectives of a world heritage site: The Pitons Management Area, St. Lucia [J]. *Annals of Tourism Research*, 2009, 36 (3): 390 – 412.

[112] Niehoff B. P. , Moorman R. H. Justice as a Mediator of the Relationship Between Methods of Monitoring and Organizational Citizenship Behavior [J]. *The Academy of Management Journal*, 1993, 36 (3): 527 – 556.

[113] Ng S. I. , Chia K. W. , Ho J. A. , et al. Seeking tourism sustainability – A case study of Tioman Island, Malaysia [J]. *Tourism Management*, 2017, 58 (1): 101 – 107.

[114] Nguyen D. N. , Imamura F. , Iuchi K. Public-private collaboration for disaster risk management: A case study of hotels in Matsushima, Japan [J]. *Tourism Management*, 2017, 61 (4): 129 – 140.

[115] Novelli M. , Morgan N. , Nibigira C. Tourism in a post-conflict situation of fragility [J]. *Annals of Tourism Research*, 2012, 39 (3): 1446 – 1469.

[116] Nunkoo R. , Ramkissoon H. Residents' satisfaction with community attributes and support for tourism [J]. *Journal of Hospitality and Tourism Research*, 2011, 35 (2): 171 – 190.

[117] Oppermann M. Rural Tourism in Southern Germany [J]. *Annals of Tourism Research*, 1996, 23 (1): 86 – 102.

[118] Pacifico D. , Vogel M. Archaeological sites, modern communities, and tourism [J]. *Annals of Tourism Research*, 2012, 39 (3): 1588 – 1611.

[119] Park D. B. , Lee K. W. , Choi H. S. , et al. Factors influencing social capital in rural tourism communities in South Korea [J]. *Tourism Management*, 2012, 33 (6): 1511 – 1520.

[120] Paskaleva – Shapira K. A. New Paradigms in City Tourism Management: Redefining Destination Promotion [J]. *Journal of Travel Research*, 2007, 46 (1): 108 – 114.

[121] Pforr C. , Pechlaner H. , Volgger M. , et al. Overcoming the Limits to Change and Adapting to Future Challenges: Governing the Transformation of Destination Networks in Western Australia [J]. *Journal of Travel Research*, 2014, 53 (6): 760 – 777.

[122] Pike S. Destination positioning opportunities using personal values: Elicited through the Repertory Test with Laddering Analysis [J]. *Tourism Management*, 2012, 33 (1): 100 – 107.

[123] Pongponrat K. Participatory Management Process in Local Tourism Development: A Case Study on Fisherman Village on Samui Island, Thailand [J]. *Asia Pacific Journal of Tourism Research*, 2011, 16 (1): 57 – 73.

[124] Poudel S. , Nyaupane G. P. , Budruk M. Stakeholders' Perspectives of Sustainable Tourism Development: A New Approach to Measuring Outcomes [J]. *Journal of Travel Research*, 2015, 55 (4): 465 – 580.

[125] Puddifoot J. E. Dimensions of Community Identity [J]. *Journal of Community & Applied Social Psychology*, 1995, 5 (5): 357 – 370.

[126] Randle E. J. , Hoye R. Stakeholder perception of regulating commercial tourism in Victorian National Parks, Australia [J]. *Tourism Management*, 2016, 54 (3): 138 – 149.

[127] Ryan C. Equity, management, power sharing and sustainability-issues of the 'new tourism' [J]. *Tourism Management*, 2002, 23 (1): 17 – 26.

[128] Saito H. , Ruhanen L. Power in tourism stakeholder collaborations: Power types and power holders [J]. *Journal of Hospitality and Tourism Management*, 2017, 31 (6): 189 – 196.

[129] Salvatore R. , Chiodo E. , Fantini A. Tourism transition in peripheral rural areas: Theories, issues and strategies [J]. *Annals of Tourism Research*, 2018, 68 (1): 41 – 51.

[130] Sautter E. T. , Leisen B. Managing Stakeholders: A Tourism Planning Model [J]. *Annals of Tourism Research*, 1999, 26 (2): 312 – 328.

[131] Savage G. T. , Nix T. V. , Whitehead C. J. et al. Strategy for assessing and managing organizational stakeholders [J]. *Executive*, 1991, 5 (2): 61 – 75.

[132] Scarinci J. , Pearce P. The perceived influence of travel experiences on learning generic skills [J]. *Tourism Management*, 2012, 33 (2): 380 – 386.

[133] Schliephack J. , Dickinson J. E. Tourists' representations of coastal managed realignment as a climate change adaptation strategy [J]. *Tourism Management*, 2017 (59): 182 – 192.

[134] Scott S. G. , Lane V. R. A stakeholder approach to organizational identity [J]. *Academy of Management Review*, 2000, 25 (1), 43 – 62.

[135] Sharpley R. , Roberts L. Rural tourism——10 years on [J]. *International Journal of Tourism Research*, 2004, 6 (3): 119 – 124.

[136] Sheehan L. R. , Ritchie J. R. B. Destination Stakeholders Exploring Identity and Salience [J]. *Annals of Tourism Research*, 2005, 32 (3): 711 – 734.

[137] Sheehan L. , Ritchie J. R. B. , Hudson S. The Destination Promotion Triad: Understanding Asymmetric Stakeholder Interdependencies Among the City, Hotels, and DMO [J]. *Journal of Travel Research*, 2007, 46 (1): 64 – 74.

[138] Simpson M. C. Community Benefit Tourism Initiatives – A conceptual oxymoron? [J]. *Tourism Management*, 2008, 29 (1): 1 – 18.

[139] Smith J. M, Price G. R. The Logic of Animal Conflict [J]. *Nature*, 1973, 246 (11): 15 – 18.

[140] Stokes R. Tourism strategy making: Insights to the events tourism domain [J]. *Tourism Management*, 2008, 29 (2): 252 – 262.

[141] Strobl A. , Peters M. Entrepreneurial reputation in destination networks [J]. *Annals of Tourism Research*, 2013, 40 (1): 59 – 82.

[142] Stylidis D. , Belhassen Y. , Shani A. Three Tales of a City: Stakeholders'

Images of Eilat as a Tourist Destination [J]. *Journal of Travel Research*, 2015, 54 (6): 702 – 716.

[143] Stylidis D., Sit J., Biran A. An Exploratory Study of Residents' Perception of Place Image: The Case of Kavala [J]. *Journal of Travel Research*, 2014, 55 (5): 659 – 674.

[144] Su L., Wang L., Law R., et al. Influences of destination social responsibility on the relationship quality with residents and destination economic performance [J]. *Journal of Travel & Tourism Marketing*, 2016, 34 (4): 1 – 15.

[145] Suntikul W., Jachna T. Contestation and negotiation of heritage conservation in Luang Prabang, Laos [J]. *Tourism Management*, 2013, 38 (5): 57 – 68.

[146] Swarbrooke J. Sustainable tourism management [J]. *Annals of Tourism Research*, 1999, 28 (2): 523 – 525.

[147] Taylor P. D., Jonker L. B. Evolutionary stable and game dynamics [J]. *Math Biosciences*, 1978, 40 (1): 145 – 156.

[148] Theodoulidis B., Diaz D., Crotto F., et al. Exploring corporate social responsibility and financial performance through stakeholder theory in the tourism industries [J]. *Tourism Management*, 2017, 62 (5): 173 – 188.

[149] Tkaczynski A., Rundle – Thiele S R, Beaumont N. Segmentation: A tourism stakeholder view [J]. *Tourism Management*, 2009, 30 (2): 169 – 175.

[150] Thomas – Francois K., Massow M., Joppe M. Service-oriented, sustainable, local food value chain – A case study [J]. *Annals of Tourism Research*, 2017, 65 (4): 83 – 96.

[151] Todd L., Leask A., Ensor J. Understanding primary stakeholders' multiple roles in hallmark event tourism management [J]. *Tourism Management*, 2017, 59 (2): 494 – 509.

[152] Tolkach D., King B. Strengthening Community – Based Tourism in a new resource – based island nation: Why and how? [J]. *Tourism Management*, 2015, 48 (3): 386 – 398.

[153] Trawöger L. Convinced, ambivalent or annoyed: Tyrolean ski tourism stakeholders and their perceptions of climate change [J]. *Tourism Management*, 2014, 40 (1): 338 – 351.

[154] Tsaur S. H., Lin Y. C., Lin J. H. Evaluating ecotourism sustainability from the integrated perspective of resource, community and tourism [J]. *Tourism Man-*

agement, 2006, 27 (4): 640 - 653.

[155] Waligo V. M., Clarke J., Hawkins R. Implementing sustainable tourism: A multi-stakeholder involvement management framework [J]. *Tourism Management*, 2013, 36 (3): 342 - 353.

[156] Walker L., Thibaut L. J. The Relation between Procedural and Distributive Justice [J]. *Virginia Law Review*, 1979, 65 (8): 1401 - 1420.

[157] Wang C., Xu H. The role of local government and the private sector in China's tourism industry [J]. *Tourism Management*, 2014 (45): 95 - 105.

[158] Wang H., Yang Z., Chen L., et al. Minority community participation in tourism: A case of Kanas Tuva villages in Xinjiang, China [J]. *Tourism Management*, 2010, 31 (6): 759 - 764.

[159] Wang L. G., Yotsumoto Y. Conflict in tourism development in rural China [J]. *Tourism Management*, 2019, 70 (2): 188 - 200.

[160] Wang Y., Pfister R. E. Residents'attitudes toward tourism and perceived personal benefits in a rural community [J]. *Journal of Travel Research*, 2008, 47 (1): 84 - 93.

[161] Wu W., Zhang L., Qiu F. Determinants of tourism ticket pricing for ancient villages and towns: Case studies from Jiangsu, Zhejiang, Shanghai and Anhui provinces [J]. *Tourism Management*, 2017, 58 (1): 210 - 275.

[162] Xie P. F. Developing industrial heritage tourism: A case study of the proposed jeep museum in Toledo, Ohio [J]. *Tourism Management*, 2006, 27 (6): 1321 - 1330.

[163] Yang L. Ethnic tourism and cultural representation [J]. *Annals of Tourism Research*, 2011, 38 (2): 561 - 585.

[164] Yang L., Wall G. Ethnic tourism: A framework and an application [J]. *Tourism Management*, 2009, 30 (4): 559 - 570.

[165] Yang J., Ryan C., Zhang L. Social conflict in communities impacted by tourism [J]. *Tourism Management*, 2013, 35 (2): 82 - 93.

[166] Ying T., Zhou Y. Community, governments and external capitals in China's rural cultural tourism: A comparative study of two adjacent villages [J]. *Tourism Management*, 2007, 28 (1): 96 - 107.

[167] Ying T. Y., Norman W., Zhou Y. G. Online networking in the tourism industry: A webometrics and hyperlink network analysis [J]. *Journal of Travel Re-*

search, 2016, 55 (1): 16 – 33.

[168] Zenker S., Braun E., Petersen S. Branding the destination versus the place: The effects of brand complexity and identification for residents and visitors [J]. *Tourism Management*, 2017, 58 (1): 15 – 27.

[169] Zhang D., Weatherford L. Dynamic pricing for network revenue management: A new approach and application in the hotel industry [J]. *Informs Journal on Computing*, 2017, 29 (1): 18 – 35.

[170] Zyl C. V. Tourism marketing: A game theory tool for application in arts festivals [J]. *Tourism Economics*, 2012, 18 (1): 43 – 57.

[171] [美] 拜瑞·J. 内勒巴夫, [美] 亚当·M. 布兰登勃格. 合作竞争 [M]. 王煜全、王煜昆译, 合肥: 安徽人民出版社, 2000.

[172] 保继刚, 孙九霞. 社区参与旅游发展的中西差异 [J]. 地理学报, 2006, 61 (4): 401 – 413.

[173] 保继刚, 钟新民. 桂林市旅游发展总体规划 (2001 – 2020) [M]. 北京: 中国旅游出版社, 2002.

[174] [美] 布劳. 社会生活中的交换与权力 [M]. 李国武译, 北京: 商务印书馆, 2008.

[175] 蔡克信, 杨红, 马作珍莫. 乡村旅游: 实现乡村振兴战略的一种路径选择 [J]. 农村经济, 2018 (9): 22 – 27.

[176] 曹文, 李德荃, 秦婷婷. 森林生态旅游业发展的利益协调机制 [J]. 中国人口·资源与环境, 2014, 24 (8): 100 – 108.

[177] 柴梅, 田明华, 李松. 城市社区认同现状及重塑路径研究 [J]. 城市发展研究, 2017, 24 (11): 70 – 75 + 100.

[178] 柴寿升, 龙春凤, 常会丽. 景区旅游开发与社区利益冲突的诱因及其协调机制研究 [J]. 山东社会科学, 2013 (1): 184 – 189.

[179] 陈爱宣. 古村落旅游公司利益相关者共同治理模式研究——以浙江为例 [D]. 厦门: 厦门大学, 2008.

[180] 陈长彬, 杨忠. 供应链协调机制理论综述 [J]. 生产力研究, 2009 (4): 173 – 176.

[181] 陈海鹰, 杨桂华. 社区旅游生态补偿贡献度及意愿研究——玉龙雪山案例 [J]. 旅游学刊, 2015, 30 (8): 53 – 65.

[182] 陈宏辉, 贾生华. 企业利益相关者三维分类的实证分析 [J]. 经济研究, 2004 (4): 80 – 90.

［183］陈鹏，张春晖，白凯．水源保护地旅游业发展中利益相关者的合作博弈机制［J］．统计与信息论坛，2010，25（9）：69-74．

［184］陈实，温秀，李树民．基于不完全信息静态分析模型的西部区域旅游合作机制研究［J］．经济问题，2011（9）：114-117．

［185］陈炜，程芸燕，文冬妮．汉传佛教文化遗产旅游地利益相关者协调机制研究——以广西桂平西山为例［J］．广西民族研究，2015（6）：155-164．

［186］陈志钢，刘丹，刘军胜．基于主客交往视角的旅游环境感知与评价研究——以西安市为例［J］．资源科学，2017，39（10）：1930-1941．

［187］陈志永，李乐京，梁涛．利益相关者理论视角下的乡村旅游发展模式研究——以贵州天龙屯堡"四位一体"的乡村旅游模式为例［J］．经济问题探索，2008（7）：106-114．

［188］陈喆芝，赵黎明，许静．基于微分博弈的旅游供应链低碳合作研究［J］．旅游学刊，2016，31（6）：38-49．

［189］丛丽，吴必虎，李炯华．国外野生动物旅游研究综述［J］．旅游学刊，2012，27（5）：57-65．

［190］崔峰，李明，王思明．农业文化遗产保护与区域经济社会发展关系研究——以江苏兴化垛田为例［J］．中国人口·资源与环境，2013，23（12）：156-164．

［191］代则光，洪名勇．区参与乡村旅游利益相关者分析［J］．经济与管理，2009，23（11）：27-32．

［192］杜宗斌，苏勤．乡村旅游的社区参与、居民旅游影响感知与社区归属感的关系研究——以浙江安吉乡村旅游地为例［J］．旅游学刊，2011，26（11）：65-70．

［193］樊忠涛．基于创新视角的乡村旅游社区参与机制研究［J］．南方农业学报，2010，41（2）：194-196．

［194］费巍．历史文化名镇名村生态旅游开发利益相关者博弈行为研究［J］．生态经济，2015，31（6）：143-146．

［195］冯庆旭．民族旅游的基本伦理问题［J］．经济问题探索，2015（5）：79-83．

［196］冯淑华．基于共生理论的古村落共生演化模式探讨［J］．经济地理，2013，33（11）：155-162．

［197］冯淑华，沙润．乡村旅游的乡村性测评模型——以江西婺源为例［J］．地理研究，2007，26（3）：616-624．

[198] 高元衡. 阳朔乡村旅游发展中各方利益分配问题研究 [J]. 桂林旅游高等专科学校学报, 2004, 15 (6): 59.

[199] 郭凌, 王志章. 新制度经济学视角下旅游目的地社会冲突治理研究——基于对四川泸沽湖景区的案例分析 [J]. 旅游学刊, 2016, 31 (7): 32 - 42.

[200] 古红梅. 乡村旅游发展与构建农村居民利益分享机制研究——以北京市海淀区西北部地区旅游业发展为例 [J]. 旅游学刊, 2012, 27 (1): 26 - 30.

[201] 郭华. 国外旅游利益相关者研究综述与启示 [J]. 人文地理, 2008, 23 (2): 100 - 105.

[202] 郭华. 制度变迁视角的乡村旅游社区利益相关者管理研究 [D]. 广州: 暨南大学, 2007.

[203] 郭文. 乡村居民参与旅游开发的轮流制模式及社区增权效能研究——云南香格里拉雨崩社区个案 [J]. 旅游学刊, 2010, 25 (3): 76 - 83.

[204] 郭跃. 论旅游市场价格的政府监管 [J]. 安徽农业大学学报 (社会科学版), 2017, 26 (1): 51 - 56.

[205] 何景明, 李立华. 关于"乡村旅游"概念的探讨 [J]. 西南大学学报 (社会科学版), 2002, 28 (5): 125 - 128.

[206] 何笑. 社会性规制的协调机制研究 [D]. 南昌: 江西财经大学, 2009.

[207] 何学欢, 胡东滨, 粟路军. 旅游地居民感知公平、关系质量与环境责任行为 [J]. 旅游学刊, 2018, 33 (9): 117 - 131.

[208] 何学欢, 胡东滨, 马北玲, 粟路军. 旅游地社会责任对居民生活质量的影响机制 [J]. 经济地理, 2017, 37 (8): 207 - 215.

[209] 侯兵, 黄震方, 陈肖静, 等. 文化旅游区域协同发展的空间认知分异——以南京都市圈为例 [J]. 旅游学刊, 2013, 28 (2): 102 - 110.

[210] 胡兵, 傅云新, 熊元斌. 旅游者参与低碳旅游意愿的驱动因素与形成机制: 基于计划行为理论的解释 [J]. 商业经济与管理, 2014 (8): 64 - 72.

[211] 胡敏. 我国乡村旅游专业合作组织的发展和转型——兼论乡村旅游发展模式的升级 [J]. 旅游学刊, 2009, 24 (2): 70 - 74.

[212] 胡文海. 基于利益相关者的乡村旅游开发研究——以安徽省池州市为例 [J]. 农业经济问题, 2008 (7): 82 - 86.

[213] 黄晓杏, 胡振鹏, 傅春等. 生态旅游核心利益相关者演化博弈分析 [J]. 生态经济, 2015, 31 (1): 142 - 146.

[214] 纪金雄. 古村落旅游核心利益相关者共生机制研究——以武夷山下梅村为例 [J]. 华侨大学学报 (哲学社会科学版), 2011 (2): 52 - 59.

[215] 贾衍菊, 王德刚. 社区居民旅游影响感知和态度的动态变化 [J]. 旅游学刊, 2015, 30 (5): 65 - 73.

[216] 江增光. 近十年国内外目的地居民旅游感知与态度研究综述 [J]. 旅游论坛, 2016, 9 (1): 32 - 40.

[217] 金准. 利益相关者格局与古村镇旅游——基于制度分析的视角 [J]. 中国社会科学院研究生院学报, 2017 (5): 68 - 74.

[218] 匡林. 集权还是分权: 政府发展旅游业的两难境地 [J]. 旅游学刊, 2001 (2): 23 - 26.

[219] 孔璎红, 廖蓓. 古镇旅游开发中利益相关者理论的运用研究 [J]. 广西社会科学, 2013 (10): 87 - 90.

[220] 乐国安主编. 社会心理学 [M]. 北京: 中国人民大学出版社, 2013.

[221] 黎洁, 赵西萍. 社区参与旅游发展理论的若干经济学质疑 [J]. 旅游学刊, 2001, 16 (4): 44 - 47.

[222] 李伯华, 杨家蕊, 廖柳文, 等. 农业文化遗产地人居环境感知评价研究——以湖南省紫鹊界梯田为例 [J]. 中南林业科技大学学报 (社会科学版), 2016, 10 (5): 19 - 24.

[223] 李纯青, 吕俊峰, 马宝龙, 等. 多元企业认同的身份构建及其张力调和机理 [J]. 心理科学进展, 2018, 26 (8): 1331 - 1348.

[224] 李德明, 程久苗. 乡村旅游与农村经济互动持续发展模式与对策探析 [J]. 人文地理, 2005 (3): 84 - 87.

[225] 李凡, 蔡桢燕. 古村落旅游开发中的利益主体研究——以大旗头古村为例 [J]. 旅游学刊, 2007, 22 (1): 42 - 48.

[226] 李凡, 金忠民. 旅游对皖南古村落影响的比较研究——以西递、宏村和南屏为例 [J]. 人文地理, 2002, 17 (5): 17 - 20.

[227] 李进兵. 利益相关者的利益分配与旅游可持续发展 [J]. 经济问题, 2010 (8): 123 - 126.

[228] 李克龙, 许建文. 经济欠发达地区乡村治理主体优化组合研究 [J]. 四川理工学院学报 (社会科学版), 2013, 28 (3): 17 - 21.

[229] 李乐京. 民族村寨旅游开发中的利益冲突及协调机制研究 [J]. 生态经济, 2013, 29 (11): 95 - 98 + 122.

[230] 李鹏, 杨桂华. 社区参与旅游发展中公平与效率问题研究: 以云南梅

里雪山雨崩藏族村为例 [J]. 林业经济, 2010 (8): 120 - 124.

[231] 李平, 吕宛青. 浅析旅游弱势群体的"相对剥夺感" [J]. 中国人口·资源与环境, 2014, 24 (S1): 207 - 209.

[232] 李维安, 王世权. 利益相关者治理理论研究脉络及其进展探析 [J]. 外国经济与管理, 2007, 29 (4): 10 - 17.

[233] 李伟. 乡村旅游开发规划研究 [J]. 地域研究与开发, 2003 (6): 72 - 75.

[234] 李武武, 王晶. 旅游企业社会责任与经营效益的相关性研究 [J]. 旅游学刊, 2013, 28 (3): 47 - 51.

[235] 李有根, 赵西萍, 邹慧萍. 居民对旅游影响的知觉 [J]. 心理学动态, 1997, 15 (2): 21 - 27.

[236] 李增元, 袁方成. 农村社区认同: 在管理体制变迁中实现重塑 [J]. 中州学刊, 2012 (1): 93 - 97.

[237] 李正欢, 郑向敏. 国外旅游研究领域利益相关者的研究综述 [J]. 旅游学刊, 2006, 21 (10): 85 - 91.

[238] 梁田. 美国农业旅游立法对我国"乡村振兴"法治建设的启示 [J]. 财经科学, 2019 (2): 119 - 132.

[239] 林刚, 石培基. 关于乡村旅游概念的认识——基于对 20 个乡村旅游概念的定量分析 [J]. 开发研究, 2006 (6): 72 - 74.

[240] 刘德谦. 关于乡村旅游、农业旅游与民俗旅游的几点辨析 [J]. 旅游学刊, 2006 (3): 12 - 19.

[241] 刘静艳, 李玲. 公平感知视角下居民支持旅游可持续发展的影响因素分析——以喀纳斯图瓦村落为例 [J]. 旅游科学, 2016, 30 (4): 1 - 13.

[242] 刘静艳, 韦玉春, 刘春媚, 等. 南岭国家森林公园旅游企业主导的社区参与模式研究 [J]. 旅游学刊, 2008, 23 (6): 80 - 86.

[243] 刘敏, 刘春凤, 胡中州. 旅游生态补偿: 内涵探讨与科学问题 [J]. 旅游学刊, 2013, 28 (2): 52 - 59.

[244] 刘涛, 徐福英. 乡村社区参与旅游中的利益矛盾及协调对策 [J]. 社会科学家, 2010 (5): 91 - 94.

[245] 刘纬华. 关于社区参与旅游发展的若干理论思考 [J]. 旅游学刊, 2000, 15 (1): 47 - 52.

[246] 刘小兰, 李洁云. 政府、旅游企业和旅游消费者的演化博弈分析——基于低碳视角 [J]. 会计与经济研究, 2017 (3): 119 - 129.

[247] 刘永根. 社会交换论：古典根源与当代进展 [M]. 上海：上海人民出版社，2015.

[248] 刘永胜. 供应链管理中协调问题研究 [D]. 天津：天津大学，2003.

[249] 柳红波，郭英之，李小民. 世界遗产地旅游者文化遗产态度与遗产保护行为关系研究——以嘉峪关关城景区为例 [J]. 干旱区资源与环境，2018，32 (1)：189 - 195.

[250] 卢春天，石金莲. 旅游地居民感知和态度研究现状与展望 [J]. 旅游学刊，2012，27 (11)：32 - 43.

[251] 卢小丽，毛雅楠，淦晶晶. 乡村旅游利益相关者利益位阶测度及平衡分析 [J]. 资源开发与市场，2017 (9)：1134 - 1137.

[252] 鲁明勇. 旅游产权制度与民族地区乡村旅游利益相关者行为关系研究 [J]. 中南民族大学学报 (人文社会科学版)，2011，31 (2) 40 - 45.

[253] [英] 伦纳德·J. 利克里什，[英] 卡森·L. 詹金斯. 旅游学通论 [M]. 程尽能等译，北京：中国旅游出版社，2002.

[254] [美] 罗伯特·阿克塞尔罗德. 合作的进化 (修订版) [M]. 吴坚忠译，上海：上海人民出版社，2016.

[255] 吕宛青，夏汉军. 多维感知视角下目的地旅游服务质量评价方法研究 [J]. 思想战线，2014，40 (6)：150 - 153.

[256] 吕宛青，张冬，杜靖川. 基于知识图谱的旅游利益相关者研究进展及创新分析 [J]. 资源开发与市场，2018，34 (4)：582 - 586.

[257] 马波. 开发关中地区乡村旅游业的构想 [J]. 国土开发与整治. 1995，5 (2)：59 - 64.

[258] 马东艳. 旅游增权、社区参与和公平感知的关系研究——以四川理县桃坪羌寨为例 [J]. 中央民族大学学报 (哲学社会科学版)，2015 (4)：104 - 111.

[259] 马晓龙，吴必虎. 历史街区持续发展的旅游业协同——以北京大栅栏为例 [J]. 城市规划，2005 (9)：49 - 54.

[260] 毛安然. 赋权与认同：乡村振兴背景下乡村价值激活农民主体性的路径 [J]. 华东理工大学学报 (社会科学版)，2019，34 (2)：60 - 69.

[261] 乔磊. 基于利益相关者理论的乡村旅游可持续发展模式构建 [J]. 新疆社会科学 (汉文版)，2010 (5)：27 - 32.

[262] 邱宏亮，范钧，赵磊. 旅游者环境责任行为研究述评与展望 [J]. 旅游学刊，2018，33 (11)：122 - 138.

[263] 饶勇. 旅游开发背景下的精英劳动力迁入与本地社区边缘化——W海南 H 亚为例 [J]. 旅游学刊, 2013, 28 (1): 46 - 53.

[264] 沈中印, 王军. 旅游企业社会责任: 利益相关者分析与履行路径 [J]. 江西社会科学, 2011, 31 (10): 250 - 254.

[265] 时少华, 孙业红. 社会网络分析视角下世界文化遗产地旅游发展中的利益协调研究——以云南元阳哈尼梯田为例 [J]. 旅游学刊, 2016, 31 (7): 52 - 64.

[266] 史玉丁, 李建军. 乡村旅游多功能发展与农村可持续生计协同研究 [J]. 旅游学刊, 2018, 33 (2): 15 - 26.

[267] 宋瑞. 生态旅游: 多目标多主体的共生 [D]. 中国社会科学院研究生院, 2003.

[268] 宋瑞. 我国生态旅游利益相关者分析 [J]. 中国人口·资源与环境, 2005, 15 (1): 36 - 41.

[269] 苏飞. 从旅游产业市场失灵看政府公共旅游管理制度的创新 [J]. 商业时代, 2014 (26): 109 - 110.

[270] 粟路军, 柴晓敏. 区域旅游协同发展及其模式与实现路径研究 [J]. 北京第二外国语学院学报, 2006 (7): 19 - 24.

[271] 孙九霞. 旅游人类学的社区旅游与社区参与 [M]. 北京: 商务印书馆, 2009.

[272] 孙九霞. 外部利益相关者视角下的族群文化原真性研究——以从江岜沙苗族为例 [J]. 广西民族大学学报 (哲学社会科学版), 2011, 33 (1): 18 - 25.

[273] 孙九霞, 保继刚. 社区参与的旅游人类学研究——以西双版纳傣族园为例 [J]. 广西民族大学学报 (哲学社会科学版), 2004, 26 (6): 128 - 136.

[274] 谭术魁, 涂姗. 征地冲突中利益相关者的博弈分析——以地方政府与失地农民为例 [J]. 中国土地科学, 2009, 23 (11): 27 - 31.

[275] [美] 托马斯·唐纳森, [美] 托马斯·邓菲. 有约束力的关系: 对企业伦理学的一种社会契约论的研究 [M]. 赵月瑟译, 上海: 上海社会科学院出版社, 2001.

[276] 汪伟全. 论地方政府间合作的最新进展 [J]. 探索与争鸣, 2010 (10): 51 - 53.

[277] 王晨光. 集体化乡村旅游发展模式对乡村振兴战略的影响与启示 [J]. 山东社会科学, 2018 (5): 34 - 42.

[278] 王纯阳, 黄福才. 村落遗产地利益相关者界定与分类的实证研究——以开平碉楼与村落为例 [J]. 旅游学刊, 2012, 27 (8): 88 - 94.

[279] 王纯阳, 屈海林. 村落遗产地社区居民旅游发展态度的影响因素 [J]. 地理学报, 2014, 69 (2): 278 - 288.

[280] 王德刚, 邢鹤龄. 旅游利益论 [J]. 旅游科学, 2011, 25 (2): 8 - 15.

[281] 王栋梁, 李万莲, 胡旺盛. 政府介入旅游目的地品牌塑造研究——以游客体验为视角 [J]. 贵州商业高等专科学校学报, 2012, 25 (1): 48 - 52.

[282] 王芳, 姚崇怀. 基于利益相关者的郊野型风景名胜区可持续发展评价研究——以湖北省为例 [J]. 自然资源学报, 2014, 29 (7): 1225 - 1234.

[283] 王果, 周煜川. 演化博弈视角下农民合作经济组织参与乡村治理研究 [J]. 江西社会科学, 2016, 36 (10): 71 - 77.

[284] 王华, 李兰. 生态旅游涉入、群体规范对旅游者环境友好行为意愿的影响——以观鸟旅游者为例 [J]. 旅游科学, 2018, 32 (1): 86 - 95.

[285] 王京传, 李天元. 国外公众参与旅游目的地公共事务研究综述 [J]. 旅游学刊, 2014, 29 (3): 116 - 128.

[286] 王靖宇, 史安娜. 低碳技术扩散中地方政府与中央政府行为的博弈分析 [J]. 科技进步与对策, 2011, 28 (12): 12 - 15.

[287] 王莉, 陆林. 国外旅游地居民对旅游影响的感知与态度研究综述及启示 [J]. 旅游学刊, 2005, 20 (3): 87 - 93.

[288] 王宁. 减少消费的负外部性 [J]. 人民论坛, 2019 (14): 32 - 33.

[289] 王素洁, 李想. 基于社会网络视角的可持续乡村旅游决策探究——以山东省潍坊市杨家埠村为例 [J]. 中国农村经济, 2011 (3): 59 - 69.

[290] 王咏, 陆林. 基于社会交换理论的社区旅游支持度模型及应用——以黄山风景区门户社区为例 [J]. 地理学报, 2014, 69 (10): 1557 - 1574.

[291] 王兆峰. 旅游产业集群与其利益相关者——政府博弈研究 [J]. 湖南大学学报 (社会科学版), 2008, 22 (6): 63 - 67.

[292] 王兆峰, 腾飞. 西部民族地区旅游利益相关者冲突及协调机制研究 [J]. 江西社会科学, 2012, 32 (1): 196 - 201.

[293] 韦复生. 旅游社区居民与利益相关者博弈关系分析——以大型桂林山水实景演出"印象刘三姐"为例 [J]. 广西民族研究, 2007 (3): 197 - 205.

[294] 文彤. 旅游企业社会责任对外来员工社会融入的影响研究 [J]. 暨南学报 (哲学社会科学版), 2016, 38 (8): 93 - 99 + 132.

[295] 翁钢民，李凌雁. 旅游社会责任利益相关者的三群体演化博弈分析 [J]. 生态经济，2017，33（4）：133-138.

[296] 吴强. 政府介入、伙伴关系与企业参与校企合作意愿关系研究 [J]. 职业技术教育，2015，36（25）：43-47.

[297] 吴静. 秦岭生态旅游成本和效益研究 [D]. 北京：北京林业大学，2015.

[298] 吴文智，张薇，庄志民. 利益驱动下的村落式农家乐集群经营模式研究——以苏州明月湾古村落为例 [J]. 农业经济问题，2015，36（6）：44-51+111.

[299] 吴志才，陈淑莲，郑钟强. 社会网络视角下的旅游规划决策研究——以潮州古城为例 [J]. 旅游学刊，2016，31（12）：76-84.

[300] 伍先福. 我国政府在休闲服务供给中的角色定位——基于国际经验借鉴的视角 [J]. 经济地理，2013，33（6）：98-102.

[301] 夏赞才. 利益相关者理论及旅行社利益相关者基本图谱 [J]. 湖南师范大学社会科学学报，2003，32（3）：72-77.

[302] 肖化柱，周清明. 地域文化与家庭农场制度创新策略——基于家庭农场利益主体演化博弈的分析 [J]. 农村经济，2018（6）：68-73.

[303] 肖岚，赵黎明. 我国低碳旅游系统利益相关者关系格局及博弈分析 [J]. 天津大学学报（社会科学版），2014，16（2）：105-108.

[304] 谢庆奎. 中国政府的府际关系研究 [J]. 北京大学学报（哲学社会科学版），2000，37（1）：26-33.

[305] 谢雨. 地方政府与旅游企业的演化博弈分析 [D]. 北京：北京工业大学，2013.

[306] 谢治菊. 村民社区认同与社区参与——基于江苏和贵州农村的实证研究 [J]. 理论与改革，2012（4）：152-157.

[307] 熊剑平，刘承良，颜琪. 城郊农村居民对乡村旅游感知影响因素的实证分析——以武汉市黄陂区明清古街为例 [J]. 中国农村经济，2008（1）：59-68.

[308] 熊凯. 乡村意象与乡村旅游开发刍议 [J]. 地域研究与开发，1999，18（3）：70-73.

[309] 许振晓，张捷，Geoffrey，等. 居民地方感对区域旅游发展支持度影响——以九寨沟旅游核心社区为例 [J]. 地理学报，2009，64（6）：736-744.

[310] 胥兴安，孙凤芝，王立磊. 居民感知公平对社区参与旅游发展的影响

研究——基于社区认同的视角 [J]. 中国人口·资源与环境，2015，25（12）：113 - 120.

[311] 薛熙明，覃璇，唐雪琼. 旅游对恩施土家族居民民族认同感的影响——基于个人生活史的视角 [J]. 旅游学刊，2012，27（3）：27 - 35.

[312] 闫喜琴. 乡村旅游中的利益博弈和制度安排——以新乡南太行乡村居民的日常抵抗为例 [J]. 河南师范大学学报（哲学社会科学版），2016（4）：83 - 87.

[313] 杨春宇，黄震方，舒小林. 旅游地利益主体博弈关系变迁的演进论解释 [J]. 中国人口·资源与环境，2009，19（1）：104 - 109.

[314] 杨瑞龙，周业安. 企业的利益相关者理论及其应用 [M]. 北京：经济科学出版社，2000.

[315] 杨兴柱，陆林，王群. 农户参与旅游决策行为结构模型及应用 [J]. 地理学报，2005，60（6）：928 - 940.

[316] 姚国荣，陆林. 旅游风景区核心利益相关者界定——以安徽九华山旅游集团有限公司为例 [J]. 安徽师范大学学报（人文社会科学版），2007（1）：102 - 105.

[317] 姚延波，张丹，何蕾. 旅游企业诚信概念及其结构维度——基于扎根理论的探索性研究 [J]. 南开管理评论，2014，17（1）：113 - 122.

[318] 易轩宇. 社会组织参与社会治理的机制创新研究 [D]. 湖南：湘潭大学，2015.

[319] 尹燕，周应恒. 不同旅游地乡村旅游者体验满意度实证研究 [J]. 南京社会科学，2013（9）：146 - 153 + 156.

[320] 尹贻梅. 对旅游空间竞争与合作的思考 [J]. 桂林旅游高等专科学校学报，2003，14（1）：56 - 60.

[321] 尤海涛，马波，陈磊. 乡村旅游的本质回归：乡村性的认知与保护 [J]. 中国人口·资源与环境，2012，22（9）：158 - 162.

[322] 俞静. 关于对旅行社进行信誉评级的思考 [J]. 旅游学刊，1996（5）：7 - 10.

[323] 张安民，赵磊. 感知价值对居民参与旅游风情小镇建设意愿的影响——以浙江莫干山旅游风情小镇为例 [J]. 旅游学刊，2019，34（4）：119 - 131.

[324] 张补宏，徐施. 基于利益相关者理论的民族旅游研究 [J]. 中央民族大学学报（哲学社会科学版），2008（6）：43 - 47.

［325］张朝枝．遗产责任：概念、特征与研究议题［J］．旅游学刊，2014，29（11）：45－51．

［326］张大钊，曾丽．旅游地居民相对剥夺感的应对方式理论模型［J］．旅游学刊，2019，34（2）：29－36．

［327］张广瑞．全球旅游伦理规范［J］．旅游学刊，2000，15（3）：71－74．

［328］张光生，力莎．博弈论视角下农业旅游品牌建设［J］．重庆社会科学，2018（5）：93－99．

［329］张海燕．旅游企业与社区居民利益冲突及协调博弈研究［J］．财经理论与实践，2013，34（1）：121－124．

［330］张洪，司家慧，孙雨茜．当地政府与旅游企业的演化博弈分析——基于低碳旅游视角［J］．北京化工大学学报（社会科学版），2017（1）：20－24．

［331］张伟，吴必虎．利益主体（Stakeholder）理论在区域旅游规划中的应用——以四川省乐山市为例［J］．旅游学刊，2002，17（4）：63－68．

［332］张晓，李春晓，杨德进．民族地区旅游扶贫多主体参与模式探析——以四川省马边彝族自治县为例［J］．地域研究与开发，2018（2）：99－103．

［333］张艳，张勇．乡村文化与乡村旅游开发［J］．经济地理，2007（3）：509－512．

［334］张树民，钟林生，王灵恩．基于旅游系统理论的中国乡村旅游发展模式探讨［J］．地理研究，2012，31（11）：2094－2103．

［335］赵静，李树民．乡村旅游地农家乐经营者旅游影响感知研究——以陕西省袁家村为例［J］．云南民族大学学报（哲学社会科学版），2018，35（3）：97－106．

［336］赵黎明，陈喆芝，刘嘉玥．低碳经济下地方政府和旅游企业的演化博弈［J］．旅游学刊，2015，30（1）：72－82．

［337］赵玉宗，李东和，黄明丽．国外旅游地居民旅游感知和态度研究综述［J］．旅游学刊，2005，20（4）：85－92．

［338］郑群明，钟林生．参与式乡村旅游开发模式探讨［J］．旅游学刊，2004，19（4）：33－57．

［339］郑向敏，吴继滨．论旅游企业诚信经营的缺失．桂林旅游高等专科学校学报，2004，15（2）：21－25．

［340］钟家雨，柳思维，熊曦．旅游业与城镇化协同发展的区域差异分析［J］．经济地理，2014，34（2）：187－192．

［341］周大庆．旅游景区治理绩效：政府与利益相关者的博弈［J］．经济地

理，2013，33（8）：188-192.

[342] 周辉，陈淑凌，崔亚梅. 基于演化博弈的旅游市场监管机制研究
[J]. 系统工程学报，2016，31（5）：618-624.

[343] 周丽洁. 基于利益相关者理论的张家界旅游发展策略 [J]. 经济地
理，2009，29（12）：2108-2112.

[344] 周玲. 旅游规划与管理中利益相关者研究进展 [J]. 旅游学刊，
2004，19（6）：53-59.

[345] 周玲强，黄祖辉. 我国乡村旅游可持续发展问题与对策研究 [J]. 经
济地理，2004，24（4）：572-576.

[346] 周文斌，马学忠. 员工职业成长的组织公平影响研究——以组织支持
感为中介变量 [J]. 经济管理，2015，37（10）：64-74.

[347] 周霞，曹桂玲. 组织支持感与组织承诺——基于职业成长与组织公平
的研究 [J]. 工业技术经济，2016，35（11）：121-128.

[348] 周星. 乡村旅游与民俗主义 [J]. 旅游学刊，2019，34（6）：4-6.

[349] 朱华. 乡村旅游利益主体研究——以成都市三圣乡红砂村观光旅游为
例 [J]. 旅游学刊，2006，21（5）：22-27.

[350] 朱梅，汪德根. 旅游业环境责任解构与规制 [J]. 旅游学刊，2019，
34（4）：77-95.

[351] 朱晓静. 农村社会矛盾预防主体制度实证研究 [J]. 四川理工学院学
报：社会科学版，2013，28（6）：13-16.

[352] 邹统钎. 乡村旅游发展的围城效应与对策 [J]. 旅游学刊，2006，21
（3）：8-9.

[353] 邹统钎，李涛，陈芸. 基于对应分析法的遗产旅游影响感知差异研究
[J]. 人文地理，2010（4）：104-108+90.

[354] 左冰. 分配正义：旅游发展中的利益博弈与均衡 [J]. 旅游学刊，
2016，31（1）：12-21.

后　记

　　本书是江苏高校哲学社会科学研究重大项目"新时代乡村旅游核心利益相关者利益协调机制演化博弈研究"（2019SJZDA059）的研究成果，也是西安外国语大学旅游管理学科团队支持建设经费资助的成果。

　　本书的出版，真诚感谢多方的支持和帮助：

　　首先，感谢江苏省教育厅高校哲学社会科学研究重大项目的资助，以及西安外国语大学旅游管理学科团队支持建设经费的资助。

　　其次，感谢为书稿提供指导的专家学者。西北大学的李树民教授指导研究框架；陕西师范大学马耀峰教授指点研究环节；西北大学李纯青教授点拨修改思路；西北大学郝心华副教授、李瑛副教授对接调研单位；西安科技大学的王会战教授深入探讨写作细节。

　　再次，感谢为书稿撰写提供帮助的同仁。袁家村村主任王创战、陕西袁家村惟德乡村旅游咨询有限公司总经理郭奔等诸多袁家村管理人员，在调研过程中给予了大力支持；内蒙古农业大学经济管理学院曹妍雪博士、甘肃省兰州市七里河区文化体育和旅游局文国繁女士在调研、问卷处理等环节提供了帮助与支持；西安外国语大学旅游学院硕士范家茹、硕士郭佩云对书稿进行了校对。

　　最后，特别感谢经济出版社的编辑，三审三校严谨认真，由衷感谢撒晓宇编辑多次沟通，付出诸多心血，使本书得以顺利出版。

赵靜

2021 年 12 月